원 불 교
상·장례문화
연 구

원불교 상·장례문화 연구

안 훈 지음

원불교출판사

원 불 교
상·장례문화
연 구

초판 1쇄 인쇄 2023년 8월 14일
초판 1쇄 발행 2023년 8월 21일

지은이 안훈(기)

펴낸곳 원불교출판사
펴낸이 주영삼
출판등록 1980년 4월 25일(제1980-000001호)
주소 54536 전라북도 익산시 익산대로 501
전화 063)854-0784
팩스 063)852-0784
홈페이지 www.wonbook.co.kr
인쇄 문덕인쇄

ISBN 978-89-8076-405-1(03200)
값 20,000원

책머리에

필자가 12년 동안 장례식장에서 근무한 경험으로 축적한 지식을 지면으로 알리게 됨을 큰 행복으로 느낀다.

상·장례문화는 종교의 기원과도 밀접한 연관성을 갖고 있다. 왜냐하면 종교는 인간이 초자연적 변화와 형이상학을 겪으면서 느끼게 되는 두려움과 경외감, 공경심으로부터 기원이 시작되기 때문이다. 사람이 일생을 살아가는 동안 스스로 경험하게 되는 가장 두렵고 갑작스러운 변화는 죽음일 것이다. 인간은 공동체의식을 통해 초자연적 힘과 교류를 추구함으로써 그러한 공포스러운 두려움의 감정을 이겨내고자 노력해왔다.

생명체로서 인간은 탄생을 맞이하면 기쁨을 표하고 죽음을 맞이 할 때 슬픔으로 표현한다. 유가족은 후자로 존경의 의례로서 생사를 바라본다. 여기에는 기독교와 불교, 유교가 의례적 기능을 담당하면서 생명 창조와 생명 소멸이라는 간극을 슬픔보다는 존경으로 보내려는 존엄 의식이 자리해 온 것이다.

이 책에서는 신앙적인 존경의 의례로서 상·장례의식이 ①작은 장례식이 되었으면 한다. 전무출신의 수의는 ②교복과 법락으로 대체했으면 한다. 중앙총부에 ③장례의례 전담 부서가 신설되었으면 한다. ④전무출신 후원공단에 장례식장이 선정되었으면 한다. ⑤교역자는 염습교육을 모두가 받았으면 한다. 산 자와 죽은 자가 함께하는 ⑥공존의 상·장례문화가 실현되었으면 하는 바람이다.

이 책의 발간에 도움을 주신 박도선 정토와 류성태·원익선·장선지·김인진·허 석·양응천·안수연·안동진 교무님들께 감사를 드린다.

2023년 8월 14일

벽골제에서 안훈 교무 합장

목차

IV. 원불교 상·장례문화의 전개

I

연구를 시작하며

인류의 역사가 시작되면서 산 자와 죽은 자의 이별이라는 의식이 있었던 것은 최령(最靈)한 존재로서의 조상을 기리는 인류의 효(孝) 의식과 관련된다. 특히 상·장례와 제례 등은 생사의 갈림길에서 유가족으로서의 망자에 대한 존경의 표시이다. 여기에는 기독교와 불교, 유교가 의례적 기능을 담당하면서 생명 창조와 생명 소멸이라는 간극을 슬픔보다는 존경으로 보내려는 존엄 의식이 자리해온 것이다.

각종 종교가 생성과 소멸에 관심을 두고 이에 대한 창조이론과 열반 천도에 정성을 기울여왔다. 기독교의 천지 창조는 동양의 개벽 곧 생명 창조 사상과 정확하게 일치하지는 않지만 일면 비슷한 측면도 있다. 그것은 죽음과 삶에 대한 방향 제시라는 점에서 공유되는 면이 있기 때문이다. 천지 창조는 태어남이요, 개벽은 새로운 시작이라는 점에서 문명의 창조이자 개벽이 되는 것이다.

창조와 개벽으로 천지가 만들어졌다면 '지구상에 왜 이처럼 생명체마다 차별이 많은가?'라는 물음에 대한 답은 쉽지 않다. 다윈의 진화론에서와 같이 다른 유기체로부터 새로운 유기체가 진화하는 것은 별다른 모순 없이 이해할 수 있다고 하더라도, 생명이 무기물로부터 비롯되는 과정은 설명이 쉽지 않기 때문이다. 생사에 대한 천지 창조, 개벽, 진화론, 윤회론 등의 의문 속에서 우주 만물이 무위이화 자동적으로 생겨난다는 소태산의 가르침과의 연계성은 어떠할까?

우주만유가 무위이화 자동적으로 생멸한다는 것이, 천지 창조인가 아니면 생물 진화인가의 큰 화두를 던지고 있다. 이때 천도법문을 새롭게 접하면서 "유도 아니요 무도 아닌 그것이나, 그 있는 것이 무위이화 자동적으로 생겨난다."[1]는 원불교 의례의 시각에서 재조명하는 것이 본 연구의 목적 가운데 하나이다. 원불교의 상·장례문화는 종말이 아닌 생사윤회의 시각과 직결되어 있기 때문이다.

동양 종교에서 내세의 가르침을 설파하고 있지만, 서구 종교적 시각에서는 우주의 멸망과 인간의 죽음이 그 끝이라는 것이다. 서구의 사유는 범죄의 시작으로 연결되는 경우가 있다. 죄를 지으면 업이 따라다녀 더욱 희망이 끊어질 수도 있으므로 업의 종교보다 죄를 참회하는 서구의 회개 종교에 많이 의지하는 경향이 있다.

하지만 소태산 대종사는 불교 윤회론과 공유하면서 죽음의 종말적 사유가 아니라 생사 순환의 사유에 다가서 있다. 단멸의 생사

---

1 『대종경』 천도품 4장.

가 아니고 영생을 오가는 변화라면 우리의 삶은 인과를 믿지 않을 수 없다. 물론 인생의 황혼기에 접어든 사람으로 태어나서 누구나 죽음을 생각해 보지 않을 수 없을 것이며, 어떤 종교를 가지고 있든지 각각 자기 나름의 생사관을 갖고 있을 것이다.

누구든지 생로병사와 성주괴공의 끝에 찾아오는 죽음에 대한 공포와 두려움은 인류의 태초부터 절대자에 의존하여 안심입명을 찾게 하였다. 그래서 사후세계를 맞이함에 있어서 종교적 의례에 의한 장례문화의 발전으로 이어졌다고 본다. 이승과 저승을 잇는 중음이나 연옥이 있다고 믿음으로써 상·장례 절차를 통해서 천당과 극락을 추구한 것이다.

생명체의 탄생이 축제의 장이라면 죽음은 새로운 세계로 떠나보내는 이별 여행이다. 종교인이든, 종교인이 아니든 간에 장례는 누구나 겪어야 하는 통과의례이다. 이는 시신을 처리하는 과정이며 누구나 죽음을 맞이하며, 그 죽은 자를 위한 의식절차이므로 죽음의 보편성을 확인하는 것이다. 특히 불교의 경우 인간에 있어 삶의 한계와 죽음의 다음 세계에 대해 고민하게 되었고, 사후 육체는 지수화풍으로 소멸하여도 인간의 진정한 본질인 영혼은 영원하다[2]는 내세관이 형성된 것이다.

이같이 생사 해탈이라는 내세관 이해의 중요성을 인지함으로써 원불교 상·장례문화에 자연스럽게 관심을 두게 되었고, 익산 원광대병원 장례식장에 근무하며 원불교 전체 장례식장을 총괄하게 되

2 최영훈, 「원불교 장묘문화의 변천과 방향」, 원광대학교 박사논문, 2017, pp.1-2.

었다. 이에 장례식장에서의 실제적인 체험과 한국인의 전통장례풍습을 살펴봄으로써 원불교 상·장례문화의 방향과 과제가 무엇인가를 밝혀보려고 하였다.

본 연구의 상·장례문화는 원불교 내세관에 기반을 둔 의식이다. 따라서 장례의식의 연구에 있어 원불교 생사관 내지 장묘문화, 장례의식에 관련된 내세관에 관한 연구는 필수 요소이다. 원불교 상·장례의식에 관한 연구를 위해 먼저 각 종교의 내세관과 장례문화를 문헌적 고찰이 필요한 이유이다. 이와 더불어 한국 전통의 장례문화는 원불교 상·장례의식을 연구하는 데 있어 그 연원적 관계성을 정립하는데 필요한 작업이라 볼 것이다.

이에 본 연구와 관련된 선행연구로는 다음의 몇 가지 성격적 분류를 통해서 접근하였다. 그것은 전통의 의례, 이웃 종교의 의례에 이어서 원불교의 의례를 참조하는 형식이다.

첫째, 한국 전통의 상·장례를 중심으로 접근하였다. 본 연구에는 이희재의 「유교의례와 생명윤리」[3] 김시덕의 「한국 유교식 상례의 연구」[4] 박대수의 「한국인의 장례문화에 대한 인식구조 연구 -매장, 화장, 수목장을 중심으로-」[5]가 선행연구로서 접근되었다. 원불교는 한국 전통의 상·장례문화를 계승하였다는 점에서 본 선행연구들이 시사하는 점이 적지 않았다.

---

3 이희재, 「유교의례와 생명윤리」, 『종교교육학연구』 제20권, 한국종교교육학회, 2005.
4 김시덕, 「한국 유교식 상례의 연구」, 고려대학교 박사논문, 2007.
5 박대수, 「한국인의 장례문화에 대한 인식구조 연구 -매장, 화장, 수목장을 중심으로-」, 동방문화대학원대 박사논문, 2015.

둘째, 기독교의 종말론적 사유와 기독교 죽음관에 바탕을 둔 기독교 장례문화의 전개에 대하여 접근하는 데는 윤용복의「한국 기독교 죽음의례의 변화양상」[6]과 김형락의「의례적 기능과 목회적 돌봄의 관점으로 보는 기독교의 장례예식의 구성」[7]을 연구에 참고하였다. 또한, 허윤석의「한국천주교 상제례 문화의 토착화」[8]와 윤종식의「천주교의 죽음에 대한 이해와 장례예식에 대한 고찰」[9]은 개신교와 천주교의 차별화적 시각에서 조망하였다. 이에 서구 종교의 생사관은 삼세 윤회보다는 생과 사라는 이원론적 사유라는 점에서 이질적인 측면이 없지 않지만 천당이라는 영생 구원론은 불교의 극락왕생이라는 내세 구원론과 일면 통하는 점이 있다는 점에서 접근될 만한 일이다.

셋째, 원불교적 상·장례문화의 연구에 있어서 생사에 대한 이해가 필요하다고 본다. 이에 김도공의「원불교의 죽음교육과 생사관」[10]은 원불교 장례문화의 간접적인 접근에 영향을 받았고, 이에 더하여 장응철의「원불교생사관」[11]역시 장례문화에 있어서 생사를 어떻게 보느냐에 따른 영향을 받는다는 점에서 장례문화의 죽음을 바라보는 생사관 정립에 참조되었다.

---

6 윤용복,「한국 기독교 죽음의례의 변화양상」,『최근 한국사회의 죽음의례』, 한국종교문화연구소, 2009.

7 김형락,「의례적 기능과 목회적 돌봄의 관점으로 보는 기독교의 장례예식의 구성」,『신학과 실천』제61호, 한국실천신학회, 1997.

8 허윤석,「한국천주교 상제례 문화의 토착화」,『사목연구』제10권, 가톨릭대학교 사목연구소, 2002.

9 윤종식,「천주교의 죽음에 대한 이해와 장례예식에 대한 고찰, 그리고 사목적 모색」,『가톨릭신학』제23권, 한국가톨릭신학학회, 2013.

10 김도공,「원불교의 죽음교육과 생사관」,『신종교연구』제24집, 한국신종교학회, 2011.

11 장응철,「원불교생사관」,『원불교사상시론』1, 원불교출판사, 1982.

넷째, 원불교 천도의례의 예법은 장례문화의 골간이 된다는 점에서 많은 시사점을 던져주고 있으므로, 원불교 상·장례문화에 보다 직접적인 선행연구로는 장지환의 「원불교 천도론 연구 –천도의례를 중심으로–」[12]를 참조하였다. 그리고 서경전의 「원불교 천도의식과 사회윤리」[13]도 선행연구로서 주시해야 할 것이며, 박광수의 「원불교의 천도재 의례」[14]도 주목되는 연구이다. 이와 유사한 맥락에서 의례적 접근이 요구되는 점에서 김영두의 「원불교 혁신예법의 특징 고찰」[15]도 참고하였다. 또한, 최영훈의 「원불교 장묘문화의 변천과 방향」[16]은 본 연구에 있어서 가장 근접한 선행연구라는 점에서 많은 시사를 받았다. 상·장례문화와 장묘문화는 장묘와 상·장례의 초점이 다른 점이 없지 않다. 장묘는 묘지문화라면 상·장례는 의식과 관련된 점에서 차이가 있지만, 큰 틀에서 보면 장묘문화도 상·장례와 연결되고, 상·장례문화도 장묘와 연결되는 점에서 가장 근접한 선행연구라 본다.

선행연구를 참조하면서도, 본 원불교 상·장례의식에 관해서는 원광대병원 장례식장의 장례의식을 중심으로 접근한 점에서 차별화가 가능하다고 본 것이다. 하지만 장사 정책의 변화에 따른 한국 장례풍습과 『원불교 예전 –상·장례–』에서 어떻게 수용했는지를 살

---

12 장지환, 「원불교 천도론 연구 -천도의례를 중심으로-」, 원광대학교 박사논문, 2017.

13 서경전, 「원불교 천도의식과 사회윤리」, 『원불교사상』 20집, 원광대 원불교사상연구원, 1996.

14 박광수, 「원불교의 천도재 의례」, 『원불교사상과 종교문화』 31집, 원광대 원불교사상연구원, 2005.

15 김영두, 「원불교 혁신예법의 특징 고찰」, 『원불교사상』 7집, 원광대 원불교사상연구원, 1983.

16 최영훈, 「원불교 장묘문화의 변천과 방향」, 원광대학교 박사논문, 2017.

펴보고, 원불교 9종 교서인 『예전』을 중심으로 원불교에서 시행되고 있는 장의 업무와 그 염습 매뉴얼을 구체적으로 다루었다는 점에서 그 정체성을 모색하려고 하였다.

더욱이 한국 전통의 장례문화가 개인이나 단체의 영리를 위주로 하는 이익에 편중된 장례사업을 문화로 인식시켜, 의례 간소화와 복지[무연고자 무료장례지원센터 등]를 통해 새롭게 선도되는 상·장례문화를 모색한 점에서도 본 연구는 그 의의가 있다고 본다.

II

상·장례문화의 개념과 장례풍습

1. 상·장례문화의 개념과 범주

문화는 자연 상태에서 벗어나 우리의 삶을 편리하고 풍요롭고 아름다운 모습을 만들어 가고자 사회 구성원들에 의해 만들어져서 전달이 되는 행동 양식으로 우리의 일상에 뿌리내리고 있다. 동시에 인류 역사와 같이해 왔기에 사회성, 역사성을 가진 것이다. 문화의 전승자로서 인류는 문화인이라는 말을 듣는데, 그것은 교양인, 예술인과 비슷한 의미로 사용된다.

문화인이나 교양인, 그리고 예술인이라 하더라도 인간의 수명이 한정되어 있어서 언젠가는 죽는다. 문화의 발전과 더불어 살다가 수명이 다하면 부자이거나 가난한 자나 가리지 않고 인간들은 모두 죽을 수밖에 없다. 그러나 인류는 이를 피하고자 한없이 노력하고 있다. 그동안 인류 역사에 나타난 수많은 영웅이나 권력자들은 장생불사의 약을 찾아다니며 숱한 불사(不死)의 신화들을 만들어 냈다. 불사의 신화는 과학과 종교가 서로 만나 보완해 왔고 현대에서는 역사적 사실을 내포하는 신화나 전설 등도 우리 선조가 만들어 냈고 계승해 온 인류의 고유한 전통들이다.[17] 이를테면 인간이 만든 최초의 건축물이라고 부르는 무덤 안에 잠들어 있다는 사실도 장례문화의 전설과 전통 속에서 발견되는 것이다.

그런데 문화인으로서 인간들이 전승해 온 것은 무덤뿐만이 아니었다. 인간들은 태어나면서부터 죽음에 이르기까지 하나하나 과정을 지날 때마다 치른 일정한 격식인 통과의례를 만들어 냈다. 이는 좁은 의미로는 관혼상제만 해당하지만, 넓은 의미로는 백일, 돌, 생일, 회갑과 진갑, 고희 등을 포함해 인생의례가 된다. 누구나 가정을 이루어 자녀를 두는 등 보통 사람이 일생 겪어가는 인생과 통과의례를 모두 거친다.[18] 인생의례는 모두 자신을 주인공으로 하고 자기 생각에 따라 일을 진행한다. 반면에 자기 생각과는 무관하게 정해진 격식과 타인이 뜻대로 진행되는 것이 있는데, 그것이 바로 상·장례문화이다. 상제에서 제례를 뺀 다른 의례를 나타내는 말로는 장례, 상장, 상례, 양례, 장사, 장의, 장송(葬禮, 喪葬, 喪禮, 襄禮, 葬事, 葬儀, 葬送) 등이 있다. 이 말들은 대체로 사람의 죽음에서부터 묘를 쓰는 산역까지를 모두 아우르는 것으로, 죽음과 관련된 의례이거나 그 일 자체를 말하는 것이다.[19] 즉 상·장례문화의 개념은 죽음에 관련

---

17 고준환, 『하나 되는 한국사』, 재단법인 한국교육진흥재단, 2002, pp.20-21 참조.

18 박상권, 「세전에 대한 연구」, 제19회 원불교사상연구 학술대회 『鼎山宗師의 信仰과 修行』, 원광대 원불교사상연구원, 2000, p.59.

19 박태호, 『장례의 역사』, 서해역사문고, 2006, pp.13-16 참조.

한 모든 의례이거나 그 일을 말한다.

그런데 상·장례문화가 정착하기까지 여러 문화 가운데 '장묘'의 장례의례는 그것이 갖는 역사성에 의해 전개된다는 것이다. 선사시대 무덤으로 발견되는 입석이나 지석의 돌무덤과 퇴적물에 의한 무덤 등이 있고, 삼국시대에는 토장, 고려시대의 매장, 조선조를 지나며 화장으로 계승된 문화이기 때문이다.[20] 장례문화에서 주목할 것으로 20세기 후반에 우리 사회에는 '장묘'라는 신조어가 등장하였다. '장묘'는 시신이 마지막으로 머무르는 납골당 그리고 묘지 등과 같은 시설이나 장소와 관련하여 주로 사용되었다.

조상숭배의 상·장례문화에서는 장례에서 일정한 의식과 절차를 거친다. 그리고 망자와 산 자를 연결하려 한다. 망자들이 지녔던 물건들을 소중하게 처리하고, 망자의 이름을 드러낸다. 또 망자의 혼령이 이승에 머무를 수 있는 집을 마련하며, 망자와의 추억을 기념할 여러 방법을 만드는데 적잖은 시간과 돈을 투자한다.

그렇다면 한국 원시의 조상숭배는 어떠했을까? 한국 원시시대 당시의 숭앙된 성령 중에서 가장 두드러진 것으로 천신, 지신, 인령(天神, 地神, 人靈)이 있으며, 이것이 태양숭배 산악숭배 조상숭배로 나타났으니, 이러한 성령에 대하여 제사를 지내는 사람이 '단굴'이다.[21] 우리는 시기에 따라 어떤 때는 사자의례의 모습이 두드러지기도 하고, 어떤 때는 조상숭배의 모습이 부각하기도 하였다.

---

20 나달숙, 「환경적 관점에서 장사제도에 관한 고찰 -장사제도의 변천과 법적 대응을 중심으로-」, 『환경법연구』 제29권, 한국환경법학회, 2007, pp.122-125 참조.

21 한승조, 「한국정신사의 맥락에서 본 원불교」, 『원불교사상』 4집, 원광대 원불교사상연구원, 1980, p.41.

이처럼 전통적인 상·장례는 주검을 처리하는 방법이며, 동시에 여러 가지 사회적 기능을 수반한다. 이는 죽음을 지켜본 사람이 두려움과 슬픔을 극복하도록 도와주고, 죽음으로 인해 나타난 생활의 변화를 평온한 상태로 회복시켜 주는 역할을 한다. 그뿐만이 아니고 죽은 자와 혈연관계에 따라 오복으로 구분되는 상복제도가 있어 친족제도와도 밀접한 관계를 맺는다. 유가의 상복 치수에서 발걸음 하나하나까지 규정하는 세밀한 절차와 규정이 삼례(三禮)에 마련되어 있고, 여기에 곁달아 복잡한 해석과 분분한 논의가 있었으며, 이를 둘러싸고 종종 분쟁이 일어나기도 하였다.[22] 친족의 친밀성을 강조하다 보니 형식에 치우친 경우가 나타난 것이다.

우리나라의 전통 가정의례는 광범위하며, 내용 면에서도 가장 풍부한 체계를 갖추었다. 그중에서도 사례(四禮)라 하여 관례·혼례·상례·제례(冠禮·婚禮·喪禮·祭禮)가 그 기본을 갖추어 행해져 왔는데 이러한 의식이 오직 우리나라에만 국한되었던 것은 아니다. 왜냐하면, 이러한 모든 의식이 동양이나 서양이나 작금을 막론하고 인간이 가족을 거느리고 친족을 이루어 사는 곳에서는 공통으로 존재했기 때문이다.[23] 공통으로 존재한 통과의례는 동서의 성향에 따른 문화의 전통을 만들어온 것이다.

이처럼 상·장례 전통의례를 치르는 절차와 격식에 차이가 있는 것은, 지역적인 특성과 문화적인 차이가 서로 달라서 그럴 것이다.

22 임채우, 「老莊의 세계이해 방식-整體와 部分」, 『道敎와 自然』, 도서출판 동과서, 1999, p.68.

23 이원근, 『가정의례 서식백과』, 한국전통의례서식연구회, 1998, p.16.

이렇게 보았을 때 우리가 상·장례 전통의례를 익히고자 하는 까닭은 단순히 의례의 절차와 격식만을 알고자 하는 데에 있는 것이 아니다. 그보다는 의례를 행하는 속에 들어 있는 심오한 의미와 우리 문화의 진솔한 숨결을 찾고, 이를 바탕으로 하여 올바른 생활을 이끌어 가는 데에 진정한 목적[개념]이 깃들어 있다고 하겠다.

우리의 전통 상·장례는, 초종·습·소렴·대렴·성복·조상·문상·치장·천구·발인·급묘·반곡·우제·졸곡·부제·소상·대상(初終·襲·小斂·大斂·成服·弔喪·聞喪·治裝·遷柩·發引·及墓·反哭·虞祭·卒哭·祔祭·小喪·大喪)의 절차에 이어 담제·길제(禫祭·吉祭) 등[이상 19가지]과 같이 많은 단계의 까다롭고 긴 절차를 가지고 있다. 이 절차들은 제각기 엄격한 격식은 물론 일정한 의미까지 담고 있다. 엄격한 장례 절차는 대부분 고려 말 성리학과 함께 가례가 유입된 다음에, 조선 중기에 이르러 양반가를 중심으로 널리 확산되기 시작하였다. 이후 일제 강점기 아래서 공포된 『의례준칙』과 1969년에 공포되었던 『가정의례 준칙』에 의하여, 합리화와 간소화라는 명분으로 반강제적으로 굴절되고 축소되었다.[24] 최근에는 아파트를 중심으로 도시 생활의 핵가족화에 밀리고 이익을 추구하는 영리주의에 오염되고 퇴색되어 현재에 이르고 있다.

지금까지 인류가 발전해 오면서 문명의 찬란한 역사 속에 각각의 문화를 만들어왔다. 그것은 원시 자연의 상태에서 벗어나 의식주의 풍요로움과 삶의 편리성을 도모하여 아름다운 전통을 만들어오

24 박태호, 『장례의 역사』, 서해역사문고, 2006, pp.16-17 참조.

게 하는 동인이 된 것이다. 원시사회로부터 현대에 이르기까지 인류는 공간적 환경 속에서 사회 구성원에 의해 습득되고 전통으로 전달이 되는 '행동양식'으로 우리의 일상에 뿌리내리고 있다. 이러한 '행동양식'은 인간의 생로병사의 순환 속에서 '관혼상제'라는 통과의례에 깊숙이 전승되었다. 이것이 상·장례와 관련하여 '장례문화'로 전승되어온 것이다.

따라서 상·장례의 문화의 개념은 죽음을 전후하여 계승된 인류의 의례 모든 것을 포함한다고 본다. 그렇다면 열반 전의 임종을 앞둔 상태에서, 열반 직후에 전개되는 입장식(入葬式)이라든가, 이어서 3일장이나 5일장의 장례의식이 상·장례문화의 범주이다.

한 걸음 나아가 장례식을 치르면서 유가족의 선택에 의한 매장이나 화장, 자연장의 장묘 형식도 상·장례문화의 일종이다. 뒤이어 전개되는 천도의례나 열반 기념제, 제례 등을 포함하여 죽음을 맞이하는 통과의례를 중심으로 여겨지는 모든 것이 상·장례문화의 범주에 들어간다.

본 연구의 범주는 이처럼 통과의례를 통틀어 '상·장례문화'의 범주로 삼고자 함을 밝힌다. 철학 하는 일이나 논문을 작성하는 일에 있어서 '범주'들과 '연구 방법'의 적용은 사유의 구조 형성과 그 이론을 조명하는 데 중요하다.[25] 논조의 틀을 형성하고 쟁점의 재구성을 하는데 연구 범주와 방법론을 어떻게 적용하느냐가 다양한 논제(論題)를 기본 영역에 포함하느냐 포함하지 않느냐와 직결되기

---

25 야스퍼스 著, 金炳宇 譯, 『哲學的 信仰』-世界思想全集 6, 三省出版社, 1983, p.360 참조.

때문이다.

상·장례문화의 범주를 협의로 보면 관혼상제 가운데 상례로 볼 수 있고, 광의로 접근한다면 이에 더하여 생사에 대한 인간의 시각, 즉 내세관도 상·장례문화의 뿌리로서 접근될 수 있다고 본다. 인간의 내세를 어떻게 보느냐에 따라 장례를 어떻게 치르느냐의 기본 틀이 형성되기 때문이다. 3장에서 각 종교의 내세관을 살펴보는 것도 이 때문이다.

2. 풍습에 따른 장례 형태

인류 역사에서 죽음에 대한 가장 오래된 해석을 들여다본다면 풍습에 따른 장례 형태가 어떻게 전개됐는가를 파악할 수 있다. 첫째 죽음을 신들이 결정한 인간의 운명으로 수용하는 자세를 견지하였으며, 둘째 장례의식을 통해 조상신으로 상제 좌우에 좌정하거나 죽음의 왕국에서 영원한 생명을 누린다는 믿음을 가졌으며, 셋째 인간 각자가 행한 선악에 따라서 죽음 후 심판을 받는다는 사상을 골자로 하고 있다.[26] 신에 대한 절대 의존, 죽음에 대한 인식과 새로운 이해, 영생에 대한 희망 등이 장례문화의 큰 틀로 전승되면서 각자의 상·장례문화를 형성해 왔다.

---

26 김승혜, 「죽음이란 무엇인가」, 『죽음에 대한 종교학적 이해』, 도서출판 창, 1990, p.9; 이성택, 「원불교에서 보는 죽음」, 『원불교사상』 19집, 원광대 원불교사상연구원, 1995, p.165.

우리나라 상·장례문화의 부분으로서 고대의 장묘제도를 살펴본다. 선사시대에는 바위와 돌에 의한 일종의 공동묘지 체제의 관행이 주로 이루어졌다.[27] 일종의 장묘문화를 통해서 고대 장례의식이라든가, 이에 바탕을 둔 문화의 흔적들을 찾아보는 작업이 꾸준히 지속할 필요가 있는 것이다. 화장이 수용된 것은 오래된 불교 풍습이라든가, 근대 화장문화가 수렴되는 등 변화가 발생하였다고 본다. 내세에 대한 불교적 사유, 이를 부정하는 유교적 사유가 혼재하면서 매장문화가 오랫동안 고수되어 온 것이다.

이러한 맥락에서 볼 때 죽은 사람을 장사 지내는 가장 전통적인 형식으로 매장과 화장이 거론될 수 있다. 그 외에도 자연장, 빙장, 기타 장례 형태 등의 방법이 있다. 본 연구에서 주로 조망하고자 하는 풍습에 따른 장례 형태는 다음의 몇 가지 유형으로 나열된다. 첫째, 최근 화장률이 급증한 화장문화를 그 전형으로 접근하고자 한다. 둘째, 매장문화를 전통문화와 연계하여 접근해 본다. 다음으로 자연장문화도 이러한 장례문화의 전형으로 거론할 수 있다. 또한, 빙장문화를 거론할 것이며, 기타 장례 형태를 중심으로 기술하고자 한다.

---

27 한삼규, 「장묘문화 발전을 위한 공공 화장장 확장·이전 추진에 관한 연구 -울산광역시를 중심으로」, 인제대학교 석사논문, 2003, p.6.

1) 화장문화

인류의 삶에 필수 불가결의 요소로서 불은 열과 빛을 지닌 정반대의 양면성을 가지고 있다. 열과 빛을 가진 불을 다루기 시작하면서 인류의 새로운 역사가 시작되었다. 열을 이용해 음식을 익혀 먹게 되고, 빛을 이용해 어둠을 밝히게 되었다. 이때 높은 온도의 불을 인류 자신들의 주검을 처리하는 방법으로 이용하게 된 것이다.[28] 이 방법으로 빠르고 깨끗하게 유기물질을 없애거나 유골만을 분리하는 화장이라는 문화가 시작되었다.

여러 문화권에서 화장은 죽은 사람의 영혼의 자유로 이해되었다. 시신의 화장재를 담아 두었던 용기들이 유럽 각지의 신석기시대 유물에서 발견되고 있는 점을 미루어 볼 때, 화장은 아주 오래전부터 행해져 온 것으로 추정된다. 유럽에서는 BC 1400년에서 AD 200년 사이에 화장이 널리 확산되었다. 특히 로마 제국의 지배층에서 선호되었다. 로마시대에 유행했던 화장에는, 매장된 지 오래된 시신을 꺼내 나무 장막 위에 올려놓고 태워 그 재를 거둔 다음 땅에 묻는 화장 방식 '부스툼'(bustum)과 시신을 태운 다음에 그 재를 묻어 무덤을 만드는 방식 '우스트리나'(Ustrina)라는 두 가지가 있었다.

오늘날까지도 화장 풍습이 보편적으로 행해지고 있는 곳은 인도이다. 인도는 약 10억에 달하는 인구 중 82%가 힌두교인으로 힌두교도는 죽은 후에 바라나시에서 화장되고, 화장재는 갠지스강에

---

28 박복순·박태호, 『화장문화의 이해』, (사)한국장묘문화개혁 범국민협의회, 2017-18, p.36.

서 뿌려지는 것을 지상의 최고 기쁨으로 여긴다. 이것을 생애의 궁극적 목적으로 여기기도 한다. 힌두교도에게 있어서 죽음은 마지막이 아니다. 죽음을 통하여 영혼은 육신을 떠날 뿐이며, 육신은 다만 영혼을 떠나보낸 물체에 지나지 않는다.

그러므로 인도인들은 죽은 자의 영혼을 위로하고 새 옷을 입을 수 있게 되기를 바란다. 그래서 힌두교도에게 죽음은 오히려 자유롭게 되는 길이며 각 개인의 삶에서 긍정적인 사건이라고 여긴다. 힌두교의 화장문화는 바로 이러한 내세관을 반영하고 있다. 그들은 사람이 죽으면 영혼이 들어 있는 몸을 빨리 태워 버려야 불길과 함께 영혼이 천계(天界)로 올라간다고 믿고 있다.

오래전부터 인도인들은 불을 해방과 자유의 상징으로 받아들였다. 힌두교에서 호마(Homa)라는 불의 의식은 옛날부터 브라흐만 사제의 중심 의식이었다. 그들은 그 불과 함께 죽은 자가 하늘로 올라간다고 하고 있다. 최초에 우주의 창조가 있고, 최후에 우주의 파괴가 있듯이 창조에서 생긴 몸을 화장하는 것은 우주의 5원소(흙, 물, 불, 공기, 에테르)가 하늘로 올라가는 것이다. 이는 완전한 파멸이 아니고 순환과정으로 새로운 창조가 된다.

예를 들어 일본의 경우 불교가 토착화되는 데 가장 큰 역할을 한 것은 불교식 장례의식의 정착이었다. 10~11세기의 승려들은 죽은 자의 유족을 찾아가 유골 일부를 산(山) 같은 곳에 묻으면 정토왕생할 것이라고 하며 다녔는데, 이때 큰 호응을 얻어 오늘날 일본 특유의 납골 풍습이 생기게 되었다. 일본인들은 불교 신자가 아니더라도 사찰을 찾아 참배하고 장례식을 불교식으로 행한다. 한 조사 자료에 따르면, 일본인 94%가 불교식 장례를 따르는 것으로 나타났다. 또 죽은 이에게는 불교식의 이름인 계명(戒名)을 붙이기도 한다. 최근 통계 자료에 의하면 일본 국민이 98.89%가 화장을 택하고 있는 것으로 나타났으며, 이는 바로 불교문화의 영향으로 나타난 결과이다. 일본의 화장률은 97~98%를 넘기면서 일부 화장을 할 수 없는 섬 지역 약 3%만 매장을 하는 것으로 알려져 있다. 특히 일본은 정부의 강력한 화장 중심 정책을 필두로 시민들의 적극적인 참여로, 천황 말고 모두 화장한다는 말이 나올 정도로 화장문화가 발달해 있으며, 화장 후 공원화된 집단 묘지 시설, 또는 작은 규모의 납골묘 형태로 지하에 묻거나 실내 납골함에 안치하고 있다.[29] 화장문화는 국가별로 차이가 있지만, 그 기원은 상고(上古)로 올라간다.

불교의 화장문화는 붓다의 시대부터 크게 전파했다. 붓다가 자신도 향나무를 겹쳐 쌓아 그 위에 관을 안치하고는 불을 붙여 화장한 것으로 전해진다. 불교에 대하여 호의적이며 신자들이 많은 일본인은 화장이 끝난 후 고인의 유골을 뼈단지[항아리]에 담는다. 이때 유족들은 나무와 대나무로 된 젓가락으로 두 사람이 한 조가 되어 뼈를 집어 유골을 수습하는데, 이러한 풍습은 다른 불교 문화권에서 찾아보기 힘든 일본인들만의 특징이라고 할 수 있다.[30] 화장의 경우 국가 지역마다 미세하지만 다른 측면들도 있다.

원불교의 창립자 소태산도 화장하였다. 1943년 6월 6일 오전

---

29 한삼규, 「장묘문화 발전을 위한 공공 화장장 확장·이전 추진에 관한 연구-울산광역시를 중심으로」, 인제대학교 석사논문, 2003, p.6.

30 한국외국어대학교 외국학종합연구센터, 『세계의 장례문화』, 한국외국어대학교 출판부, 2006, pp.8-10.

10시, 총부 대각전에서 경향 각지의 수천 대중과 불교 연맹 이리 7종(宗) 승려들이 참석하여 장엄한 영결식을 거행하고, 이리 화장장에서 다비를 한 후에, 7월 19일 종재식을 마치고 이리시 외 묘지[금강리]에 유해를 안장하였다.[31] 대중이 다 창황망조한 가운데 초종장례는 김태흡이 주례하였고, 종재에는 총독부 고관들의 존경을 받던 일본 명승 상야순영(上野舜穎)이 참석하였다.

그리고 2000년을 전후하여 화장 납골문화가 유행하여 수용되고 있다. 한국장묘문화개혁 범국민협의회가 여론조사기관인 현대리서치에 의뢰하여, 서울시에 거주하는 20대 이상의 남녀 1천 31명을 대상으로 2001년 3월 17일 실시한 설문조사에서 '화장·납골 방식이 바람직하다'라고 응답한 사람이 85.4%이었는데 '바람직하지 않다'라는 대답은 8.9%에 불과했다. 이처럼 화장·납골 방식에 대한 찬성률은 1998년 70.5%에서 1999년 77.8%, 2000년 83%[32]로 매년 꾸준한 증가세를 보이고 있는 점은 참고할 일이다.

불교나 힌두교와 같이 윤회를 믿는 동양 문화권에서는 주로 화장이 행해졌다. 이에 반해, 기독교, 이슬람, 유대교 등과 같이 부활을 믿는 서양 문화권에서는 매장이 보편적으로 행해졌다. 조상들이 사후에도 산 자처럼 생활하기를 염원했던 유교 문화권에서는 무덤을 흙으로 만드는 토장이 두드러지게 많이 나타난다.[33] 토장은 우리

---

31 『원불교 교사』, 제2편 회상의 창립, 제4장 끼쳐주신 법등, 4. 대종사의 열반과 정산 종법사 추대.

32 백성호, 「화장·납골 바람직」, 〈중앙일보〉, 2001년 3월 23일, 25면.

33 한국외국어대학교 외국학종합연구센터, 『세계의 장례문화』, 한국외국어대학교 출판부, 2006, p.8.

가 접하는 매장문화를 말하는 것이다.

근래에는 전통 유교나 서양 문화권에서도 매장만을 고수하지도 않고, 화장을 거부하지도 않는다. 덩샤오핑은 화장하여 산하대지에 그 유해를 뿌리도록 하였음은 참조할 일이다. 이는 중국 혁명의 선구자인 주은래로부터 시작되며, 그의 육체는 그의 유언에 의해서 재가 되어, 비행기에서 뿌려진 것으로, 그때 10억 중국인을 울렸을 뿐만 아니라 전 세계의 살아있는 인간들에게 깊은 감동을 주었다.[34] 중국 철학자 방동미 역시 죽으면서 한 유언이 내 죽거든 발상하지 말고 시체는 화장해서 그 가루를 대륙이 가까운 해천(海天)에 뿌려라. 모든 것을 청청상상(淸淸爽爽)하게 마무리하도록… 하라고 하였다고 한다.[35] 매장문화를 고수하는 전통에서 화장을 선호한 그들은 지구 공간의 한계와 환경보호를 인지하였을 것이다.

화장은 환경위생학적으로 시신을 가장 짧은 시간에 격리할 수 있고, 화장 유골을 산골하거나 납골당 또는 납골 묘지에 안치할 경우 토지의 점유 면적이 대폭 감소할 수 있다[36]는 장점이 있다. 하지만 이러한 시설이 혐오시설이나 기피시설의 오명을 눌러 쓸 요소가 있으므로 미관을 살리고 공간을 활용하여 추모, 휴식, 여가의 장소로 만들 필요가 있다.[37] 화장을 단순히 환경적인 시신 처리로 끝내면 부작용이 따르므로 주위의 미관을 꾸미고 추모공원이 되도록 하여 장점을 살릴 필요가 있다.

---

34 리영희, 『스핑크스의 코』, 까치, 1998, p.53.
35 김충열, 『노장철학강의』, 예문서원, 1995, p.318.
36 김달수, 『우리나라의 장사제도에 관한 연구』, 경남대학교 박사논문, 2006, p.17.
37 최영훈, 위의 논문, 2017, p.68.

원불교는 위에서 말한 유교의 매장문화와 불교의 화장 납골문화를 겸하여 수용하고 있다. 근래 여성교역자들은 화장하여 자연장이 공식화되고 있으며, 남성교역자들은 가족의 희망을 참조하면서 매장과 화장에 이어서 자연장으로 안장된다. 2002년 3월, 여자 정화단 정화인의 날 기념대회에서 860여 명의 정화인은 화장 유언 서약과 맑고 밝고 훈훈한 세상을 만들기 위한 실천 운동을 결의했다. '화장 유언 서약식'에서 원불교 정화단 소속 여자 교무 8백60명이 모두 장묘문화 개선을 위한 서약을 하였다.[38]는 점은 한국 사회에서도 조명을 받게 되었다.

이처럼 한국 사회에서 화장·납골·자연장 방식을 선호하는 이유로는 환경 보전과 국토의 효율적 이용, 위생적이고 손쉬운 관리, 비용 절감 등 경제성, 성묘의 편리성 때문이다. 환경 친화의 장례문화가 점차 선호되므로 원불교의 장례문화는 전통문화와 새로운 환경에 합류하고 이를 선도하고 있던 셈이다.

2) 매장문화

매장문화는 인류 기원으로서 태고의 시대로 올라간다. 가장 원시적인 시신 처리의 방법이 땅에 묻는 것이기 때문이다. 여기에서는 인류 역사에서 오랫동안 지속하여 오고 있는 매장을 중심으로 거론

---

38 정명진, 「원불교 정녀 860명 화장 서약」, 〈중앙일보〉, 2002년 5월 24일, 14면.

하고자 한다. 매장은 시신을 땅에 묻는 가장 오래된 장례법 가운데 하나로 토장이라고 부르기도 한다.

죽은 사람이 그리울 때 다시 찾을 수 있는 추모의 장소로 매장을 하여 묘[土葬]를 만드는데, 명당을 찾아 매장함으로써 죽은 사람은 영면하고 산 사람은 조상의 은덕으로 부귀와 영화와 다복함을 누릴 수 있을 것이라는 막연한 기대에서 뿌리 깊은 매장문화가 이 땅에 정착된 것이 아닌가 짐작된다.[39] 우리의 전통 유교 사상은 나와 조상의 관계가 죽음을 통하여 마지막이 되는 것이 아니고, 후손에 의하여 자자손손 이어지는 것으로 생각하는 조상들의 전통적인 관습에 의하여 매장문화가 전하여졌다.[40] 그래서 매장문화는 명당을 찾았고 추모의 공간이 되었다.

기독교, 유대교, 이슬람과 같이 부활을 믿는 종교들은 대체로 매장을 선호하고 있다. 그들은 최후의 심판 날이 도래함과 동시에 묘지에 있던 영혼들이 부활하게 된다고 믿는다. 만약에 화장해서 육신이 흔적도 없이 사라졌다면 그 영혼은 영원히 안식처를 잃게 되고 마는 것이다. 그리고 태양이 작열하는 척박한 사막의 환경에서 기원한 세 종교는 오래전부터 불을 경외와 공포의 대상으로 여겨왔다. 이에 따라 화장에 대해 거부감을 보이고 대신 매장을 선호하는 것으로 풀이될 수 있다.

전통적으로 기독교에서 시신을 땅에다 묻는 것은 흙에서 왔다

---

39 연창흠, 「우리나라 장묘문화의 문제점과 개선방안」, 『도시문제』 37권 402호, 대한지방행정공제회, 2002, p.89.
40 최영훈, 위의 논문, 2017, p.53.

가 흙으로 돌아가는 인간의 덧없음을 인정하는 것이라고 설명한다. 이러한 기독교의 관념은 이탈리아와 폴란드 같은 국가들의 장례풍습에 많은 변화를 불러왔다. 로마 초기 시절만 하더라도 이탈리아에는 앞에서 언급한 두 가지 화장 방법이 있었던 것으로 전해진다. 그러나 기독교가 전파된 이후 화장 대신 매장이 지배적인 풍습으로 자리 잡게 되었다.

고대 슬라브인들은 영원 회귀에 대한 믿음을 바탕으로 '죽음'을 종말이 아니라 영속적인 세상으로 다시 돌아가는 '전환'의 단계로 인식하였다. 죽음을 통해 시간의 순환적인 갱신을 이룰 수 있다고 믿으면서 재생의 과정을 거쳐 영속적인 세계로의 이입이 가능하다고 굳게 믿었다.[41] 966년 기독교의 수용과 함께 국가를 수립한 폴란드는 가톨릭의 예식과 관습을 근간으로 삼아 고유의 상·장례 전통을 만들어가게 되었다. 예수의 부활과 최후의 심판을 강조하는 기독교의 교리에 따라 육신을 신성시하게 되면서 폴란드에서 화장은 점차 자취를 감추었으며[42] 그 뒤를 이어서 매장이 보편적인 장묘 방법으로 자리 잡게 되었음은 잘 아는 사실이다.

폴란드와 같이 고대 슬라브시대에는 육체에서 분리된 영혼을 신봉하였기에 육신의 부활이나 시신의 중요성은 그다지 강조되지 않았다. 당시 폴란드 지역에서는 매장과 화장이 병행되었다. 그러나 로마 가톨릭이 국교로 수용된 이후 폴란드인들 사이에는 기독교

41 최성은, 「폴란드 상장례에 나타난 기독교와 민간신앙의 영향 고찰」, 『동유럽발간학』 제6권, 아시아 중동부유럽학회, 2004, pp.73-101 참조.

42 위의 논문, 2004, pp.73-101 참조.

의 내세관에 따라 부활에 대한 희망이 널리 전파되기 시작했다. 이에 따라 점차 화장보다 매장을 선호하기 시작했다. 15세기 이후부터 매장은 폴란드의 전통적인 장묘 방법으로 정착되었다.

대부분의 기독교 국가는 아직도 매장을 선호하고 있지만, 근대로 접어들면서 화장에 대해서도 어느 정도 유화적인 입장을 보인다. 그러나 유대교와 이슬람의 경우 오늘날에도 여전히 화장에 대해 강한 거부감을 보인다. 육체가 자연적 상태로 귀환하는 데 방해가 된다고 보기 때문이다. 이란 지역의 경우 '페다르 수크테'(Pedar sukhte)라는 말이 있다. 이 말의 뜻은 '네 아비는 화장당했다.'로서 가장 지독한 욕설 가운데 하나다. 이란의 무슬림들이 화장을 얼마나 혐오스럽게 생각하고 있는가가 극명하게 나타난다. 실제로 이란에서 화장당하는 사람은 흉악한 범죄자에게만 국한된다.

이처럼 유대교와 이슬람에서 나타나는 매장문화의 특징은 시신을 가능한 한 빨리 처리한다는 것이다. 유대인들은 사람이 사망하면 눈을 감겨주는데[창46:4], 이는 죽음과 수면(睡眠)의 유사성으로 설명될 수 있고 아마 세계적으로 보편적 현상일 것이다.[43] 아침에 임종하게 되면 시신을 당일에 매장하며, 임종을 오후 늦게 하게 되면 시신을 그다음 날에 매장한다. 이러한 풍습이 생겨난 이유는 종교보다는 중동의 더운 기후 탓으로 보인다. 왜냐하면, 열대우림 지역에 사는 사람들은 대부분 사망 당일에 장례식을 치르는 것을 볼 수 있기 때문이다. 유대인들은 매장하지 않고 시체를 방치하는 것은 고인

43 우장수, 「유대교-기독교-통일교의 죽음 문화 비교연구」, 선문대학교 석사논문, 2013, p.60.

에 대한 모독으로 간주하기도 한다. 이와 관련하여 유대교 율법서인 신명기에는 다음과 같이 적혀 있다. “어떤 사람이 죽을죄를 지으면 그 사람을 죽여서 시체를 나무 위에 매달아 두시오. 그러나 그의 시체를 밤새도록 나무 위에 매달아 두지 마시오. 그를 죽인 그날에 그를 묻어주시오.”[44]라고 되어 있는데, 이처럼 장례문화의 다양한 측면이 여기에서 잘 나타나 있다.

중국에서는 전통적으로 매장을 토장이라고 불러왔다. 중국에서의 토장 풍속은 귀신 신앙의 발전과 매우 밀접한 연관성을 갖고 있다. 중국인들이 상상한 귀신은 사람이 살아있는 동안에는 사람의 육체에 함께 기거하다가, 사람이 죽으면 육체를 떠나지만, 절대로 사라지지 않는 신비한 존재였다. 이러한 귀신 신앙은 조상숭배 신앙과 결합하면서 뿌리를 내리게 되었다. 귀신에 대한 경외심과 조상에 대한 공경심은 장례의 과정 중에 조상의 유체에 대한 존경과 무덤에 대한 관리의 형태로 표현되게 되었다.

또한, 중국인들은 죽은 자가 저승에서도 살아있을 때와 같이 무난하게 생활하기를 바라는 염원으로 흙으로 된 무덤을 만들게 되었다. 그러나 오늘날 중화인민공화국 정권이 수립된 이래 지속해서 화장을 장려하고 있으며, 대부분의 중국 인민은 이에 따라 화장하고 있다. 이와 같은 중국의 사례는 세계관과 내세관의 변화가 장례풍습에 엄청난 변화를 초래하고 있음을 극명하게 보여주고 있다.[45] 중국

44 『신명기』, 21장 22~23절.
45 한국외국어대학교 외국학종합연구센터, 『세계의 장례문화』, 한국외국어대학교 출판부, 2006, pp.10-12.

의 상위 계층들은 전통적으로 토장과 상극을 이루는 화장을 폄하하고 멸시하는 경향을 보여 왔지만, 장례문화의 변천은 시공을 초월하여 변화되고 있다.

한국의 경우, 삼국시대에는 웅장하고 화려한 형태의 고분 등이 나라별로 특징을 가지고 발전하였다.[46] 삼국시대를 지나 고려시대에 들어오면서 이러한 매장은 혼재된 형태로 변화한다. 고려 말기에는 성리학의 전래와 더불어 매장과 화장이 혼재하였다.[47] 뒤이어 조선조의 장례문화도 변화를 거친다. 곧 조선시대에 들어와서는 외형적으로는 유교적이지만 내면적으로는 풍수도참사상이 생활 습관과 의식구조를 지배한 시기였고, 특히 억불숭유정책으로 화장이 크게 줄고 매장이 일반화되었다.[48] 따라서 현재 매장의 관습은 고려시대를 거치면서 조선조에 형성된 장례 관습이 된 것이다.

오늘날 한국의 장례문화에 있어서 화장의 관심 증대로 전통의 매장문화는 점차 관심 밖으로 멀어져가고 있다. 매장의 이전과 더불어 발굴조사도 진행되어 오면서 국토 보전이라는 과제를 환경 차원에서 시도되고 있다. 우리나라의 매장문화재는 발굴이 원칙적으로 금지되고 있다. 다만 부득이한 때에만 허락하고 있다. 과거에는 연구, 정비, 멸실 및 훼손의 우려가 있는 주요 문화재를 중심으로 발굴조사가 이뤄졌으나, 국가와 민간의 개발 사업의 증가로 인해 매장문화재 파괴를 동반하는 토목공사와 토지의 형질변경이 일어나는 건

46 이삼식·박종서, 「장사행정의 효율화 방안」, 한국보건사회연구원 연구보고서, 2001~20, p.7.

47 김정혜, 「서울특별시 장묘제도 발전방안」, 미출판: 용역보고서, 1997, p.6.

48 김영재, 「토탈시스템 구축을 통한 장례제도 개선방안」, 『한국장묘』 창간호, 1997, p.17.

설공사 건수도 늘어 이에 따른 발굴조사의 수요도 증가하였다.[49] 이러한 과제는 앞으로 풀어야 할 과제로 여겨진다.

고대사회와 비교할 때 많아진 인구와 더불어 지구의 공간적 한계는 앞으로 매장문화에 중대한 관심으로 등장한다. 자본주의 가치에 의한 자원개발과 자연보호라는 점에서 정반대의 현상이 나타나기 때문이다. 매장문화재야말로 인간의 개발행위와 가장 밀접한 관계가 있으며 서로 상충하는 가치관으로서 최근 중국의 급속한 경제발전은 이어서 대규모 개발행위를 수반하며, 이는 매장문화재의 보존이라는 또 다른 국가적 과제와 부딪히기 마련이다.[50] 이는 국가를 초월하여 전 세계적으로 부닥치는 자연보호의 과제로서 우선순위로 등장하는 문제이다.

3) 자연장문화

장례 전반의 의식절차를 세 부분으로 나누어 살펴보면, 상례는 죽음을 확인한 후에 하는 의례의 과정이며, 장례는 시신을 관리하는 과정이며, 제례는 망자를 추모하는 과정으로 나눈다. 전 과정은 죽은 자와 가족과 공동체와의 관계 속에서 이루어지는 상·장례문화의 의례 절차이다. 상·장례문화에서는 망자가 비록 죽음의 넋이 되어

49 이길호, 「매장문화재조사 전문법인과 조사요원 제도개선 방안」, 한국전통문화대학교 석사논문, 2021, p.15.

50 안신원, 「중국매장문화제도의 비판적 검토」, 『중국문화연구』 제12호, 중국문화연구학회, 2008, p.208.

매장이나, 화장한 유골의 상태로 있다고 해도 살아생전보다 더 인격적으로 존중하고 보호된다. 즉, 시신이나 화장한 골분을 대할 시 인격적 대상으로서 존중하고 더욱 정성과 신중히 처리해야 한다.

자연장이란 사후(死後) 인간이 완전한 자연으로 화(化)하는 것으로 인간의 주검을 온전하게 자연으로 돌려보내는 것이라고 정의한다. 화장한 유골의 골분을 수목, 잔디, 화초 등의 주변이나 아래에 묻어 장사[51]한다. 즉, 화장한 유골의 골분을 수목의 뿌리 근방에 묻어주면 죽은 고인이 함께 상생한다는 자연 회귀의 정신을 가지고 있다.[52] 이처럼 앞으로는 자연장법이 환영받을 요소가 다분하다.

자연장법은 자연장의 '장사 등에 관한 법률'에 정의된 대로 자연장의 규정을 준수하여 시설을 만들어 장사를 할 수 있도록 하고 있다. 논자는 여기에서 자연장과 수목장을 같은 맥락에서 접근하고자 한다. 수목장(樹木葬, Natural Burials)[53]의 보급은 실용적, 기능적 측면과 자연 회귀의 정신에서 다른 장법보다 장점이 있다.

1990년대 후반부터 점점 매장문화가 사후관리에 따른 부담을 후손들에게 주고 산불과 산사태를 가져와 산림을 파괴한다는 문제점들이 보이기 시작하다가, 1998년 이러한 문제가 거세게 대두되어

---

51 장사법 제2조(정의) 3항.

52 최영훈, 위의 논문, 2017, p.70.

53 수목장의 선행연구는 비교적 많은 편으로 박사논문만을 다음과 같이 제시해 본다. 김달수의 「우리나라의 장사제도에 관한 연구 -수목장을 중심으로-」, 경남대학교 박사논문(2006). 김철재의 「자연장의 유형 분류 및 시가적 선호도」, 배재대 박사논문(2012). 우재욱의 「수목장 선호요인 분석에 의한 개선방안 연구」, 고려대 박사논문(2013). 박대수의 「한국인의 장례문화에 대한 인식구조 연구 -매장, 화장, 수목장으로 중심으로-」, 동방문화대학원대 박사논문(2015). 등이 있다.

매장을 줄이고 산림을 보호하는 화장을 늘리자는 시민운동이 시작되고 장려되었다. 하지만 최근에는 화장 이후에 납골[봉안] 시설이 생각하지 못한 새로운 문제점이 발생하고 있다. 이에 따라 납골 시설의 문제점을 해결해 줄 자연장[수목장]의 장려정책과 이를 받쳐 줄 법적인 기반이 마련되어야 할 것이다.

수목장이 다른 장법보다 관심을 받는 것은 사람이 죽으면 화장을 한 준공을 지정된 수목의 뿌리 근처에 묻고 덮어서 그 수목과 함께 영혼이 함께 한다는 뜻을 새기어 사람과 나무는 함께한다는 철학적 사고에 기초하여 자연에 회귀한다는 섭리에 근거하고 있다. 수목장은 매장의 선호와 화장 후에 납골[봉안]이 가지는 한계점을 극복하기 위한 대안으로 시작된 장법의 하나이다. 여기에 산골장이 있어 수목장과 비교되기는 하지만, 산골장은 가족제도의 붕괴 가능성과 산골 장소와 관련하여 오염피해를 염려하고 미관상의 위해 등 산골장 자체가 가지고 있는 한계점에서 벗어날 수가 없기 때문이다. 그리하여 추모의 대상이 있는 산골장의 발전된 형태로서 수목장이 등장하였다.[54] 그러므로 수목장은 가족제도에서 중요한 추모의 대상이 존재한다. 한국의 전통적 장묘문화에서 드러나는 특징은 고인을 그리워하는 추억의 문화가 유달리 강하다는 것이다. 추억의 문화는 유교적 효 사상에 의한 것으로 전통 매장에서 그 역할을 봉분이 하였다. 고인의 유가족이나 친지는 돌아가신 분이 그립고 생각날 때는 언제든지 수목을 찾아가 고인을 그리며 추모할 수 있다는 것은

---

54 박대수, 「현대 한국의 상·장례문화의 성찰과 미래 전망 -수목장법의 수용 가능성에 관하여-」, 『청소년과 효문화』, 한국청소년효문화학회, 2013, pp.201-202.

봉분의 역할을 수목이 한다고 생각하기 때문이다.

생태학적으로 보면 사람도 자연생태계의 한 구성원이다. 초목은 흙 속의 무기 양분과 수분을 흡수하고, 공기 중의 이산화탄소와 햇빛을 흡수하여 유기물을 만들어 성장하게 된다. 인간도 이러한 생태계의 순환 속에서 죽음이 오면 그 순간부터 천천히 부패하기 시작하여 결국에는 흙에서 왔다가 흙으로 돌아가는 것이다.

> 매장문화는 인구가 늘어나고 묘지가 늘어남에 따라 국토의 훼손이나 이용의 비효율성이 문제가 되어 있고, 화장문화는 혐오시설로 인식이 되는 화장장과 납골당 난립에 따른 님비현상이 문제이다. 이 문제를 해결하는 방안으로 기존의 묘지를 개장하여 공원 묘지화하는 방안이 제시되었으나, 여전히 자연훼손이 되는 문제점이 있다. 가장 확실한 방법은 화장하여 아늑한 곳을 찾아가 산골[화장한 분골을 뿌림]하는 방법인데 큰 환영을 받지 못하고 있다. 그러나 수목장은 화장된 분골을 지정된 장소의 원하는 수목의 뿌리 근처에 묻어줌으로써 그 나무와 함께하여 상생한다는 자연으로의 회귀 섭리에 근거한 새로운 장묘문화의 한 방법이다.[55]

이처럼 수목장은 추모할 대상이 있고, 저렴한 비용으로 고인에게 예를 갖출 수 있으므로 새롭게 환영받는 장묘문화의 대안이다. 추모목(追慕木)을 기억하고 찾아갈 수 있다는 의미 때문에 권장도

---

55 위의 논문, pp.213-214.

되고, 화장 시 가장 취약한 산골은 고인의 골분을 지정된 장소나 사람이 잘 보이지 않는 산이나 강물, 호수 등에 뿌리게 되면, 추모의 대상이 없어져 제삿날이나 명절에 자녀들이 추모의 대상한테 갈 수 없다는 가족 붕괴의 단점도 해결할 수 있다.

한편, 보건복지부[2022. 06]는 땅에 묻는 매장 형태가 아닌 산이나 바다 등에 유골을 뿌리는 '산분장'을 제도화하는 방안을 추진 중이다. 현재 장사 등에 관한 법률에는 땅에 묻는 매장만 있고 뿌리는 행위에 대한 법적 규정이 없으므로 우선 산분장을 할 수 있는 입법이 필요하다.[56] 조금 늦었지만 환영할 만한 일이다. 산골의 장소나 방법은 하위법령으로 지침을 정할 수 있지만 단, 무연고자 위주가 아닌 추모의 대상은 연구할 과제이다.

자연장문화는 천재지변이나 산짐승 등으로 훼손된 묘지의 관리와 벌초 등의 관리비가 전혀 걱정이 없다. 수목장의 조성지역은 기존 공원묘지 등이나 산림의 일정 부분에 조성되는데, 그중 한국형 수목장림의 조성지역은 독립된 보통 산림지역에 조성하는 방안이 마련되는 것이 바람직하다.[57] 비교적 소유주의 변동이 적고 일정 수준의 관리가 지속해서 이루어질 국·공유림이 수목장림의 시행 적지

56 구무서, 「NEWSIS(뉴시스)」, '유골을 뿌리는 산골장 제도의 추진' 사회면, 2022. 06. 22.

57 "추모원은 고인을 추모하는 수목장림이므로 엄숙해야 하지만 그렇다고 너무 지나치게 어둡게 분위기를 표현할 필요는 없다. 이런 분위기를 연출하려면 상층목은 추모목 위주로 구성하되 임분의 약 70~80%, 중층은 20~30% 수준의 소밀도 수준을 유지하도록 하며 상층은 꽃, 향기, 단풍이 곱게 드는 교목성 수종을 군데군데 식재하고, 중층과 하층은 밝은 분위기를 연출하도록 꽃과 향기, 단풍, 열매를 감상할 수 있는 수종을 식재한다."(조원희 외, 「국립하늘숲 추모원의 관리개선방안」, 『한국산림휴양학회지』 제23권, 한국산림휴양복지학회, 2019, 초록)

로 평가되지만, 혹시 개인 소유 산림지역의 수목장을 선택한다면 벌목, 산사태 등 나무의 관리와 혹시 모를 문제에 대비할 수 있는 법적 장치가 필요하다.

따라서 아름다운 숲으로 수목장림을 선정하여, 묘지란 느낌이 들지 않도록 하는 것이 중요한 입지 조건이고 다음은 접근성이 좋아야 한다. 추모목의 형태를 분류해 보면 화목, 관목, 교목 등으로 할 수 있다. 교목[다년생의 키가 큰 나무]의 경우는 수목장의 자연회귀라는 개념을 가장 쉽게 표현이 되고, 보통 산림지역에서 쉽게 찾을 수 있다. 수종선택은 오랫동안 자랄 수 있는 참나무와 같은 천연 활엽수종을 추천한다. 분골의 관리 방법은 종이 종류의 용기에 넣는 경우가 있고 그냥 뿌리는 경우를 들 수 있다. 다음은 화장한 분골을 완전 생분해성 자연 친화적인 용기에 넣어 수목의 뿌리 근처에 묻는 경우다.

이처럼 자연장으로서 수목장을 바람직하게 개선하는 방법론들이 등장하고 있다. 그것은 나무를 통한 추모의 공간을 마련하고, 묘지의 자연스러움을 확보하는 것에 있다. 그리고 추모지의 확보에 용이성을 더하는 것이고, 친환경적이라는 것이다. 또한, 수목장은 후손들을 위한 배려라는 점에서 적극적으로 권장되고 있고 이에 대한 박사논문[58]이 주목된다.

장법(葬法)에는 죽음에 관한 그 당시의 다양한 의례 속에 생활의 철학이 담겨 있으며, 의례 형식과 순서 생활양식을 비롯하여 여

58 우재욱, 「수목장 선호요인 분석에 의한 개선방안 연구」, 고려대학교 박사논문, 2012, pp.45-50.

러 가지 역사성을 가진 시설물을 남기게 된다. 그러므로 장법은 문화적·역사적 흐름의 변화를 파악할 수 있으므로 보다 통합적이고 다각적인 학문의 접근이 요구된다.[59] 여기에서 자연장의 수목장이 장법으로서 미래지향적으로 권장되는 것이다.

4) 빙장문화

장묘의 발전은 이전의 장묘에 장단점이 있으므로, 또 다른 장묘로 발전하게 된다. 오랜 역사의 매장은 작은 국토에서 장기간 묘지가 면적을 점유하기 때문에 토양 및 수질오염이 나타나고, 묘지에 석물을 인위적으로 설치하면서 자연훼손이 야기된다. 또 화장이 혐오시설로 인식되는 이유는 불에 태우는 장법으로 비위생적이거나 혹 전염병의 시신을 관리하는 효과는 있으나, 이 과정에서 가스, 다이옥신, 수은[5g] 등과 탄소배출이 있기 때문이다. 수목장은 화장을 통해 인체를 산화시킬 때 나오는 인(燐)이 수목의 수명에 영향을 주어 뿌리가 썩는다는 단점이 있다.

앞에서 설명한 장법의 부족한 부분을 해결하기 위한 새로운 장법으로 빙장이 등장하고 있다. "공기나 수질오염 없이 계속해서 자연 회귀 되며, 시설은 27.5m²[99m²] 정도의 공간과 자연장을 위한 이용자나 근무하는 직원들이 쾌적한 환경에서 장례행사를 치를 수

59 한성열, 「한국 상장례의 변화와 친환경적 장묘산업」, 『원불교사상과 종교문화』 79집, 원광대 원불교사상연구원, 2019, pp.328-331 참조.

있으며, 혐오 시설 기피 현상도 해소되는 친환경적인 녹색 장법이 도입되어 장법의 새로운 시대를 맞이하고 있다."[60] 그래도 이러한 전통의 장법은 장단점을 가지고 있으며, 한편으로 빙장은 액체 질소에 시신을 냉동시킨 뒤 동결 건조하는 장례 방법이다. 빙장은 시신을 급냉동 시켰다가 분해 건조해 매장하는 장법인데 급속냉동–분해–건조–매장의 순으로 이루어진다.

빙장의 기원을 보면 스웨덴에서 발원이 되어, 한국에서는 2008년 12월 매스컴을 통해서 처음으로 소개된 만큼 생소하기도 한 장법이다. 기존 장법의 문제점을 해소하는 방편으로 등장한 장법이 빙장(promession)이다. 이 빙장의 중요한 핵심은 시신이 지니고 있어 피해가 되는 인의 함량[61]을 줄이는 데 있다. 빙장은 녹색장으로도 알려져 있다.[62] 1999년 스웨덴의 생물학자 수잔 위 메삭(Susanne Wiigh–Mäsak)이 빙장을 발명하여 관련 특허를 받았으며, 2006년 4월 19일 한국프레스센터에서 「장묘문화 국제 심포지엄」을 열고 수잔을 초청하여 빙장의 사례 등을 발표하게 하였다. 또한, 덴마크 코펜하겐에서 2009년 12월에 유엔기후변화 회의가 열려 이 장법이 소개되었다.

빙장의 장법은 먼저 톱밥으로 만든 관에 시신을 넣어 영하 18도의 상태에서 보관했다가 –196℃의 질소 가스를 분사하여 급속 동결한 시신에 기계로 진동을 가하면 뼈와 관을 포함한 모든 것이 60

---

60 위의 논문, 2019, pp.331-333.

61 시신에 포함된 인의 량은 탄소(18):질소(3):인(1)의 비율이다.

62 빙장은 시신을 액체 질소에 냉동시킨 뒤 동결 건조하는 장례 방법이다. 이 방식은 스웨덴에서 시작되었지만, 한국에서의 역사는 길지 않은 상황이다.

초 이내로 아주 작은 단위인 밀리미터(mm) 단위로 부서진다. 그런 뒤 동결건조방식을 사용해 수분[전체 70%]과 금속성 분을 제거하고, 건조된 가루를 녹말 상자에 담아 자연장처럼 땅에 묻으면 절차가 완료된다.[63] 땅속에 묻힌 잔여물들은 거의 1년 이내에 부식되어 흙의 성분이 되고 식물의 자양분이 되어 자연에 흡수된다.

잔여물에는 첫 번째 나무로 만든 관과 두 번째 녹말로 만든 관의 구성 성분들이 포함되는데, 이 구성물들이 분해된 시신과 합해지면 탄소[170]:질소[16]:인[1]의 비율로 바뀌게 되어, 인이 1/8.5로 줄어들고 흙의 성분이 되어 자양분이 될 수 있는 탄소[95.4%]와 질소[99.4%]로 생성된다. 하지만 빙장 기기가 고가라는 점과 유해성 부산물이 많이 나온다는 문제가 있다. 또 빙장은 경제성과 환경적 요인에서는 크게 환영받고 있으나, 유가족들을 정서적으로 보살피는 일에는 어쩌면 거의 도움이 되지 않는다.[64] 그러나 무엇보다 빙장은 가스[굴뚝], 다이옥신, 수은, 이산화탄소가 공기 중에 배출되지 않으며, 강물이나 바다에 지하수 오염, 부영양화, 산소량 감소 등과 같은 환경오염이 뒤따르지 않는다.

어떻든 스웨덴의 경우 빙장 창안 국가이지만 입법 논의는 계속되고 있다. 스웨덴의 입법 절차상 발의 전에 반드시 검증단계를 거쳐야 하고, 빙장도 입법안이 발의되더라도 통과까지는 통상 수년이 소요되는 것이 보편적이기 때문에 법안 발의 및 통과 여부는 상

---

63 김경래, 「빙장의 장법내 수용에 관한 실용성 분석」, 『보건복지포럼』 제163권, 한국보건사회연구원, 2010, p.87.

64 이상원, 「자연장(수목장) 및 빙장의 도입에 관한 연구보고」, 개혁신학연구소, 2011. 개혁신학연구소(http://cafe.daum.net/reform25) 최종검색일: 2019.01.03.

당히 불투명한 상황이다.[65] 또한, 빙장의 문제점으로 시신의 매장과 빙장 처리된 잔존물의 매장은 동일한 매장으로 간주하기 때문에 입법 자체가 필요하다는 의견이 제시되고 있다.

어느 국가든 화장, 매장, 자연장, 빙장 등 고유한 장사의 풍습이 존재해 왔다. 여기에서 어느 장법이 가장 바람직하다고 단언할 수 없는 이유이다. 각기 죽은 자의 존엄성을 유지하는 고유한 장사풍습을 가지고 있으므로 특정 국가가 어떠한 장법을 선택하든 그 방식에 대하여 옳고 그름을 거론하거나 개입할 여지가 없다.[66] 장법의 종류 여하를 떠나서 사자(死者)에 대한 존엄의 자세를 가지고 시신을 처리하는 것을 우선으로 하기 때문이다. 인간은 동물과 다른 존재로서 주검을 처리하는 데 있어서 어느 누구나 또는 어느 국가도 죽음의 처리방식에 환경문제를 개입시켜 거론하지 못한다는 점에서 논란의 여지가 있다. 다만 환경보호의 차원에서 많은 공감을 얻으면서 여러 장법과 장례의 형태가 변화되어 온 점은 부인할 수 없다.

5) 기타 장례 형태

화장과 매장 이외에도 세계 각국에는 수장, 풍장, 동굴장, 현관

65 김경래, 「빙장의 장법내 수용에 관한 실용성 분석」, 『보건복지포럼』 제163권, 한국보건사회연구원, 2010, p.88.
66 위의 논문, 2010, p.97.

장, 조장, 인신공양(水葬, 風葬, 洞窟葬, 懸棺葬, 鳥葬, 人身供養) 등 다양한 장례 형식이 있다. 수장은 시신을 물속에 넣는 장례법으로서, 고대 일본에서 많이 행해졌다. 일본 신화에서 수장의 예로써 처음 등장하는 것이 히루코이다. 이자나기와 이자나미의 성교로 태어난 히루코는 태어나면서부터 거머리처럼 뼈가 없어서 걷지도 서지도 못하는 불구라서 갈대로 만든 배에 실어서 바다로 흘려보내는데, 이것은 원시 또는 고대의 수장의례(水葬儀禮)를 암시한 사례이다. 이처럼 시신을 바다 또는 강에 흘려보내거나 돌로 묶어서 가라앉히는 방법으로 멜라네시아의 여러 민족이나 아메리카 인디언 사이에서 산발적으로 보이는데, 이는 물이 초자연적으로 정화작용을 하고 있다고 믿었기 때문이다.

한편 풍장은 시신을 들짐승에게 먹히게 하거나 비나 바람에 의하여 자연히 없어지도록 하는 장례법이다. 풍장 중에는 나무 꼭대기나 나뭇가지 사이에 두는 수장(樹葬)이 있고, 시렁 같은 곳에 올려놓는 대상장, 절벽 끝에 놓아두는 예장 등이 있다. 이러한 풍습은 아시아, 동남아시아, 오세아니아, 아프리카의 일부 원주민 문화 속에서 찾아볼 수 있다.[67] 이는 주로 원주민들의 장법으로 이해하기 쉽지 않은 특이성이 있다.

동굴장의 예는 오늘날 서아프리카 말리의 반디아가라(Bandiagara) 절벽에 살고 있는 도곤인들 사이에서 찾아볼 수 있다. 이 지역에는 높이가 200m에 이르는 절벽이 150㎞ 정도 펼쳐져 있다. 도곤 사람

---

67 한국외국어대학교 외국학종합연구센터, 『세계의 장례문화』, 한국외국어대학교 출판부, 2006, p.13.

들은 시신을 땅에 묻지 않고 절벽에 있는 동굴에 안치한다. 유족들은 먼저 시신을 두 벌의 수의로 감싼 후 나무 들것 위에 꽁꽁 묶은 후 장지로 운반한다. 시신이 안치되는 동굴은 사람이 접근하기 어려운 절벽 높은 곳에 있다. 수백 년 동안 시신의 안치 장소로 사용되었던 동굴에는 조상들의 유골이 가득 차 있는데, 시신은 이 유골들 사이에 안치된다. 이후 시신을 안치한 사람들은 시신에서 수의를 벗긴 다음 기름 항아리를 시신의 발치에 놓는다. 이는 망자가 저승으로 가는 먼 여행길을 편안하게 떠날 수 있게 해달라는 기원을 담고 있다.

현관장은 고대 중국의 소수 민족 사이에서 유행했던 장례문화로서, 풍장의 가장 대표적인 사례 가운데 하나이다. '현관장'은 "관을 높은 곳에 매달아 장례 한다."라는 뜻으로서, 흔히 절벽에 안치했다는 뜻의 애장(崖葬)과 관이 배 모양을 띠고 있다는 뜻에서 선관장(船棺葬)이라고도 불린다. 여러 가지 학설이 있으나 현관장의 유래에 대해서는 크게 세 가지 설로 압축된다. 첫째, 영혼이 승천한다는 원시적 종교설이다. 당시 중국인들은 사람이 죽으면 영혼이 승천해야 하므로 가파른 절벽이야말로 영혼이 안식하기 가장 적합한 장소라고 믿게 되었다. 둘째, 조상숭배설이다. 고대 중국인들은 조상의 뼈와 육체를 잘 보관해야 조상신의 보호와 도움을 얻을 수 있게 된다고 믿었다. 따라서 그들은 죽은 자의 시신을 메고 아무도 손댈 수 없는 절벽에 올라가서 관을 안장하도록 만들게 되었다. 셋째, 어렵(漁獵) 환경설이다. 고대 중국인들은 자기 조상들이 산에 거주하거나 하천에서 낚시했던 생활에 대한 어렴풋한 향수를 간직하고 있었다.[68] 이러한 의식은 훗날 산이나 강 같은 자연환경에 자신을 의탁하는 관념으로 발전하게 되었다. 중국 구이양시 남부 화시구 인근의 푸이족 마을 민가의 전산촌은 소수 민족 중에서 먀오족과 부이족이 함께 사는 곳으로 야산 중턱에, 기괴하기도 하고 신비하기도 한 곳에 모신다.

조장(鳥葬)은 세계의 장례문화 가운데 가장 특이한 것 중 하나이다. 인간이 절대 의존하는 신은 착한 영혼과 악한 영혼을 창조했다. 성화의 전당이나 시체를 새에게 먹여서 장사 지내는 장소[dahma]를 오늘날 여전히 보존하여 선조 추모의 제사를 행한다.[69] 새에게 시신을 먹임으로써 인간에게는 멸할 수 있는 부분과 불멸의 부분이 있는데 영혼은 불멸을 주장하게 된 것이다. 즉 악한 영혼과 싸움으로써 조장을 통해 사후에는 하늘에서 착한 영혼과 같이 살 수 있기에 이러한 관습이 생겼다고 한다. 조장을 거행하는 티베트의 라마 승려들은 칼이나 도끼를 이용해 시체를 토막 낸 후, 이것을 가죽 부대에 담아 부근의 작은 평지로 가져간 후 다시 펼쳐 놓는다. 그러면 이미 그 옆에서 오래 기다리고 있던 독수리들이 구름 떼처럼 몰려들어 아귀다툼하듯 시체를 쪼아 먹는다.[70] 조장 풍속은 처음 보는 외국인들에게 무척이나 낯설고 심지어는 도저히 이해가 안 되는 끔찍함의 전율을 느낄 수도 있다.

---

68 위의 책, 2006, p.14.
69 中村 元, 김용식·박재권 공역, 『인도사상사』, 서광사, 1983, p.178.
70 장자도 같은 맥락에서 말한다. "땅 위에 있으면 까마귀나 소리개의 밥이 되고 땅 밑에 있으면 땅강아지나 개미의 밥이 된다. 그것을 한쪽에서 빼앗아 다른 쪽에 주다니 어찌 편견이 아니겠는가?"(『莊子』「列禦寇」, 在上爲烏鳶食, 在下爲螻蟻食, 奪彼與此, 何其偏也)

그러나 조장문화는 티베트 특유의 사회, 자연, 신앙 등의 환경에서 배태되어 온 결과물로서, 그 유래는 다음과 같이 설명된다. 첫째, 자연숭배설이다. 티베트족은 전통적으로 산과 하천을 신성하게 여겨왔기 때문에 이를 함부로 손대거나 훼손하는 것을 꺼려왔다. 둘째, 환경제약설이다. 티베트의 자연환경은 춥고 건조하기 때문에 화장할 만큼 충분한 나무가 없고 매장을 하더라도 시체가 잘 썩지 않는다. 셋째는 민간 신앙설이다. 티베트족의 전통 신앙 중에는 조류의 왕을 독수리로 여기고 신성하게 숭배하는 관습이 있었다. 그들은 독수리가 죽음의 시신을 먹고 하늘 높이 날아오르면 사람의 영혼도 그를 따라 승천하게 되는 것으로 믿는다. 넷째, 인도불교유입설이다. 티베트인들은 불교의 가르침에 따라 살아서는 수양과 선행에 힘쓰고 죽어서는 남은 육체를 맹수에게 먹여서 마지막 선행을 완성한다고 믿는다.

일부 지역에서는 인간을 제사 목적으로 희생하는 인신 공양 풍습이 존재한 경우도 있는데, 이에 따라 독특한 시신 처리 방법이 발전하기도 했다. 멕시코에 해당하는 지역에는 태양신앙이 인간을 양식으로 원한다는 믿음이 있어, 아즈텍족과 나우틀족은 매년 옥수수철에 수천 명의 사람을 종교의식의 거행 때에 희생제물로 바쳤다. 인신 공양 된 시신은 축제와 연회를 통해 아즈텍인들이 식용으로 소비했고, 해골들은 정수리 부분의 구멍을 통해 나무 막대기에 줄줄이 꿰어졌다.[71] 매우 비합리적인 측면이라 해도 각 국가의 습속에

71 한국외국어대학교 외국학종합연구센터, 위의 책, 2006, pp.14-16, 참조.

의한 장례문화로 바라봐야 한다.

구체적인 인신 공양은 그 방법이 매우 다양했다. 흑요석 칼에 의해 심장이 뽑혀 나오는 희생의식이 가장 많았지만, 공양하는 신의 종류에 따라 산채로 태워죽이거나, 죽창으로 찔러 죽이는 경우도 있었다. 결투 의식을 통해 몽둥이로 때려죽이거나, 온몸에 횃불을 묶어 불로 태워 공양하는 방법도 있었다. 화살을 쏘아 공양하거나, 그물망 속에 넣어 비비 꼬며 잡아당겨 질식 압사시키는 방법도 있었다. 이 같은 희생 제의는 고대사회에서 동물이나 심지어는 인간을 희생물로 공희(供犧)했기 때문에 종교들이 제도화되는 과정에서 약화하거나 아니면 상징화, 개인화, 합리화 과정을 거쳐 예배나 기도로 대체되었으며, 예배나 기도는 신의 은총과 인간의 정성이라는 거래체계를 갖고 있어서 희생 제의와 그 원리를 공유하는 종교 행위이다.[72] 사자(死者)의 장례문화는 이처럼 내세관이 습합된 장례 형태에 대한 각 국가의 종교 의식이나 정신세계에서 얼마든지 거론되는 것들이다.

72 조계종 포교원 편저, 『불교교리』, 조계종출판사, 1998, p.41.

3. 한국의 장례풍습

1) 이별의식의 장례

죽음에 의한 '장례'란 산 자와 죽은 자의 마지막 이별 의식이며, 사람이 태어나서 거쳐야만 하는 마지막 이별의 의례이다. 태어남과 죽음은 일평생의 통과의례 가운데 시작과 마지막에 있는 가장 중요한 의례이지만, 태어남보다 상대적으로 죽음의 의례가 큰 비중을 차지하고 있는 것이 현실이다. 가장 화려한 의식으로 꼽고 있는 혼례 때 사용하는 가마가 2인 또는 4인에 의해서 운반되는 반면, 상여는 최소 10명을 넘어서고 있다. 그리고 가마의 화려함은 상여에 비할 바가 못 되었다. 또한, 의례의 시간에서도 혼례는 하루 이틀 정도 소요되지만, 상례는 최소 3일이요, 그 19종의 전통 의식이 모두 끝나기까지 3년이라는 시간이 필요했다.

인간으로 태어나 누구나 임종을 앞두고 가장 아쉬워하는 것은 명예와 재물이 아니라 가족과의 이별의 시간이 다가온다는 점에서 태어나는 것보다도 이별을 더 중요하게 여겼다. 임종을 앞둔 사람에게 가장 중요한 것은 평상시 신앙과 수행의 힘이 있어서 병의 아픈 고통과 죽음에 대한 무서움과 두려움을 이겨내고 선정과 염불로 청정한 일념을 챙길 수 있어야 한다.[73] 임종이 되면 곧바로 가족들은 곡을 하며 영가를 향한 슬픔의 도가 극에 달하는 것이다. 슬픔으로

73 김도공, 「원불교의 죽음교육과 생사관」, 『신종교연구』 24집, 한국신종교학회, 2011, pp.49-50.

유도되는 병고가 극에 달하면 죽음으로 이어져서 영식을 떠나보내며 현실과 영면하게 되는 것이다.

죽음이란 갑작스럽게 찾아온다. 본인은 물론이요, 주변 사람들조차 인식하지 못하는 사이에 맞이하는 경우가 많다. 이에 쉽게 그 일정을 잡을 수 없었고 이러한 불예측성은 공동체 구성원들이 더불어 살 수 있는 동기로 작용하였다. 전통사회에서 죽었다는 기준은 초혼이었다. 사람이 죽게 되면 가느다란 실이나 솜으로 코와 입 사이 즉 인중 위에 놓고 그 움직임의 여부로 판단하였다. 호흡이 느껴지지 않으면 망자의 옷을 가지고 지붕 위에 올라가 망자의 이름을 부르는 의식을 치렀다. 혼이 돌아오기를 바랐던 것이지만, 초혼을 해도 깨어나지 않으면 비로소 죽었다고 판단하였다.[74] 사람이 죽기 전에 먼저 '혼불'이 나간다고 생각하고 그 혼을 불러들이기 위하여 초혼의 의식을 시행했다.

죽음을 돌이켜 보려고 혼신을 다하다가 깨어나지 않으면 그제야 죽음을 기정사실로 받아들였다. 죽음은 저승사자를 모시는 것으로 인식되면서, 저승사자 대접을 잘하면 죽은 자가 가는 저승길이 편할 수도 있지만, 뜻밖에 혼령을 데려가지 않을 수도 있다는 불안감에서 밥상을 차렸다. 이 상을 '사자상'이라 하고, 사자상에 차린 밥을 '사잣밥'이라고 했다. 저승사자는 세 사람이 함께 다닌다고 했다. 이에 사잣밥을 차릴 때는 세 그릇의 밥과 국, 간장 그리고 먼 길을 갈아 신고 잘 가라고 세 켤레 짚신을 차려놓았다. 간장을 차리는

74 고려대학교 민속문화연구소, 『한국 민속대관 3권』, 민간신앙 종교편 요약. 1982.

이유는 간장을 많이 먹으면 목이 말라서 물을 먹기 위해 되돌아오거나 자주 쉬어 갈 거라 인식했기 때문이다.

일반적으로 호흡이 멈추고 혼불이 나갔다고 하는 것처럼, 죽을 때는 혼과 백이 분리되는 것이 정상이다. 사자(死者)의 친척들은 즉각 혼이 조금은 위태한 여행길로 떠나는 것을 억제하는 조처를 취하지만 일단 그 시도가 허망함이 판명되면 죽음을 불가피한 것으로 인정하고 가능한 한 편하고 안전하게 목적지까지 혼을 보내 드리려는 또 다른 종류의 의례를 밟는다.[75] 그것이 곧 상례와 제례를 통해서 유족의 정성스러운 이별 의식으로 이어지는 것이다.

생사는 생명체가 지닌 현상이며 정반대의 개념이지만, 생사의 관계를 보는 관점에 따라 죽음과 연관된 의식의 절차와 형태가 크게 달라진다. 육신이 나고 죽는 것이 변화는 될지언정 생사는 아니라는 입장에서 생사의 도는 서로 상의적(相依的)이며 바탕이 되고, 육신은 생사의 변화 속에 있지만, 영혼은 영원불멸하여 업력에 따라 윤회한다고 보기도 한다.[76] 영원불멸이라는 것은 철학적·종교적 개념으로 접근이 가능하지만, 일단 영식이 끊어지면 이를 죽었다고 보며 이에 장례 절차를 밟는 것이 보통이다.

한국 전통 상례는 매우 복잡한 절차가 필요하였기 때문에 상을 주관할 호상자(護喪者)가 필요하였다. 그리고 살아있는 사람들의 역할이 정해지면 비로소 상례의 의식이 시작되었다. 망자를 목욕시

---

75 마이클 로이, 이성규 譯, 『고대 중국인의 생사관』, 지식산업사, 1998, p.42.
76 박광수, 「원불교의 천도재 의례」, 『원불교사상과 종교문화』 31집, 원광대 원불교사상연구원, 2005, p.108.

키고 옷을 입힌 후 '반함'이라는 절차를 거쳤다. 옛날에는 값나가는 물건으로 엽전이나 금과 옥 등을 망자의 입에 넣어 주었으나 이후 쌀을 추가하여 편의대로 사용하였다. 반함은 흰쌀을 물에 충분히 불린 후에 버드나무 숟가락으로 밥을 대신하여 세 번 떠서 망자의 입에 넣는 절차인데 망자가 저승까지 가는데 먹을 식량이 된다고 믿었다.**77** 이러한 의식은 망자에 대한 존엄 의식으로 집행되며 의식 하나하나에 정성이 깃들게 된다.

반함의 절차가 끝나면 망자를 천으로 감는 절차를 거쳐 관에다가 집어넣는 입관 절차를 거쳤다. 입관 절차는 산 자와 망자가 처음으로 격리되는 순간이므로 가족들은 크게 소리 내어 곡(哭)을 하였다. 망자를 다루는 손길은 입관에서 마무리된다. 이때부터 산 사람과 망자의 관계가 공식적으로 분리되었다. 입관 절차가 끝나면 상주는 문상객을 받기 위해 길복(吉服)을 벗고 상복으로 갈아입었다. 상례 절차에서 성복은 상주가 문상객을 맞이할 수 있는 기본 절차이다. 이에 부고를 받았다고 할지라도 조문하러 가는 사람은 최소한 한나절이 지나 성복의 절차가 끝난 다음에 방문하는 것이 예의였다.

발인은 망자의 시신을 묘지로 옮겨 가는 절차를 말한다. 방안에서 관을 들고 문지방을 나올 때 지방에 따라서 잡귀를 쫓는 의식을 치렀다. 망자의 시신을 매장한 후에는 혼령을 집으로 인도하는 반혼 의식을 치렀다. 혼백을 모시고 집에 당도하면 여자들이 곡을 하면서 맞이하고 제사상을 차려 대접했다.

---

77 한국외국어대학교 외국학종합연구센터, 위의 책, 2006, pp.28-29.

이처럼 전통사회의 상례는 슬픔뿐만 아니라 환생이라는 기쁨도 동반하였다. 이승에서의 죽음은 슬픈 일이지만 저승에서는 영원한 생명을 얻는 기쁜 일이었다. 새로운 생명이 태어나는 축복의 의식 또한 동반하고 있었기 때문이다. '돌아가셨다.'라는 표현은 고향인 하늘로 다시 돌아갔다는 것을 의미하는 것으로 슬퍼만 할 일이 아닌 것을 언어로 표현한 것이라 할 수 있다.[78] 이처럼 이승의 끝이라는 생각에서 새로운 세상으로의 이별 의식으로서 장례를 치렀다.

이별한 망자를 달래려는 의도에서 유가족들은 장례를 가능한 장엄으로 거룩하게 하려는 심리가 발동하였다. 이는 고금을 통하여 있었던 것으로 장례를 치를 때 사회적으로 후장(厚葬)으로 하는 것에 대한 우려는 고대에도 그대로 존재하였다. 영원한 삶이나 다른 세계에서의 불사를 추구하거나 적절한 편익을 제공함으로써 죽은 자의 영혼을 만족시키는 수많은 방법이 개발되었으며, 이러한 신앙의 일부는 필요 적절한 예방책의 일환으로 사치스러운 장례의식을 발전시켰다.[79] 그것이 유가에 대한 묵가(墨家)라든가 도가의 경우[80]가 해당하며, 오늘날 검소한 의례를 집행하려는 종교의 상·장례문화의 개혁론에 뒷받침된 것이다. 이별이 아무리 슬프고, 죽은 자에 대한 예가 아무리 진중하다고 해도 이미 열반한 사람에 대한 형식

---

78 한국외국어대학교 외국학종합연구센터, 위의 책, 2006, pp.40-41.

79 마이클 로이, 이성규 譯, 『고대중국인의 생사관』, 지식산업사, 1998, pp.50-51.

80 "장자가 바야흐로 죽으려 할 때, 제자들이 후하게 장사지내고 싶다고 했다. 그러자 장자가 말했다. 나는 천지를 널로 삼고 해와 달을 한 쌍의 옥(玉)으로 알며 별을 구슬로 삼고 만물을 내게 주는 선물이라 생각하고 있다. 내 장례식을 위한 도구는 갖추어지지 않은 게 없는데 무엇을 덧붙인단 말이냐?"고 했는데 이는 고대 기득권 세력으로 비추어진 유가의 후장(厚葬)에 대한 도가의 비판이 이것이다.

적 이별이 중요하지 않으며, 생자(生者)에게 지나친 경제적 부담을 주는 장례의식은 꼭 지양해야 한다.

2) 조상숭배의 장례

일반적으로 숭배의 대상이 되는 조상의 범주는 어떻게 규명할 수 있는가? 혈연 중심의 가족공동체와 관련된 망자를 통칭하는 개념으로, 자손과 자녀를 출생하여 양육시키는 존재를 부모로 통칭하는 것과 같은 의미이다. 조상은 생자에게 의례 대상이 된다는 점에서 특별한 존재라고 할 수 있으며, 보통 조부모 이상을 선조라 부르며 대체로 조상의 범위를 조부모 이상까지 포함한다.[81] 호남에서는 일반적으로 4대조 이상을 조상신으로 모시기 때문에 부모, 조부모, 증조부모까지를 모시고 있다. 선조 내지 조부모는 열반할 경우 서양의 소가족제도의 풍습에 비하면, 동양의 공동체적 전통문화에서는 숭배의 장례를 매우 중요시한다.

조상숭배는 혈연의 망자에게 명복을 비는 의식과 관련된다. 망자를 위해 명복을 비는 의례는 고금을 통하여 지속하여 왔다. 인도의 경우, 불교가 성립되기 전 『리그베다』를 비롯한 각종 베다에 브라만교에서도 이미 사후세계에 대한 사상과 사후세계의 사상을 중심으로 한 의례가 보이고, 초기 불교에서도 「설일체유부(說一切有

81 고병철, 「원불교의 조상의례와 천도」, 『종교연구』 제69집, 한국종교학회, 2012, p.55.

部)」에 의해 사상적으로 천도의 의식이 만들어지기 시작하였다.[82] 초기 불교에서 체계화된 사유(四有)에 대한 관념과 개념은 대승불교로 이어지게 되었고, 불교가 전파된 중국에서도 관련 의례들이 등장하였다.

삼국시대의 고구려는 영성(靈星), 귀신, 사직에 제사 드리기를 좋아하며 단군조선과 부여의 신선도를 이어받아 하늘에 천제를 지냈다. 조상신으로 고등신(高登神)과 동명성왕의 어머니인 유화부인을 여신으로 모셨으며, 대무신왕 2년에는 시조 신사인 동명성왕 묘를 졸본에 세우고 이후 역대 왕이 행궁하여 시조 신사에 제사하였다.[83] 그리고 추수 감사제인 10월 국중대회 종교의식을 동맹이라 하여 백성들이 감사 의식을 행하였다. 동맹은 『양서』「고구려전」에는 동명으로 되어 있어 시조 동명제를 말한 것이 분명하며, 고대로부터 있어온 조상숭배의 흔적을 알 수 있다.

조상숭배 의식이 강하게 나타나는 것은 고대로부터 전통 종교의 역할을 해온 유교이다. 유교는 대중의 생활 속에 깊이 뿌리를 내리고 있기 때문이다. 우리가 사망한 부모에게 3년 상을 치르고, 나이가 많은 노인을 공경하고, 그 외의 가족제도를 지배하는 미세한 부분까지 유교적으로 살려고 노력하는 이유도 여기에 있다.[84] 모든 한국인은 생활상에서 유교의 흔적이 그대로 남아 있다. 그러므로 한

---

82 안경식, 「불교 천도재의 교육적 의미」, 『종교교육학연구』 제46권, 한국종교교육학회, 2014, p.99.

83 고준환, 『하나 되는 한국사』, 재단법인 한국교육진흥재단, 2002, p.209.

84 황필호, 「加宗-종교갈등에 대한 21세기의 대안」, 정산탄백 기념 국제학술대회 『미래사회와 종교』, 원광대학교, 2000, p.69.

국인은 그들이 기독교인이나 불교인이 된 이후에도 이런 유교적 심성을 그대로 가지고 가며, 이렇게 한국인에게 있어서 모든 종교적 경험은 누적적(累積的)이다.[85] 한국인들은 유불도 삼교사상을 배타적으로 보지 않고 조상숭배를 강하게 내포하면서 상호 의존적 관계로서 개종보다는 포괄적인 가종(加宗)을 선호하는 성향을 지닌다.

조상이란 숭배의 대상이므로 선조의 탄생은 반드시 죽음이 따르기 때문에 슬픔이 엄습하게 된다. 산다는 것은 죽음을 향한 전진이므로 두려움의 대상이며 조부모, 혹은 부모의 죽음은 그 가족은 물론 사회적 손실이다. 이는 혈연으로서 반드시 거쳐야 하는 생사의 굴레에서 겪는 슬픔이다. 가족의 슬픔을 가져다주는 죽음의 굴레를 벗어나도록 해탈을 강조하는 불교의 역할이 중시된다. 『잡아함경』에서는 죽음에 대해 이렇게 말한다. "수명과 의식과 체온은 육신이 소멸할 때 함께 사라진다. 저 육신은 흙 속에 버려져 목석처럼 무감각해진다. 수명과 의식과 체온이 사라지고 모든 기관이 파괴되어 육신과 생명이 분리되는 것을 죽음이라 한다."[86]고 정의했다. 그러면 망자가 편안하게 이승을 벗어나 저승에 도달하도록 돕도록 하는 것이 필요하며, 슬픔의 고통을 극복하도록 생사 해탈의 자세를 갖도록 하는 것이다. 망자의 죽음에 슬퍼만 해서는 안 되며, 죽음의 원리를 알아서 조상에 대한 장례 및 천도 절차를 밟으라고 한다.

따라서 조상숭배에 있어서 천도 절차인 천도재는 망자가 남기고 간 삶[이승]의 문제를 해결해 주는 해원(解冤)의 기능이 있다. 이

85 위의 논문, 2000, p.69.
86 『雜阿含經』「大正藏」2, 150b.

에 조상숭배와 가족들의 문제를 해결하는 역할로서의 천도재가 되어 넋 씻김굿의 의식이 진행되었다. 이 의식은 업에 의하여 내생의 모습을 결정짓는다는 불교의 내세관이 결합한 형태로서 효 사상에 바탕을 둔 조상숭배의 정신이 49재[천도재]에 깃들어 있는 것이다.[87] 천도재는 이렇게 되어 불교 의식이나 불교만의 종교의식이 아닌 전통 습속의 형태로 이어져 왔으며, 한국적 다종교 복합적인 종교의식의 조상에 대한 효(孝) 사상으로 강조되어 온 것이다.

대승불교에 이르러 심식(心識)의 개념이 도입되면서 그 심식에 인간의 모든 업력과 생각이 발현 가능한 상태로서 저장되고, 그것은 수많은 업인(業因)의 연기에 의해 내생에 태어난다고 설명했다. 죽은 후 저승에는 인간이 새로운 몸을 받기 위해 존재하는 중음계인 명부(冥府)가 있으며, 저승에는 염라대왕을 포함한 칠왕(七王) 또는 시왕(十王)이 주석하고 있어서 죽은 망자의 영혼을 생전의 업력에 따라 판결하여 다음 생에 받을 몸을 결정한다고 한다.[88] 내생을 염원하며 선연 선과를 짓는 신앙의 세계에 의존한 것이다. 불교에서 조상의 숭배도 천도 발원을 통해서 영가가 다음 생에 왕생극락을 염원한다.

불교의 천도 의식에 더하여 유교는 효를 강조하여 조상을 기리는 제사가 존중되었고 함자를 쓰고 조상의 계보를 족보라는 형태로 계승되었다. 당사자의 이름이 중요한 것이 아니라 누구의 몇 대 손

---

87 구미래, 「한국불교 천도재의 중층적 위상」, 『역사민속학』 제28권, 한국역사민속학회, 2008, pp.234-235 참조.

88 윤승용, 「한국 신종교의 생사관과 상장례」, 『신종교연구』 제23집, 한국신종교학회, 2010, p.8.

이며 그 뿌리가 어디에 있는지를 중시하였다. 사당을 짓고 풍수를 동원하여 명당[吉地]을 찾는 행위 등은 조상과 혈연과 집단을 강조하는 사회적 관념으로 승화되었다. 후손의 출세는 가문의 영광이요, 조상의 음덕이라는 사고체계는 수직적이고 종적인 사회를 형성하였다. 윗사람의 말은 옳고 아랫사람의 말은 무시되며, 남자는 여자보다 우선하고 양반이 천민보다 대우받는 관념체계가 형성되었다.

이상의 관점에서 우리나라의 상장제도는 두려움에서 그리움과 숭배의 대상으로 변화되었음을 알 수 있다. 불교의 전래에 따라 무·불(巫·佛)이 결합한 조상숭배 형태이지만 이후 성리학의 전래로 보급된 주자가례로 유교식 조상숭배의 형태로 자리 잡았다.[89] 이처럼 조상숭배의 장례는 효의 정신에 부합되었다.

조상숭배의 효 정신은 한국 전통사상 형성에 큰 주류라 할 수 있는 유교에서 살펴보면 효는 대개 자식이 어버이를 잘 모시고 받들며 섬기는 것을 말하고 있다. 다시 말하면 효는 부모와 자식 사이에 천륜으로 조성되는 인간관계의 가장 근본적인 관계로부터 시작되며 그 부모와 자식의 관계를 가장 원만하게 하는 질서가 곧 효로 나타난다. 이러한 부모와 자식의 관계야말로 모든 인간관계에 있어서 가장 기본이 되는 것이다. 그러므로 유교에서는 효를 삼강오륜에 가장 으뜸가는 덕목이라고 할 수 있다. "부모에 효도하고 형제끼리 우애를 지키는 것이 인의 근본이다."[90]라고 한 것처럼 효는 인덕의 근본이며 효심이 지극하면 경천사상에까지 이르는 것이다.

---

89 한국외국어대학교 외국학종합연구센터, 위의 책, 2006, pp.29-30.
90 『論語』 學而篇. "其爲人也孝弟…孝弟也者 其爲人之本與."

조상숭배의 효 정신이 원불교 교리에 잘 나타나 있다. 일원상의 진리는 우주만유의 본원, 즉 천지·부모·동포·법률이라는 사은의 근원이 됨을 나타냄과 동시에 원불교 효 사상의 근원적 뿌리임을 밝히고 있다.[91] 또 소태산이 『정전』에서 「부모 보은의 조목」의 1항으로 인생의 요도 사은사요를 빠짐없이 밟을 것을 밝힌 것은 현상으로 보이지 않는 진리는 천지 은혜이고, 현상에서 보이는 진리는 부모 은혜로 밝힌 것이다.

이처럼 소태산은 가정에서 부모에게 효도하고 형제간에 우애하는 사람으로 다른 사람에게 악할 사람이 적고, 반면에 부모에게 불효하고 형제간에 화합하지 못하는 사람으로 다른 사람에게 선할 사람이 또한 적다고 하였다. 그러므로 유가에서 효는 백행의 근본이라 하였고, "충신을 효자의 문에서 구한다."[92]라고 한 것은 사실에 근거하여 당연한 말씀이라고 하면서 효를 강조하였다.

소태산의 해탈적 생사관을 인지하고 조상에 대한 예의를 갖추는 것은, 조상숭배와도 같은 개념으로 이해할 수 있으며 그것은 불교의 영향을 받았다. 원불교에서는 기존 전통에서 사용하는 사유(四有)의 개념을 통해 생사를 정리하고 있는 것이 이것이다. 중유(中有)의 기간이 49일이라는 불교의 설에 근거하여 사람이 죽은 후 49일 동안 천도재를 올려 그 영혼이 불법의 가르침을 받아들이어 다음 세상에 좋은 곳으로 갈 수 있도록 기원하며, 이러한 믿음 체계는 6세기경 중국에서 생겨난 의식으로 유교적 조상령 숭배와 불교

91 조정현, 「원불교 효 사상에 관한 연구」, 원광대학교 박사논문, 2011, p.54.
92 『대종경』, 인도품 11장.

의 윤회사상이 절충되면서 생겨난 것으로 보인다.[93] 원불교의 중음계에 대한 믿음 체계는 한국의 불교 및 무속과 결합하여 49 천도재가 상당히 일반화된 것으로 이해되고 있다.

또한, 정산 종사는 효에 대하여 밝혔다. 효란 무조건 보은의 도를 행하는 것은 모두 다 효에 해당한다는 것이다. 그리하여 부모 보은이 중요하다며 다음과 같이 말한다.

> 효의 실행은 부모은으로부터 시작하여 모든 은혜를 발견하는 데에 있나니, 사람 사람이 이 모든 은혜를 발견하여 어느 처소·시간을 막론하고 천만 경계를 오직 이 감사 하나로 돌리는 것이 다 효의 활용 아님이 없는지라, 이는 옛날 세상에 좁은 해석으로 부모가 자력이 있는 때에도 평생 그 곁을 떠나지 않는 것만 효로 생각하고 사회의 모든 책임과 일체의 보은 행사에 등한히 하는 것은 일면적인 효가 아니니라. 그러므로 효의 의의는 실로 광대하고 원만하여 천하 고금에 길이 세상의 강령이 되고 인도(人道)의 비롯이 되나니라.[94]

이어서 효가 없다면 인도를 벗어나 민심 이반의 현상이 나타난다고 하였다. 정산 종사는 시대의 인심을 본다면 효의 병듦이 또한 오래라고 하면서, 가정에서 부모를 탓하고 원망하며 세상에 나오게 되면 천지와 동포와 법률까지도 원망하게 되어 세상의 공기가 침침하고 우울하여져서, 인간들이 생활하는 것이 위험에 당하게 된다고

93 김도공, 위의 논문, 2011, p.51.
94 『정산종사법어』, 경의편 59장.

하였다. 이는 효를 통한 평화 세계와 안락의 마음을 가져야 인심이 효에 돌아온다고 한 것이다.

이처럼 효의 의미를 보은의 도를 행하는 것에 두면서, 특히 부모에 대한 효를 알고 보은하는 것이 사은을 제대로 알고 불공할 수 있는 바탕임을 강조하였다. 나아가 현하의 인심에 있어서 효 정신의 병듦을 지적하면서 효 정신의 회복과 진흥으로 인간의 마음이 효에 근원 되어야 평화 안락한 세상을 이루어낼 수 있음을 아울러 강조하였다.

유불도와 전통 신앙의 조상 의례 가운데 원불교의 조상 의례 특징은 어떠한가? 원불교에 있어서 조상의 범위는 삼세의 제불제성과 삼세의 부모 조상으로, 조상의 범위를 삼세로 규정하는 것은 개별교당에서 진행되는 삼세해원 상생기도 등을 통해서도 확인할 수 있으며, 삼세 부모 선조는 혈연적 존재의 근거이며 삼세 제불제성은 종교적 이상의 추상적인 현존의 근거라고 할 수 있다.[95] 관혼상제와 관련한 원불교 의례 전반의 변천사, 조상 의례에서 효도의 강조, 천도 의례의 변천과 공간, 생사 및 영혼관이 교서에 많이 등장한 것도 같은 맥락이다.

---

95 고병철, 「원불교의 조상의례와 천도」, 『종교연구』 제69집, 한국종교학회, 2012, pp.55-56.

3) 고분과 문헌 속의 장례

고분과 문헌은 그것을 소유하고 있는 국가로서는 국보나 보물과 같은 문화재라 볼 수 있다. 문화재란 인위적이거나 자연적으로 형성된 국가와 민족, 세계적이며 예술적 그리고 학술과 경관적 가치가 큰 것을 말하며, 문화재를 보존하여 민족문화를 계승 발전시키고 이를 활용할 수 있도록 함으로써 국민의 문화적 향상에 도움이 되고 아울러 인류문화의 계승 발전에 기여하는 것이다.[96] 이러한 문화재 속에는 그것의 역사만큼이나 긴 자취를 남기며 고고학적 가치를 가져다준다.

문화재의 중요성은 그 역사성에 기인하는 것은 당연한 일이다. 고대의 역사를 담는 것으로서 문화재의 가치가 상승하는 것이다. 문화재가 고분과 관련된 것도 고대의 역사성에 기인한다. 많은 문화재는 고분의 발굴과 함께 출토됐으며, 고분은 일정한 양식을 갖춘 특정한 시기의 무덤으로, 삼국시대의 문화와 사회상을 파악하는 데 있어 표지적 존재가 되는 학술적·역사적·고고학적 가치가 높은 문화재이다.[97] 특히 벽화에 그려진 고분은 다양하고 풍부한 묘실(墓室)의 구조, 다채로운 벽화 내용을 통한 당시의 문화와 풍습을 알 수 있는 소중한 문화재가 되는 것이다.

문화재로서의 고분은 봉분의 재료, 봉분의 형태, 관의 재료, 석

96 법제처, 문화재보호법, 법률 제11228호, 2012, 참조.
97 김지민, 「고분 내부의 환경 분석을 통한 석실 및 벽화의 보존 방안 연구」, 서울대 석사논문, 2015, p.1.

실의 형태 등 여러 기준에 따라 분류되고 분석될 수 있다. 문화재로 고분의 보존을 위해서는 신중할 필요가 있다. 봉분의 재료와 형태, 석실의 재료 등 고분에 포함된 각 구성 요소의 보존환경에 대한 탐색이 선행되어야 한다.[98] 벽화 고분의 조사가 필요한 것은 고분의 역사를 담아내는 것으로 여기에는 인간의 생활문화가 깔려 있다. 이를테면 관혼상제와 같은 고분벽화가 그려져 있어 당시의 장례문화를 엿볼 수 있는 것이다.

따라서 선조들의 고분을 통해 선조의 생활상, 종교적 신앙관 등을 엿볼 수 있다고 보면 좋을 것이다. 고분벽화는 고분의 무덤 칸에 그려진 벽화로 제작기법, 채색기법, 도상 등의 분석을 통해서 선조들의 생활 방식과 신앙생활 등을 알 수 있는 중요한 역사적 자료이다.[99] 선조들의 장례문화를 연구함에 있어서 고분벽화처럼 좋은 정보는 없을 것이다. 무덤에 그려진 그림과 채색, 그리고 채색의 기법에서 장례문화를 직간접으로 알아낼 수가 있다고 본다.

이를테면 부여 능산리 고분군은 사적 제14호로 등록되어 있으며, 공주 송산리고분군, 공산성, 부여 정림사지, 부소산성, 나성, 익산 왕궁리유적과 미륵사지 등과 함께 백제역사유적지구로 2015년에 유네스코(UNESCO) 세계유산으로 등재되어 있다. 여기에서 고분에 나타난 장례문화를 파악하는 것이 가능하며, 그것이 갖는 고대인의 장묘문화를 깊이 있게 모색할 수 있을 것이다. 고분 외에 다른

98 위의 논문, 2015, p.12.

99 남도현, 「능산리고분군 동하총 고분벽화의 잔존안료 입자분석을 통한 안료 분포 양상 연구」, 한국전통문화대학교 석사논문, 2019, p.Ⅷ.

어느 것도 이러한 문화적 소재를 담아내지 못하는 것은 문화 이전의 시대로서 선사시대가 갖는 한계이다.

그러면 백제의 장례문화 파악에서 무덤의 역사성을 알 수 있는 것은 무엇인가? 능산리 고분군은 7기의 무덤이 있으며, 그 중 동하총은 앞 열 우측 가장자리에 있는데 현재 발굴된 백제시대 고분 중 현실 내부의 사방에 사신도가 그려져 있고 천장에는 유운문과 연화문이 그려져 있는 유일한 고분이다.[100] 백제시대의 고분 속에서 7기의 무덤이 있다는 것은 장묘문화를 알 수 있는 매우 진귀한 문화재가 되는 셈이다.

다만 고분은 발굴이라는 것을 통해 나타나므로 일단 발굴되면 온전한 상태를 유지할 수 있느냐는 문화재의 온전한 보전에 대한 과제가 된다. 고분의 습하고 어두운 내부 환경에도 불구하고 밀폐된 상태에서 오랜 시간 유지되어 왔지만, 고분의 발굴과 함께 일반에게 공개되면서부터 체계 없는 관리와 급격한 환경의 변화로 인한 미생물의 증식 등으로 열화가 진행되어왔다.[101] 따라서 기존의 고분 보존은 그것이 갖는 공간의 환경적 특성과 자재에 따른 보존환경을 반드시 고려해야 한다. 문화재의 손실을 막는 일보다 더한 중요성은 없다는 것을 알아야 할 것이다.

우리나라 장묘제도를 살펴보면 선사시대에는 옮기기 힘든 크고 작은 돌을 이용하여 일종의 공동묘지 체제의 관행이 주로 이루어졌고 삼국시대에는 웅장하고 화려한 형태의 고분 등이 나라별로 특징

---

100 위의 논문, 2019, p.1.
101 김지민, 위의 논문, 2015, p.1.

을 가지고 발전하였다.[102] 백제의 능산리 고분에서 발견된 장묘문화는 고고학자나 역사가에게 국보급이라는 점에서 많은 시사점을 던져준다. 이러한 고분의 발굴이 없다면 고대의 장례문화를 더듬어 파악할 수 있는 방법상의 한계에 부닥치는 것이다.

한편 고분에 못지않게 당시의 문화를 알 수 있는 고대 문헌이 갖는 상징성은 무엇인가? 『리그베다』는 인도에서 가장 오래된 문헌이며 근본에 해당하는 성전이다. 이것은 1,017개의 찬가와 11개의 보유(補遺)의 찬가로 구성되어 있고, 이 찬가는 B.C. 1,200~1,000년경에 제작되어, B.C. 1,000년~800년경에는 현재의 형태와 같이 편찬된 것이겠지만, 3,000년 후인 오늘날에 이르기까지 주로 암송으로 전해졌다.[103] 기원전의 고대사를 알 수 있으며, 이러한 문헌 가운데 상·장례를 알 수 있는 문헌들이 발굴되어 온 것이다.

따라서 전통 시대의 상·장례풍속은 비교적 자세한 기록으로 남아 있는 경우도 있겠지만, 고대로 갈수록 제한적인 기록에 그치고 있다. 문헌상의 기록으로는 중국의 『삼국지』와 『후한서』가 있고, 국내에는 『삼국사기』와 『삼국유사』가 있다. 고려시대 이전까지의 상례 절차는 상기의 기록을 통해 짐작할 수 있다. 상례의 절차와 풍속에 대한 기록이 부족하다 보니 옛날 사람들의 무덤인 고분의 형태와 부장품을 통해 그들의 장례풍속과 내세관을 헤아려 볼 수 있다.

선사시대의 매장 법은 매우 다양하였다. “지역과 신분에 따라

102 이삼식·박종서, 「장사행정의 효율화 방안」, 한국보건사회연구원 연구보고서, 2001-20, p.7.

103 中村 元, 김용식·박재권 공역, 『인도사상사』, 서광사, 1983, pp.18-19.

그 형태가 달라 토장의 지석묘, 석곽묘, 목곽묘 등 다양하게 활용되었다."[104]라고 되어 있다. 구덩이를 파고 시체를 매장하는 토장은 가장 보편적인 매장 형태였고, 돌로 쌓아 관이나 곽을 대신한 적석총은 보다 진전된 형태로 보인다. 커다란 돌을 사용하는 고인돌은 큰 돌을 운반할 힘이 있는 위치의 사람이 아니면 불가능한 묘제였기 때문에 권력자의 무덤이었을 것으로 생각된다. 돌로 무덤의 겉면을 쌓은 석곽묘는 그 규모의 장대함과 부장품의 형태로 보아 이 또한 지배계급의 무덤으로 판단된다.

이에 반해 옹관묘는 항아리를 두세 개 포개서 만든 형태로 크기의 한정과 부장품의 단출함으로 보아 어린아이의 무덤이거나 세골장을 통해 뼈만을 매장하는 매장 형태로 생각된다. 묘제의 형태와 상관없이 시신의 머리는 동쪽을 향하는 경우가 많았고, 부장품의 형태는 시신의 사회적 지위를 나타내고 있었으며, 이승과 저승을 구별하는 관념이 싹트고 있었음을 알 수 있다.[105] 여기에서 고대의 장례문화를 구체적으로 파악할 수가 있다.

문헌을 통해 파악되는 상례 풍속은 점차 조상숭배의 형태를 갖추어간다고 볼 수 있다. 『삼국지』 위서 동이전에 기록된 부여의 상례 풍속은 순장의 유습이 있었음을 전해주고 있다. 사람이 죽으면 시신을 다섯 달 동안 집 안에 두었는데, 그보다 더 오래 둘수록 좋은 것으로 여겼다. 거상 시에는 남녀가 모두 흰옷을 입고 여자는 목걸이나 패물을 차지 않았다. 사람이 여름에 죽으면 모두 얼음을 채

104 김원룡, 『한국의 고분』, 세종대왕기념사업회, 1999, pp.5-30.
105 한국외국어대학교 외국학종합연구센터, 위의 책, 2006, p.31.

워두고 또 사람을 죽여 순장하였다. 그리고 장례를 후덕하게 지내는 사람은 '관은 있어도 곽은 없다.'라고 기록되어 있다. 이를 혹자는 조상숭배의 신앙과 결부시켜 조상숭배의 초기 형태로 보기도 한다.

『삼국지』 위서 동이전(魏書 東夷傳)에는 고구려의 상제와 관련된 내용도 기록되어 있다. '남녀가 혼인만 하면 벌써 장사지낼 때 입을 옷을 장만했다.'라고 하였다. 혼인하면 수의를 마련한다는 점에서 죽음을 일생의 한 의례로 받아들이고 있었음을 알 수 있다. 또한, 장사를 후하게 지낸다는 점에서 시신을 보존 처리[106]한 것으로 보였다. 즉 고구려에서는 죽음을 두려움의 대상이 아닌 신성한 의미로 승화시키고 있었으리라 추단할 수 있다. 『주서(周書)』 「이역전(異域傳)」 백제 편에서는 부모와 남편이 죽으면 3년 동안 복을 입는다. 친척들은 장사만 지내면 바로 복을 벗는다고 하여 3년상의 흔적이 보이고, 『수서(隨書)』 동이전 신라 편에서는 사람이 죽으면 널[관]을 쓰고 염습해서 장사를 지내고 무덤을 만든다. 왕과 부모 그리고 처자가 죽었을 때도 이때부터는 1년밖에 복을 입지 않는다고 되어 있고 염을 한 흔적이 보인다.

3년 상을 지내던 풍속은 당나라에서 불교가 전래한 이후 신라 지증왕 5년(504)에 1년간 상복을 입도록 바뀌었다. 이후 고려 초기까지 신라의 상복제가 지속하여 오다가 성종 때에 이르러 오복제도를 만들어 반포했다. 상복은 망자와 자신의 관계에 따라 그 형식이

---

106 우리나라 미라의 유래이며, 軟部組織이 부패하지 않고 말라 굳어진 동물의 반영구 보존 사체를 뜻하며, 사람의 대표적인 인공미라는 이집트에서 볼 수 있으며, 사후에 영혼이 다시 육체에 복귀한다고 하는 신앙에서 기인한 것이다.

달랐다. 망자가 부모일 경우 가장 거친 삼베옷을 입었고 종형이나 종제는 그다음으로 그리고 외손과 생질은 그다음으로 거친 옷을 입었다.[107] 참최·재최·대공·소공·시마(斬衰·齋衰·大功·小功·緦麻)로 구성된 오복제도는 상복을 입는 기간과 재질의 형태 그리고 밥을 먹지 않는 기간 등이 서로 달랐다.

그리고 장례에 사용되는 대나무는 마디가 굵고 색깔이 짙으며, 오동나무는 하얀색이고 반듯하기 때문에 대나무와 오동나무가 쉽게 구분이 가능했다. 아버지는 자녀를 기르면서 속이 텅 비어버렸기 때문에 대나무를 지팡이로 사용했고, 어머니는 자녀들이 애를 태워 그 애로 속이 찼기 때문에 오동나무를 사용했다.[108] 어머니의 상에 오동나무나 버드나무의 지팡이를 사용한 것은 어머니와 아버지의 죽음이 똑같은 슬픔이라는 뜻의 동(同)과 음이 같은 오동나무의 동(桐)과, 똑같은 유형이라는 뜻의 류(類)와 같은 음인 버드나무류의 지팡이를 짚는다고 한다.[109] 대나무를 짚을 때는 뿌리 부분이 밑으로 가도록 하였고, 오동나무를 짚을 때는 위를 둥글게 깎고 아랫부분을 네모나게[上圓下方] 깎아 사용하였다. 이는 하늘은 둥글고 땅은 네모나다는 천원지방(天圓地方)의 원리를 상례에 적용한 것이라 할 수 있다.

오복제도는 상례의 예제를 표현한 것으로 전통사회의 윤리 질서를 함축하고 있다. 친소, 존비, 형제간의 등차, 부자간의 윤리 질

---

107 한국외국어대학교 외국학종합연구센터, 위의 책, 2006, p.33.
108 임재해, 『전통 상례』, 대원사, 2000, pp.40-42.
109 김용덕, 『한국의 풍속사』, 밀알, 1994, pp.274-275.

서 등을 구체적인 의제를 빌어 표현하고 있다. 아울러 혈연관계가 있는 친족 간의 친소와 원근, 존비와 상하 관계를 정확하게 규정함으로써 혈친 간에 벌어질 수 있는 법적 다툼에서 형량의 판단 기준이 되었다. 이렇듯 오복제도는 전통 시대 한국인들의 생활을 규제하는 규범이자 형량의 척도가 되었기 때문에 떼려야 뗄 수 없는 관계를 유지하고 있었다.

상복제도의 완성에도 불구하고 불교식 화장제도는 계속 성행하였고, 매장제도 또한 행해져서 유·불교식 상제가 혼용되고 있었다. 3년상이 번다하다 하여 하루를 한 달로 계산하는 방법을 사용, 100일 만에 곡을 마치도록 하는 백일탈상제가 시행되기도 하였고, 정몽주 같은 이는 부모의 상에 시묘살이 3년을 극진히 행하기도 하였다.

고려 후기 주자학의 도입은 우리나라 상장제도에 막대한 영향을 미쳤다. 물론 성리학을 정치 이념으로 표방한 조선 초기까지도 불교식 화장제도가 성행한 점에서 볼 때 백성들의 습속이 쉽게 변하는 것은 아니지만, 국가의 이념과 법적 처벌 그리고 관념의 변화를 가져와 점차 가묘를 세우고 매장을 하는 풍토가 정착되기에 이르렀다. 세종에 의해 편찬된 『오례의』와 세조에 의해 편찬된 『경국대전』은 조선 초기 상장풍속을 유교식으로 정착시키는 데 결정적인 역할을 하게 되었다. 이후 상복을 얼마 동안 입어야 하는지를 두고 당쟁이 격화될 정도로 조선시대의 상장제도는 오히려 중국에서보다 철저하게 지켜졌다.[110] 화장제도는 불교에서 유래되어 현재

110 한국외국어대학교 외국학종합연구센터, 위의 책, 2006, pp.34-36.

는 윤회나 부활이나 혼백 등의 종교이념과 관계없이 권장하고 있다. 그리고 상복제도가 중국보다 더 철저하게 지켜진 이유는 사대주의 사상과 연계되어 있음을 짐작해 본다.

4) 한국 장사 정책의 변화

(1) 국내 장사문화의 변천

국내 장사문화의 변천을 살펴보면, 장례문화의 연구에 도움이 된다. 장사문화는 장례와 관련된 사회·문화적 현상에 대한 것으로 장법, 상례, 제도, 시설, 의식 등을 포함한 의미로 해석할 수 있을 것이다. 각 나라와 형성된 문화권의 특성, 여러 환경적 요인 등에 따라 다양성을 지니고 있다. 나라별 장례 관습은 그들의 민간신앙과 지리적 요건에 맞게 주검을 '보관' 또는 '처리'해 왔다. 그 방법으로는 카니발리즘[인육을 상징적 식품으로 먹는 풍습], 석재를 이용한 고인돌, 맹수의 먹이, 적석총, 동굴, 가옥, 수장, 옹기, 벽감(壁龕) 등이 있다. 그 중 시체를 매장하는 것이 가장 일반적인 방법으로 오랜 역사가 있다. 일례로 기원전 1만 년경으로 추측되는 호모사피엔스의 두개골이 육신과 절단되어 보관된 상태로 발견된 것을 볼 때, 오래전부터 인간에게 주검을 보관하려는 풍습이 존재했었다.[111]는 것을 알 수 있다.

111 홍석기, 「화장중심의 새로운 장묘문화정착을 위한 서울시민공청회 자료」, 1997.

이처럼 시대별·나라별로 죽음에 대한 관념과 종교적 차이에 따라 다양한 장사문화가 형성되어 왔으며, 그중 가장 중요한 것은 장법일 것이다. 장법도 각 종교와 민족에 따라 여러 형태로 나타났으며, 그 절차 또한 각각 다르게 나타났지만, 현대사회에서 세계 각국에 가장 보편화된 장법은 매장과 화장이다. 우리나라는 시대별로 다소 차이는 있으나 최근까지 매장을 선호하였다. 그러나 우리나라 장사수요의 변화에 따르면 매장 위주의 장법에서 화장으로 전환되어 가고 있다. 화장률112이 점점 높아져서 이제는 화장장 법이 문화적으로 정착되는 단계로 진입한 것으로 알 수 있다.

이에 현재 우리나라의 장사문화와 시설에 대해 현황분석을 하기에 앞서 과거 우리나라의 장례 관행과 문화는 어떠하였으며, 시대별 장사문화의 변천 과정을 학계 논문 및 학술자료 등을 통해 간략하게 살펴보고 연구의 기초자료로 활용하고자 한다.

① 선사시대

삼국시대 이전을 선사시대로 규정한다면, 선사시대 한국의 장례풍습 문화는 하늘 숭배 사상과 직접 관련이 있다. 선사시대 대표적인 무덤으로는 입석으로 거석신성물인 선돌, 지석으로 거대한 돌무덤인 고인돌, 퇴적물에 의한 패총 등이 있는데, 이 시대 대표적인 지석[고인돌]은 석조 부분이 노출된 북방식이 있고, 주요 부분을 땅

112 보건복지부·한국장례문화진흥원, 『교육자료: 장례식장 영업인 교육』, 주관: 한국장례문화진흥원, 2019, p.5(2016년 전국 화장률은 82.79%임)

속에 매장하여 매몰시킨 남방식이 있다.[113] 이는 또 석조문화의 출현과 관련되어 있다는 것이며 강우량이 많은 한반도의 특성에 따라 퇴적물이 많은 기후환경 곧 남방식 특성을 보인다.

현재까지 보고된 가장 오래된 분묘 형태는 고인돌로 이는 기원전 10세기부터 3세기까지 유행했던 것으로 화장 흔적이 발견됨에 따라 화장도 하였을 것으로 추정되며, 동일 장소에 집단 매장한 공동 봉안시설로서 전국에서 발견되고 있어 고인돌의 왕국이라 불릴 만하다. 사체의 유골을 보관하려는 경향이 강하여 사람이 죽으면, 풍장이나 가매장을 하여 탈육 시킨 후에, 유골을 모아서 다시 관속에 넣어 매장하는 '이중 장제'와 사후에 유골을 수습하여 모았다가 한꺼번에 온 집안사람이 한 관속에 함께 들어가는 '가족묘제'가 주종을 이루었다.

② 삼국시대 및 통일신라시대

삼국시대에 들어와서도 장례풍습은 하늘 숭배 사상과 연결되어 있다. 그리고 삼국시대에 들어와서는 무덤의 종류도 다양해지고, 부장품의 종류 및 수준도 높아졌으며, 중국의 영향을 받아 3년 동안 상복을 입는 제도도 있었다고 한다. 일반적으로 왕족의 경우 거대한 봉분에 많은 부장품과 함께 매장하였다. 삼국시대는 장례의 석조문화가 토장 문화로 바뀌고 있다. 불교가 전래하면서 장례풍습문화에도 변화를 주어, 그때까지 전해오던 토장과 능묘 위주에서 불교의

113 오홍석, 「장묘문화는 환경의 소산물」, 『지역환경』, 12-1-16, 동국대학교 지역환경연구소, 1994, p.2.

불타가 시행했다는 장례의식인 화장을 하게 된다.[114] 일반 서민의 경우 봉분이 없는 토분에 매장하였다.

삼국시대의 장례 관습에는 불교, 유교, 풍수지리 등이 복합적으로 영향을 끼쳤으며, 특히 고구려, 백제는 4세기 말, 신라는 6세기 초 불교가 전래하면서 비로소 화장장 법이 도입되었다. 백제의 경우, 부여 일대에서 여러 가지 형태의 화장묘와 봉안 용기가 출토되었고, 신라의 경우에는 삼국통일 이전인 7세기 초부터 화장을 시행하였음이 『삼국유사』에 기록되어 있다. 삼국시대의 유골 처리에 있어 토장이 아닌 화장으로 1차 장(一次 葬)인 '산골' 이외에 2차 장으로서 화장한 유골을 용기에 넣어 매장하는 '장곡(長谷)'이 행하여졌다.

고대인들은 생과 사를 끝이 아니라 연속으로 보았다. 그들은 무한한 생명의 관념적 연장으로서의 사후세계를 믿었다. 그래서 살아생전에 죽음과 그 의례에 대해 준비하였다. 그들은 죽은 자를 슬프게 보낸 것이 아니라, 춤과 노래 등으로 영혼을 위로하여 즐겁게 보내기도 하였다. 그래서 장례식은 아주 중요하였고 시신의 유기나 파손, 또는 무덤의 훼손 등은 죽은 자에 대한 최대의 저주요 모멸이었다.

혼인하면 바로 장사지낼 때 입을 옷을 장만하고 장사는 금·은·동·폐백 같은 것을 후하게 사용해서 지냈다. 돌을 쌓아 봉분을 만들고 봉분 앞에는 잣나무와 소나무를 많이 심었다. 부모와 남편이 죽으면 3년 동안 복을 입었고, 처자의 초상에 복을 입는 기간은 1년이

---

114 나달숙, 「환경적 관점에서 장사제도에 관한 고찰 -장사제도의 변천과 법적 대응을 중심으로-」, 『환경법연구』 제29권, 한국환경법학회, 2007, p.122.

었다. 그 외의 친척들은 장사만 치르고 바로 복을 벗었다. 사람이 죽으면 널[관]을 써서 염습해서 장사를 지내고 무덤을 만들었다.

삼국시대부터 염습이라는 말과 함께 죽은 사람에게 입히는 수의 개념의 복식이 나타나고 있었다. 기본적인 상례 절차와 수의, 상복 등의 복식이 사회적으로 제도화된 것은 순장법이 사라지면서부터였다. 고구려는 동천왕[248] 때 순장법을 금지했고, 백제는 고구려와 비슷한 시기에 순장법을 금지하고 상복제도를 제정하였고, 백제의 고분에서는 고분이 산능선[높은 곳]에 자리를 잡고 있는데, 이는 높은 산의 능선이 하늘에 가까우므로 승천하는 장소로 높은 곳을 선택한 것으로 보인다.[115] 신라는 6세기 초에 이르러 순장법을 금지하고 상복제도를 정하였다.

신라 왕들의 무덤을 알아보기 위해서는 『삼국사기』와 『삼국유사』의 기록에 대해 알아두어야 할 것이 있다. 유학을 숭배하던 사회에서는 시신 매장을 원칙으로 하면서, 화장이나 풍장, 기타 장법 등은 야만시하여 예법으로 금하여 왔다. 고려 중기의 유학자 김부식이 쓴 『삼국사기』에서는 '화장'이란 말을 애써 피하고 '관을 불사르다' 등과 같은 표현을 쓰고 있다. 이에 비해 『삼국유사』에서는 '화장'이라는 말을 그대로 썼다. 이렇게 두 책에서 차이가 나는 이유는 『삼국사기』는 유학자가 썼고, 『삼국유사』는 스님이 편찬하고 불가(佛家) 중심의 역사 기록물이기 때문이다.

통일신라시대에 오면 삼국통일을 완수한 문무왕[116]은 자신의

115 위의 논문, 2007, pp.122-123.
116 문무왕(AD 661-681)은 신라 제30대 왕이자 무열왕의 장자로 이름은 법민. 왕위에 오른

시신을 불교 의식으로 화장하여 유골을 동해에 수장[경주 앞바다 대왕암]하라고 유언하였다. 문무왕은 자신의 장례에 대해서 다음과 같이 유언하였다.

> 임종한 뒤 열흘에 고문(庫門) 밖 뜰에서 서국식(西國式 불교식)에 의해 불로 태워 장사지내도록 할 것이며, 복기(服期)의 장·단(長·短)은 본래 상규가 있지마는 상(喪)의 제도는 힘써 검약함을 따르도록 하라.[117]

이는 신라를 자주 침략하는 왜구를 격퇴할 의지와 당시 군왕·귀족들 사이에 유행한 사치스러운 장례와 호화분묘에 대한 비판으로 몸소 검약한 불교식 화장을 선택하여 후세에 귀감을 삼기 위한 것이었다.

이후 효성왕, 선덕왕, 진성왕 등 7명의 왕이 화장한 것이 『삼국사기』와 『삼국유사』에 기록된 것으로 보아 당시 불교의 대중화에 따라 불승(佛僧)은 물론 왕족, 귀족, 민중들에 이르기까지 모든 계층에서 화장이 성행한 것으로 보인다. 이들 화장한 유골은 산골이나 매골을 하였다. 새로운 사상인 불교는 전통 신앙과 충돌하면서 융화되었지만, 화장은 신석기시대 이래 전통적으로 지배층의 장법이었기에 큰 거부감 없이 받아들여졌을 것으로 생각된다. 그러나 일반 민중들은 보편적으로 매장에 의해서 장례를 지냈다.

후 재위 기간 백제 저항군을 진압하고 고구려를 정벌했으며, 당나라 군대를 축출하는 등 삼국통일의 위업을 달성했으며 귀족들에 대한 강력한 통제력을 발휘했다. 681년에 운명하자 유언에 따라 화장하여 동해안에 능을 만들었다.

117 『三國史記』 7권, 文武王 21년 條.

유추해 보면 불교가 성행한 이 시대에 왕이나 귀족 그리고 승려들은 대개 화장을 한 것이 아니라 각자의 믿음이나 경제력 등에 따라 다른 장법을 선택한 것으로 보인다. 당연히 민중도 이런 경향을 벗어나지 않았음을 누구나 쉽게 짐작할 수 있을 것이다.[118] 즉, 통일신라의 장사법은 전통과 외래문화가 혼재된 채로 고려시대로 흡수되었다.

③ 고려시대

고려를 건국한 태조 왕건이 불교를 국교로 정함에 따라 고려시대 사람들이 사원이나 승려와 밀접한 관계를 맺는 일상생활에 따라 장법도 화장이 성행하게 되었다.

고려 전기에 사찰에서 장례 절차의 대부분과 화장까지 지냈던 것을 두고 우리나라 '장례식장의 원조'라고 하는 시각이 있어 흥미롭다. 고려 전기 사람들은 늙고 병들면 사찰에 가서 치료와 요양을 하는 경우도 흔했고, 장례 이후에 제사까지 모셨다. 마치 오늘날 노인 요양원에다 호스피스 병동의 역할은 물론 일체의 장례 절차에서 화장까지 즉 장례 토탈서비스를 제공한 셈이다.[119] 유교의 가장 중심적인 덕목은 부모와 조상에 대한 효라고 할 수 있다. 그런데 출가하여 불교에 귀의하면 가정을 떠나기 때문에 유교에서는 인륜을 저버리는 행위라고 매도하므로, 이러한 비판도 벗어나고자 하는 대안으로 불가에서 장례와 제사를 절 안에 받아들이게 되었다고 본다.

---

118 박태호, 『장례의 역사』, 서해역사문고, 2006, pp.74-78 참조.
119 위의 책, 2006, p.89.

일반적인 고려시대의 장사문화는 불교를 국교로 삼아 화장이 주로 행해졌고 화장과 함께 수장, 토장, 조장 등의 기록을 찾아볼 수 있으며, 이 시기에는 시체를 매장하고 죽은 자의 생애를 기리면서 묘의 분실에 대비하여 후손에게 묘소의 위치를 알려 주기 위하여 묘지명을 작성하였다.[120] 묘지명은 땅속에 묻혀있어 대부분 원형 그대로 보관된 편으로, 풍화작용에 의한 마모가 적기 때문이다.

고려시대에는 매장 시 왕과 귀족은 석실묘를, 상류계층은 석관묘를, 일반서민은 토분묘를 사용하였으며 품계에 분묘의 크기와 높이를 제한하였고, 화장 시에는 화장→권안(權按)[121]→매골(埋骨)[122]이라는 3단계를 거쳤다. 화장장은 불사 근처의 산에서 행하고 1차 화장한 유골을 사찰에 임시로 봉안하는데 이를 '권안'(權按)이라 불렀으며, 이 기간에 유족과 불승은 망자의 극락왕생을 기원하였고, 2차 장(葬)으로 사찰에 보관한 유골을 땅속에 묻는 '본장'(本葬)을 행하는 화장 풍습[매골]이 성행하였다. 그러나 고종(1214-1259) 18년 몽골족의 침입 이래 원나라의 영향을 받아 충렬왕 이후에는 주자학의 전래에 의거 불교식 화장제도를 금지하고, 주자가례에 의한 관혼상제의 시행을 주장하는 신진사대부와 주자학자들의 건의에 의거 공민왕 때부터 화장의 금지법이 발효되고 유교식 전통장례가 태동 되었다.

---

120 김도진, 「고려 금석문의 자료적 가치」, 『중국학논총』 제4집, 국민대, 1988, 참조.
121 權按 : 유골을 용기에 담아 임시로 안치하는 것을 뜻한다. 이때 안치식을 행했다.
122 埋骨 : 유골 즉 뼈를 묻음. 매골로 인하여 남의 땅에 몰래 묘를 쓰는 때도 있었다.

④ 조선시대

조선의 개국 초기에는 서민들의 화장법과 지도층의 매장 풍습이 혼재되어 나타났다. 그러나 성종 5년(1477)에 『주자가례』에 따라 화장을 하는 자는 화장 풍습을 금지하기 위하여 중벌로 다스리고, 이어서 연좌제를 시행하는 등으로 고려 말까지 성행한 화장의 맥이 끊어지게 되었다.

매장 때 묘지는 특별히 금지된 구역 외에는 자유롭게 행하여졌고, 분묘의 형태나 분묘의 크기 및 비석의 크기는 신분 구조에 따라 차등이 이루어졌다. 또한, 유교 사회였지만 내면적으로 풍수 사상을 크게 신봉하게 되어 자손의 번영, 명예와 재물의 운을 모두 묘의 명당자리에 두었기 때문에 묘역의 광역화, 호화분묘, 길지론 등이 나타나기 시작했다. 이에 따라 좋은 묘지를 차지하기 위한 '산골'[123]이 빈번히 발생하여 사회문제로 대두되기도 하는 등 풍수지리적 매장 중심의 장례 관습이 주를 이루었다. 이러한 장례문화의 뿌리가 오늘날까지 우리 사회에 깊게 자리 잡아 묘지가 전 국토의 1% 이상까지 차지하는 모순을 낳고 있다.

상·장례에 관한 의례 체제의 본격적인 정비는 조선시대에 들어서 시행된다. 삼국시대에 유교가 전래하기 시작하여 고려 성종 때 불교적 분위기를 더욱 발전시켜 한층 유교적 분위기를 더하게 되었다. 고려 성종 4년(918)에 관제 개혁을 단행하여 숭유 정책을 단행하는 한편, 예제(禮祭)를 정비하기 위해 망자와의 친분으로 나누어

123 여기에서 산골은 유골을 뿌린다는 의미보다도, 매골(埋骨)을 의미하며 유골 즉 뼈를 명당을 찾아다니며 묻어서 사회문제가 된다.

3년·기년(1년)·대공(9개월)·소공(5개월)·시마(3개월) 등 상복을 입는 형식과 기간을 다르게 하는 오복제도를 성문화하여 최초로 반포하였다. 그러나 이런 전통유교식 상의례는 일반 백성들이 따라 하기에는 부담이 되었으므로, 백성들로서는 오복제도 보다는 부담을 덜 느끼는 무속과 불교 의례가 합쳐진 무불식(巫佛式) 상례와 백일 상제가 주로 시행되었다[124]는 것은 양반가와 일반백성의 차이를 느끼게 한다.

조선시대 상·장례법은 『주자가례』에 의한 유교적 예법을 한결같이 따르도록 하였다. 세종 24년(1442)에 "지금 경(卿)이 외조모의 상에 대복(代服)을 입고자 하였으나, 내가 생각하기는 상주 노릇을 대신하는 법은 승중장손(承重長孫)이 있을 뿐이고, 그밖에 외손이 상주 노릇을 대신하는 관례(慣例)는 없으니 경들은 그렇게 알라."[125]고 하여 외조모의 상에 상주할 사람은 오직 승중장손이고 외손은 대신 할 수 없다고 판시하였다.

토장 즉 매장이 장려되고 매장에 관한 풍습들이 발달하게 된 조선시대에는 화장을 엄격히 금하고 위반한 자들은 율(律)에 의해 크게 죄를 물었으며, 이를 알고도 지키지 않은 자까지 엄중하게 처벌하였다. 그 결과 성종 말경에 와서 화장은 거의 시행되지 않았고 사대부의 상제는 모두 『주자가례』를 따랐다.[126] 유교에서는 충효에

124 정종수, 「고려시대 사람들의 사생관과 상장례」, 국사편찬위원회 편, 『상장례, 삶과 죽음의 방정식』, (주)두산동아, 2005, p.60.

125 실록. 역사·조선시대사. 『世宗實錄』 권97, "今卿欲代服外祖母之喪 予惟代喪之法 乃承重長孫之事 無外孫代喪之例 卿其知之.", 국보 제151호로. 세종 24년 7월 20일 戊寅.

126 나달숙, 「환경적 관점에서 장사제도에 관한 고찰 -장사제도의 변천과 법적 대응을 중심으로-」, 『환경법연구』 제29권, 한국환경법학회, 2007, p.123.

근거하여 조상의 안거를 기원하는 것이 자손의 출세보다 우선되는 차원에서 택지의 중요성이 강조되었다. 조상과 자손은 같다는 동기감응설을 바탕으로 택지의 선택을 중요하게 다루었고, 조선시대 전통유교식 택지는 조성의 안거와 미래 후손의 장생 발복을 함께 기원하는 형태를 띠었다. 이는 고려시대 택산의 경우가 풍수설과 음양설에 근거하는 것과는 차이가 있다.

한편 성종 5년(1474)에는 부모의 화장을 중하게 다스리도록 하였는데, 화장위반자를 색출하고 검거하지 못한 관리나 관령(管領)·이정(里正)은 물론 이웃까지도 철저하게 논죄하도록 하였다.[127] 또한, 중종 11년(1516) 정광필(鄭光弼) 등은 천민이나 서인들도 모두 삼년상을 거행하도록 할 것을 상소하였는데, 천민보다는 서인 중에서 역사(役事)를 피하기 위하여 삼년상을 치르려고 하는 자가 많을 것이기 때문에, 서인들이 모두 삼년상을 시행하도록 하는 것보다는 다만 진정으로 행하려는 사람이 있을 때만 허락하도록 하였다.[128] 이렇게 하여 죽은 시신도 부모에게서 받은 형체를 그대로 보존하는 형태인 토장을 자연적으로 선호하게 되었다.

이처럼 법이 강화된 것은 성종 때까지 백성 중에 불교의 전통의식에 따라 부모의 장례를 화장하는 자가 있었으며, 상주가 될 사람에게서 외손을 제외하려는 법제화가 필요할 정도로 외손봉사의 장례 사례가 행해졌다. 화장을 금하고 상주가 될 자에서 외손을 없

127 실록. 역사·조선시대사, 『成宗實錄』 권41, 성종 5년 4월 25일 기묘.

128 실록. 역사·조선시대사, 『中宗實錄』 권26, 서울대학교 규장각 한국학연구원, 중종 11년 9월 26일 갑진.

애려고 하는 것은 당시 법령에 위배되는 화장과 외손봉사 등이 만연하게 시행되고 있었음을 알 수 있다. 또 삼년상의 시행에서는 천민이나 서인까지도 논의를 많이 했지만, 사족에 대하여만 삼년상의 시행이 강력히 요구되었다.

조선조가 개국한 태조 원년(1392)에는 가묘[사당]를 세워 선조에 대한 제사를 지내게 하고, 별도의 다른 제사는 일체 금지하게 하였다.[129] 태조 6년(1397)에는 개인이 고려하여 기일을 정하고 그날까지 사당을 세우게 하되, 구폐로 인식하는 불교식 제사를 지내는 자는 헌사가 철저히 감독하고 처리하도록 하였다.

> 사대부의 가묘(家廟)의 제도가 이미 영갑에 나타나 있는데, 오로지 부도(浮屠)를 숭상하고 귀신을 아첨하여 섬기면서, 사당을 세워서 선조의 제사를 받들지 않으오니, 원컨대 지금부터는 날을 정하여 사당을 세우게 하되, 감히 영을 어기고 오히려 예전의 폐습을 따르는 자가 있으면 헌사(憲司)가 규리(糾理)하게 하소서.[130]

이때는 『경제육전(經濟六典)』이 반포된 해인데, 장자가 아닌 차자는 사당[家廟]을 세울 수 없게 하였다. 한편 태종 원년(1401)에는 대사헌 이지(李至) 등의 상소로 사대부 집안에서 가묘를 솔선수범하여 세우고, 만일 수령이 적장자이면 신주를 모시고 임지로 가

---

129 실록. 역사·조선시대사. 『太祖實錄』 권2, 서울대학교 중앙도서관, 태조 원년 9월 24일 임인.

130 "士大夫家廟之制 已有著令 而專尙浮屠 諂事鬼神 曾不立廟 以奉先祀 願自今 刻日立廟 敢有違令 尙 循舊弊者 令憲司糾理."『太祖實錄』 권11, 태조 6년 4월 25일 정미.

서 부임케 하여 『주자가례』에 의하여 제사 의례를 거행하도록 하였다.[131] 이는 유교문화에 의한 『주자가례』의 의식이 엄격하게 진행되었기 때문이다.

조선 초기 법제적인 면에서의 상·제례에 관한 규정은 다음과 같은 대략적인 특징이 있다. 첫째, 불교식 상·제례가 유교식 상·제례로 바꾸었다. 둘째, 많은 유교식 상·제례 가운데에도 『주자가례』의 내용만을 강조하였다. 셋째, 반드시 사당[가묘]을 설치하고 제사를 올리도록 하였다. 넷째, 제사는 반드시 장자만이 봉사하도록 하였다. 다섯째, 오랜 기간에 걸쳐 여러 차례 상·장이나 제사의 개혁을 진행하고 법제화하고자 하였다. 여섯째, 상제의 변혁이 풍습에 의한 자연발생적인 것이 아니라 국가의 힘에 의한 강제적이고 인위적이었다.

조선시대에는 경·대부로부터 서인들에 이르기까지 국법에 따라 주자가례식의 가묘를 세워 제사를 올리는 유교식의 제사 절차를 따르도록 강권하였으나, 가묘를 세워 제사를 올리는 자가 100집에 한두 집도 안 될 정도로 양반, 서민 가릴 것 없이 대부분 사람이 전래의 불교식 제사인 재[천도재]를 올리고 있었음을 알 수 있다. 더욱이 제사의 주재자를 장남·장손으로 이어지는 적장 계열의 혈손에 국한되는 유교식으로 제사를 거행하기 위해서는 제사가 상속되어야만 했다. 그러나 아들과 딸이 제사를 나누어 아들이 없더라도 딸이 있으면 딸이나 외손이 제사를 모시게 하여, 양자를 들이지 않고

131 실록. 역사·조선 시대사. 『太宗實錄』 권2, 서울대학교 규장각 한국학연구원. 태종 원년 12월 5일 기미.

자신의 제사를 지내게 했던 조선 초기의 사회적 현실 속에서 유교식 가묘 설립과 제사는 시행되기가 어려웠다.

이처럼 왕실에서는 『주자가례』에 의거하여 상장 의례는 물론 조상의 제사까지도 일관하여 전통유교식 상·장례를 정립시키고자 계속된 법제화와 동시에 불교적 상·장례와 재의 규제를 철저히 시도하였다. 그러나 실제로 전통유교적 상장 의례는 당시 조선 사회에서는 거의 수용되지 못하였으며, 반대로 고려에서 전래한 불사(佛事)에 의한 불교식 상장 의례가 재와 함께 조심스럽게 시행되고 있었다. 그러자 전통사회의 구조적 기반이 해체되고 상·장례문화의 변화가 이루어졌다. 개항이 이루어지면서 근대 서구 문물이 도입되면서, 동시에 전통의례 생활에 큰 영향을 미친 요인은 '태양력(太陽曆)의 본격 도입으로 인한 시간 리듬의 변화'[132]와 근대화·산업화·도시화로 인한 유교적 전통사회의 기반이 해체되면서부터였다.

조선시대까지 음력에 근거한 전통적 상·장례가 거행되었으나, 양력의 도입으로 일상생활의 흐름이 바뀌었고, 기독교로 인해 평일과 주말과 일요일이 구분되었다. 이러한 변화의 실마리는 개항 이후 일제 강점기에 본격적으로 시작되었다.

1895년의 단발령은 전통 관례(冠禮)의 소멸을 점점 촉진했고, 근대 문물의 수용은 새로운 혼례 문화의 유행을 초래하게 되었다. 또한, 일제

---

132 조현범, 「한말 태양력의 요일주기의 도입에 관한 연구」, 『종교연구』 17집, 한국종교학회, 1999, pp.235-254.

강점기에는 상장례에서도 변화가 나타나기 시작했다.[133]

⑤ 일제 강점기

일제 강점기에서 변화된 주목할 만한 것은 "가족과 마을을 중심으로 진행되었던 전통 상장례 외에도 사회장과 연합장의 출현이 이루어졌고, 조선총독부의 법령에 따라 화장과 공동묘지의 확산이 이루어졌다."[134]는 점이다. 새롭게 등장한 사회장과 연합장의 경우에는 유교적 전통을 근간으로 하면서도 서양[기독교적] 방식을 다소 가미한 형태를 보였지만 1912년 6월 총독부령으로 공포된 「묘지, 화장장, 매장 및 화장취체규칙」은 화장장과 공동묘지의 설치를 확산시키는 시초가 되었다.[135] 일제 강점기에 와서는 화장으로의 전환을 유도하기 위하여 묘역 이외의 미허가 장소에 대한 토장을 금지했다. 도시 주변에 화장장을 설치하고 공동묘지 제도를 시행하였으나 전통 풍습과 조상숭배 사상을 말살하기 위한 정책의 일환으로 만들어진 이 제도는 하층 서민 계층이나 무연고자 등만 이용했을 뿐이며 오히려 사유림 확보를 통하여 종중묘지와 가족묘지 등이 지속되었음[136]을 알 수 있다.

특히 전통적 상·장례가 변화된 계기는 일제 강점기에서 1934년 반포된 「의례준칙」에서 찾을 수 있다. 기독교적 상례가 유교적 상

---

133 장철수, 「日帝時代 冠婚喪祭의 變遷」, 『韓國의 冠婚喪祭』, 집문당, 1995, pp.192-193.
134 위의 책, 1995, pp.249-250.
135 위의 책, 1995, pp.203-213.
136 나달숙, 「환경적 관점에서 장사제도에 관한 고찰 -장사제도의 변천과 법적 대응을 중심으로-」, 『환경법연구』 제29권, 한국환경법학회, 2007, p.124.

례를 대체하는 영향력을 점차 확대해 가므로, 유교적 상·장례도 본격적으로 변모를 보이기 시작했다. 「의례준칙」은 상복의 간소화, 상장의 착용, 장일의 제한, 상기의 단축, 신주(神主)에서 지방 혹은 영정사진으로의 변화 등 전통적 유교 상·장례 형식의 변화와 간소화의 방향이 구체적으로 제시되었다. 특히 3년은 14일, 1년은 10일, 9개월은 7일, 7개월은 7일, 5개월은 5일, 3개월은 5일로 바꾼 상기의 단축은 획기적인 혁신이었다.[137] 이어서 이상에서 제시한 변화는 해방 후 눈에 띄게 변화되었다.

일제 강점기에 관혼상제 등 일제의 통과의례 문화 인식과 강요는 귀신의 이야기에도 영향을 끼쳤다. 귀신도 식민지 백성이 되었다. 1936년 문예봉이 주연한 『장화홍련전』은 흑백사진으로 봤을 때 소복[138]보다는 녹의홍상으로 추측하고 있다. 1967년 유명한 월하(月下)의 공동묘지[기생 월향지묘]의 주인공은 소복(素服)을 하고 공동묘지에 나타나고 있고, 1972년 장화홍련전은 컬러사진과 영상이 남아 있는데도 명백히 소복을 입고 있다.

공동묘지라는 낱말이 처음 등장한 것도 이때였다. 한국에서 그동안 사용해온 공동산은 도교적 의미이거나 북망산에 가까운 말이었다. 일제가 이식한 공동묘지는 집단 묘지에서 추론해 낼 수 있는 의미와도 다르다. 공동묘지라는 이 낱말은 조선왕조실록 전체에 단 1회도 등장하지 않는 낯선 신어였다. 이제 죽음은 삶에서 분리되어 도시 밖으로 추방되기 시작했다. 식민지 도시의 문명화와 효율적 공

137 위의 논문, 2007, p.249.

138 소복 유령화의 기원은 에도시대 마루야마오코(圓山應擧)로 보고 있다.

간 활용을 위해서 죽은 자들은 삶터에서 쫓겨나고 있었다.[139] 이처럼 일제 강점기에 왜곡된 문화가 변천되어 자리를 잡게 되었다.

왜곡된 문화는 한일합방 직후 조선총독부가 종교 관련 법안들까지 제정하며 종교계의 활동을 통제하려는 움직임을 보인다. 대표적인 종교 관련 법안인 「포교 규칙」, 「사찰령」 등이 바로 이 시기에 제정되었다. 이들 법안은 일제 강점기 동안 불교를 포함한 한국종교의 사상과 활동을 규제하며[140] 이어서 깊은 저의를 갖고 장례의례에 관하여도 통제를 시작하였다. 1910년 한일합방 이후 1912년 6월 일제는 조선총독부령 제123호에 의거하여 「묘지·화장장·매장 및 화장취체규칙」 즉 화장법을 제정하여 공포하였다. 이 법령은 효율적인 식민지경영을 위한 토지조사사업의 일환으로 제정한 것으로서, '구습 타파'라는 명분으로 '의례준칙'을 내세워 매장보다는 화장을 권장하였다. 이러한 법령은 매장에 호의적인 국민 정서와는 반대의 개념으로 반일 감정까지 편승하여 오히려 매장이 선호되는 계기가 되었다. 그 결과 화장은 일본인들의 것으로서, 전통적인 유교적 매장 방법에 대한 강한 집착과 함께 기피의 대상이 되었다. 이에 따라 화장문화는 왜곡되고 천박한 장법으로 전락하게 되었다.

⑥ 해방 이후부터 근대

1945년 해방 이후에는 신정부 수립, 6·25동란, 전후 복구사업

139 한국의 장례문화에 대한 일제 영향. 언론방송문화운동 종교(12). blog.daum.net/sanmandi/16513483. 산만정풍의 담담한 이야기. 2019.1.5.

140 허석, 「동아시아 근대불교사에서 본 원불교의 불교혁신 이념 고찰」, 원광대학교 박사논문, 2018, p.79.

등 나라의 전국적인 불안정한 혼란으로 장묘정책이 1961년까지 일제시대에 제정된 「묘지·화장장·매장 및 화장취체규칙」 그대로 시행되었다. 그러나 1961년 군사혁명 이후 당시 군사정부가 일제 강점기 법령의 일체 정비 시 일제 강점기의 '묘지, 매장 등에 관한 법률'을 참고로 하여 매장·화장 및 개장과 묘지, 화장장과 납골 시설에 관한 사항을 규정하면서 국토 이용의 방향보다는 환경·위생적인 측면에 더 많은 관심을 둔 '매장 및 묘지 등에 관한 법률'을 제정하기에 이르렀다.

그리하여 동년 12월 5일 매장·화장 및 묘지 개장과 화장장 및 납골당의 시설과 관리에 관한 사항을 규정한 『매장 및 묘지 등에 관한 법률』이 799호로 제정되었다. 기지 이외의 지역에서 매장과 화장장 이외에서 화장을 금하는, '기지·화장장·납골당의 설치·폐지·관리에 대해 규정'하였다.[141] 국민 위생상 시체보관업[장례식장]을 하려는 자는 보건사회부령이 정하는 바에 의하여 서울특별시 또는 도지사의 허가를 받도록 하고, 시체의 운반시설[운구차]은 도로변 또는 주택지 등 사람의 왕래가 빈번한 곳에는 설치할 수 없도록 하였다. 이 법률에 따르면 서울특별시나 시·군은 시신의 처리를 위해 공설묘지 또는 공공 화장 시설을 의무적으로 설치하고, 필요에 따라 공설봉안당[납골당]을 설치토록 하였으며, 사설 시설이나 시체 운반에 대해 서울특별시장과 도지사의 허가를 득하도록 하여 무분별한 장사시설의 확대 및 설치를 규제했다.

141 나달숙, 위의 논문, 2007, p.124.

1968년 12월 31일에 개정법률[법률 제2069호]을 개정하였다. 사설묘지·사설화장장 또는 납골당의 이전을 명하거나, 공설묘지·공설화장장 또는 공설납골당 설치를 명한 때에는 그 이전이나 설치에 드는 비용이나 손실을 나라에서 보상하도록 법을 개정하였는데, 단서 조항으로 국토개발계획에 지장이 있는 지역·국민 보건상 위해를 끼칠 우려가 있는 지역·국방상 또는 도시 계획상 지장이 있는 지역이 아니어야 한다. 1997년 12월 13일 개정법률[법률 제5453호]은 적법절차를 위해 도지사는 제15조의 규정에 따라 시설의 사용금지를 명하여 청문을 실시하여 허가를 취소하도록 하였고, 2000년 1월 12일 개정법률[법률 제6158]은 매장에 의한 묘지 중심의 법률을 화장이나 납골 등을 이용해 국토의 효율화와 국민 보건위생 등을 목적으로 「장사 등에 관한 법률」의 법령으로 기존의 법을 전면 바꾸어 개정하게 되었다.[142] 그리하여 2000년 1월 12일에 전면 개정된 '장사 등에 관한 법률'은 우리나라의 장사문화를 일대 혁신하는 새로운 계기가 되었다. 2001년 1월 13일부터 새롭게 발효된 개정법률로, 개인 묘지 면적을 최대 24평에서 9평(30㎡)으로, 집단 묘지[공동묘지]는 9평에서 3평(10㎡)으로 크게 줄이고, 집단 묘지에 합장할 때 4.5평(15㎡)까지 허용되도록 하였다.

또한, 새로운 '시한부 묘지 제도'[143]를 도입하여 종전에는 영구

---

142 나달숙, 위의 논문, 2007, p.125.

143 시한부 묘지 제도 : 공설묘지, 사설묘지에 설치된 분묘의 경우에 대하여 개정법률안 제17조 1항, 2항, 4항 그리고 제18조 1항은 다음과 같은 주요한 내용을 담고 있다. ㉠ 제17조 1항: 공설묘지 및 사설묘지 안에 설치된 분묘의 설치기간을 15년으로 제한한다. ㉡ 제17조 2항: 15년씩 3회까지 그 설치기간을 연장할 수 있다. ㉢ 제18조 1항: 그 기간이 종료된 분묘는 의무적으로 화장 또는 납골하여야 한다. ㉣ 제17조 4항: 필요한 경우

매장이었으나, 분묘설치 기본기간을 15년으로 하면서 시·군·구청장에게 신고했을 때는 15년씩 3회에 한하여 연장하여, 60년까지 매장을 할 수 있도록 했으며 그 기간이 만료된 묘의 유골을 개장하여 화장 또는 납골, 산골토록 하였다. 또한, 화장의 장려를 위해 시장, 군수, 구청장은 납골 시설과 화장장의 설치를 의무화하고 납골 시설 및 화장장의 설치 허용지역도 종전의 녹지지역[풍치지구 제외]으로 국한한 것을 크게 완화하고, 특히 사문화되다시피 한 처벌규칙을 강화하고 홍보하여 장사에 관한 법률의 실효성 확보를 유지하였다. 2007년 '장사 등에 관한 법률'이[144] 개정되었으며, 주요 내용은 분묘의 점유 면적과 분묘의 설치기간 제한[시한부 매장], 개인묘지 설치 신고제, 불법 묘지 설치자에 대한 이행강제금 부과 등이며, 봉안묘에 대한 높이와 기당 면적의 제한과 2008년 5월 26일부터 시행되는 자연장 제도이다.

이러한 장사제도 및 정책은 장사문화의 변화를 초래하였으며, 여러 시민단체의 적극적이고 지속적인 화장문화 정착 운동과 학계의 심층적인 연구 활동 등으로 인해 1991년에는 17.8% 수준에 머물고 있던 화장률이 2005년에 화장률이 매장률을 앞선 이후 2007년에는 58.9%의 화장률을 나타내고 있고, 2016년 화장률은

시·도지사 또는 시장·군수·구청장은 지방자치단체 조례에 의거하여 5년 이상 15년 미만의 기간에 한하여서 분묘설치 기간의 연장 기간을 단축할 수 있다. 즉 매장을 하더라도 60년이 넘으면 의무적으로 화장 또는 납골을 할 것을 명기하고 있다. 이 법은 장기적으로는 이 땅에서 토장 문화가 사라질 것임을 예고하고 있다.

144 장사 등에 관한 법률이 1999. 12. 13에 국회 본회의를 통과하였고, 2000. 1. 12일 공포를 거쳐, 2001. 1. 13에 시행했다. 개정 시행은 2007년 이전 입묘는 60년이며, 이후 입묘는 45명으로 한정.

82.79%에[145] 이르러 이제는 화장이 우리의 장법으로 자리매김하였다고 볼 수 있다.

해방 후에 상·장례의례는 세속화되기 시작했다. 민주자본주의의 발전은 산업화와 도시화의 빠른 이행을 초래하였다. 이에 따라 상장 의례의 변화는 더욱 심화하여, 전통적 사회 기반이 무너지게 되었다. 이 시기에 전통의례의 형식을 지킨다는 것은 현실적으로 어려웠다. 이처럼 힘든 상황이 되자 전통 대가족 사회에서 사당과 선산을 갖춘 전통적 의례의 현대 공간은 의례 공간과 생활공간으로 나뉘었다. 즉, 현대 일상생활과 전통의례 시간이 엇박자를 내면서, 음력에 의한 생체리듬과 양력에 의한 생체리듬으로 한밤중인 자시(子時)의 제사 시간을 맞추는 것은 현실적이지 않았다.

이러한 문제점을 해결하기 위해 양력으로 제사 날짜를 바꾸거나, 한밤중에서 초저녁 또는 한낮으로 제례 시간을 바꾸는 변화가 이루어진다. 아울러 상장 의례 형식이 간소화, 저렴화되는 방향으로 변화가 이루어져 조상에 대한 공경심보다는 형식적으로 흐르면서 축소되는 등 의례의 세속화가 전개되었다. 현대 한국 사회에서 전통적인 유교의례 변화의 시작은 1969년에 정부에서 제정한 「가정의례준칙」[146]과 1973년의 「가정의례법」에 의하여 주도적으로 변화되었다.[147] 이 흐름은 생활 의례의 간소화, 저렴화를 지향하면서, 현

145 보건복지부·한국장례문화진흥원, 위의 자료, 2018, p.5.

146 「가정의례준칙에관한법률」(1969.1.16, 법률 제2079호), 「가정의례준칙에관한법률시행령」(1969.1.16,대통령령 제3749호) 「가정의례준칙의보급및실천강화」(1969.5.3, 국무총리 훈령 제77호), 현재는 1999년 제정된 「건전가정의례의정착및지원에관한법률」이 시행되고 있다.

147 이때의 가정의례법에 대해서는 다음을 참조. 김시덕, 「가정의례준칙이 현행 상례에 미친

대 상황에 적합하게 의례 변혁이 이루어지게 되었다. 이에 대해 "전통적 유교 교단인 성균관은 소극적·수동적으로 순응함으로써 정부의 시책이지만 능동적 의례 개혁 시행의 의지가 없었다."[148]는 것이 확인되었다.

「가정의례준칙」(1969)에서 상·장례의 내용을 살펴보면, 상례의 변화는 각종 의절의 간소화와 폐지, 번거로운 상의(喪儀)와 상구(喪具)의 폐지, 상복의 간소화, 상기의 단축과 공동묘지의 권장, 서식의 한글 대체 등으로 요약하고, 제례의 변화는 열반 제사의 합동의례와 의절의 간소화, 제사 대상의 통합, 편의성에 의한 제사 시간 선택, 서식의 한글 사용 등으로 요약해 볼 수 있다. 이러한 의례 개혁안은 번거롭고 복잡하고 다양한 상장 의례를 현대화한다는 점에서는 어느 정도 의의가 있지만, 현실적 편리함이 지나칠 정도로 강조되어 의례의 경건성과 존엄성은 약화하였다. 또한, 의례의 간소화라는 변화는 전통적 상장 의례의 현대적 세속화가 만들어지는 새로운 문제점이 파생되었다.[149] 이상과 같이 의례의 세속화는 재계(齋戒)의 경건성 및 존엄성과 의례에 따른 정성을 감소시키게 되었고, 이 틈을 타서 상장의례를 서비스하는 병원의 장례식장과 영리 업체

영향」, 『역사민속학』 12집, 한국역사민속학회, 2001, pp.81-107.

148 금장태, 『현대 한국 유교와 전통』, 서울대학교출판부, 2003, p.165.

149 『종교문화비평』16, 한국종교문화연구소, 2009에 이에 관한 특집 논문이 실렸음. 정진홍, 「죽음의례, 이와 관련한 몇 가지 생각」, 이용범, 「한국 전통 죽음의례의 변화-유교 상장례와 무속의 죽음의례를 중심으로-」, 장석만, 「병원의 장례식장화와 그 사회적 맥락 및 효과」, 송현동, 「상조회사의 등장과 죽음의례의 산업화」, 구미래, 「불교 죽음의례의 유형과 변화양상」, 윤용복, 「한국 기독교 죽음의례의 변화양상」, 우혜란, 「천도재의 새로운 양태 -낙태아를 위한 천도재-」가 있다.

인 상조회사에 이어 제사 전문업체 등이 속속 등장하게 되었다.

근대의 한국 상·장례문화의 1차적인 변화 원인은 무엇보다도 이 틈을 이용한 장례식장의 등장이다. 병원 장례식장이라 함은 영안실에서 시설을 추가하여 안치실에 시신을 모시고, 분향실·접객실 등에서 조문객의 조문을 받으며, 예식실에서 예식을 올리기 위한 일체의 시설[150]을 말하는데, 전문장례식장도 같은 시설을 갖추고 있다. 1934년 공포된 '의례준칙'에서는 공회당이 상·장례의 장소로 등장한다. 공회당은 일반모임의 장소로도 이용되고, 기타 행사장소도 되었다. 이처럼 의례준칙으로 인한 장례식장 및 생활공간의 변화가 생기고, 이에 따라 도시형 결혼예식장과 상장 의례가 본격적으로 등장하게 되는 계기가 마련되면서 장의사와 장례식장이 자리를 잡기 시작했다.[151] 이처럼 장례식장의 등장으로 인하여 다음과 같이 변화된 것들을 정리해 보았다.

첫째, 상례 절차의 변화이다. 전통적 상례 절차는 '의례준칙(1934)'의 공포에서 일제 강점기의 식민정책에 의해 바뀌기 시작했다. 이후 '가정의례준칙'을 통하여 전통적 상례 의례 절차의 변화가 요구되었으나 쉽게 되지는 않았다. 그런데 장례식장의 등장으로 인하여 전통 상례 절차를 자연스럽게 변화시키게 된다.

둘째, 상례 시 상복의 간소화된 변화이다. 전통적인 상복은 굴건제복(屈巾祭服)이라고 하여 상의 경중과 양반과 서민에 따라 참쇠복(斬衰服)에서 시마복(緦麻服)까지 다양한 등급이 있었다. 요즘에

150 〈장례식장표준약관〉『표준약관 제00029호』, 공정거래위원회.
151 장철수, 「평생의례와 정책」, 『한국의 관혼상제』, 집문당, 1996, p.89.

도 전통 상복이라 하여 그 상복을 입는 경우도 어쩌다 있지만, 1973년 이후부터 검은색과 흰색 한복이나 검은색 양복에 완장이나 리본 또는 복표를 부착하는 정도로 간소화되었다. 최근에는 간소화된 상복이 일제의 잔재이기 때문에 전통 굴건제복을 입자는 주장도 나타나고 있다.

셋째, 상여와 관련된 풍습이 없어지고 있다. 전통의 상여는 영구차의 등장으로 그 기능을 상실하게 되어, 상두꾼들에 의한 상여 풍습이 사라지고 있고 달구질과 상엿소리 등도 이제는 연속극이 아니면 찾아보기 어렵게 되었다.

넷째, 상포계(喪布契) 등 마을의 상례 조직이 거의 사라졌다. 상포계는 갑작스러운 초상에 대비하기 위한 일종의 현대식 보험 성격이었으며 인력 동원이 수월하였다. 그러나 장례식장의 장례의례가 일반화되면서 인력 동원은 의미가 없어졌으며, 더군다나 상조 전문회사가 등장함으로써 직장상조회는 유지되지만, 핵가족화와 아파트로 인하여 마을 상포계는 서서히 사라지게 되었다.

다섯째, 장일(葬日)과 상기(喪期)의 단축이다. 3일장이 일반화되고 2일장까지 시행되면서, 장례식장에서 의식을 마치고 나면, 이후의 모든 의례를 생략하도록 '가정의례준칙'에서 강권하고 있다. 또한, 도시의 직장생활은 상례를 위하여 충분한 시간 할애를 어렵게 하여, 삼우제 이후 절차는 독실한 불교인 외에는 거의 생략되어 버린다.

여섯째, 상장 의례의 전문화이다.[152] 장례식장의 등장으로 호상

152 김시덕, 「일생의례의 역사」, 『한국 민속사 입문』, 지식산업사, 1996, pp.432-433.

소보다는 전문적으로 장례 일을 도와주는 전문직업인인 장례지도사의 도움으로 진행한다. 조문객 접대를 위한 음식 제공과, 3일장 안에 차리는 상차림 음식의 제공 및 이후 제사음식까지도 공급하는 전문업체가 성황을 이루고 있다. 이러한 장례의례 대행업체의 등장에 대해서 미국에서도 '상·장례가 상업화되고 있다'라고 비판적으로 보고 있다.[153] 상·장례가 전문화되었다는 뜻은 전문인에게 맡긴다는 편안함 속에는 영리화될 수 있다는 아쉬움이 있다.

일곱째, 장례전문가나 전문 상조회사의 탄생이다. 최근 정규대학에는 장례문화학과[4년제], 전문대학에는 장례지도과[2년제] 등이 개설되어 있고,[154] 여기서는 장례식장에서 근무할 전문가를 양성하고 있다. 양성된 전문가들은 장례식장에서 고객과의 상담을 통해 토탈 장례 절차와 장례용품을 안내하기 때문에 유가족들은 장례용품이나 절차에 관해 부담을 갖고 걱정하지 않아도 된다.

여덟째, 병원 장례식장 문화이다. 병원 장례식장은 복잡한 도시 공간에서도 근접성, 편리성 등 여러 면에서 이점이 있어 높은 호응을 얻고 있다.[155] 병원의 입장에서는 이유를 불문하고 병원 부설 장

---

153 필립 아리에스, 이종민 역, 『죽음의 역사』, 동문선, 1999, pp.224-234.

154 현재 국내 5개 대학에 장례 관련 학과가 있다. 을지대학교 장례지도학과(4년제), 서라벌대학교 장례서비스경영과(2년제), 대전보건대학교 장례지도과(2년제), 동부산대학교 장례행정복지과(2년제), 창원문성대학교 장례행정복지과(2년제).

155 병원 장례식장이 1990년대 이후 빠른 속도로 늘어났다. 이현송과 이필도는 통계청 사망원인통계 연보 자료를 살펴본 후에, "1993년 병원 영안실에서 이루어진 장례가 전국 평균 30%를 넘었고, 1995년에 서울의 경우는 이미 그 비율이 60%를 넘었을 것으로 추정된다."라고 하였다. (이현송·이필도, 「장의제도의 현황과 발전방향-장례식장을 중심으로-」, 『한국보건사회연구원 연구보고서』 제95권 4호, 1995, pp.27-28). "한국갤럽의 2006년 조사 결과를 보면, 1994년에는 전국 평균 22% 정도가 병원 영안실을 이용하는 데 그쳤으나, 2001년에는 54%에 육박했고, 2005년에는 70% 가까이 병원 장례식장을

례식장에 투자하여 병원과 장례식장의 이상한 동거가 시작되었다. 그러나 병원 장례식장은 한국 상·장례문화의 특징이 되었다고 할 수 있다. 일반적인 인식으로 병원이 병을 치료하여 생명을 구하는 곳이라는 것과는 달리 병원에 시신을 처리하는 장례식장이 있다는 것은 사실 이해하기 어려울 수도 있다.

이상의 새로운 문화의 탄생은 다양한 변화 속에서도 전통적인 상례 문화의 지속을 위한 일련의 과정으로 보인다. 예를 들어 운구와 영구차의 등장은 상여와 관계된 문화를 없어지게 하였지만, 이는 문화 문명의 발전에 의한 당연한 변화이다. 남자는 검은색 양복과 여자는 검은색 양장이나 개량 한복을 상복으로 선택한 것 역시 현대사회에서 양복과 양장이 일상화된 현시점에서 쉽게 받아들여지는 변화일 뿐이다. 외형상의 변화에도 불구하고 원래의 뜻을 그대로 살리기 때문에 변화는 '지속(持續)을 위한 하나의 과정'으로 간주할 수 있다. 변화는 문화적 전통을 끊임없이 지속하기 위한 과정이고, 지속[유지]은 변화의 과정을 수반해야 가능해 질 것이다.

⑦ 현대의 장례문화와 일제 강점기

오늘날 한국의 장례 및 장묘문화는 대부분 일제 강점기 이후에 시작된 발명품의 전통이다. 이 발명품의 전통이 극적으로 변했다. 그것도 최근 10~20년 사이에 변했다. 가장 극적인 변화는 매장이 급격히 쇠락하고 화장이 대폭 늘었다는 것이다. 봉분을 만들어 매장

이용한 것으로 추정함.") 장석만, 「병원의 장례식장화와 그 사회적 맥락 및 효과」, 『종교문화비평』 16집, 2009, p.24.

하더라도 화장한 뒤 유골단지를 묻는 식으로 바뀌었다. 공식 통계에 따르면 1991년도에 10%대이던 화장 비율이 2017년 84.2%. 2018년에는 85%, 2019년도엔 90%에 육박할 것으로 전망된다.

전통을 강조하지만 사실 한국의 전통장례문화 자체가 중국에서 넘어와 변용된 것이다. 고려 말에 도입한 『주자가례』를 한국식으로 재편성한 것이 『사례편람』이다. 『사례편람』은 관혼상제의 실천에 활용하기 위해 만들어진 행례서(行禮書)로서 『사례편람』의 실용성은 체계적인 구성과 지침화 된 예설을 통해 구현되었으며, 가례의 「통례」를 재배치한 사례(四禮) 체제를 갖추었다.[156] 1900년대에 『사례편람』의 한자에 토를 달아서 널리 퍼진 인쇄한 책이 있는데, 오늘날 한국 장례문화의 대부분 골격은 바로 이때 만들어졌다.

예전의 조문과 장례문화에서 오늘날 전통 의복처럼 알고 있는 '삼베 수의' 또한 일제 강점기에 일제에 의해 강요되어 억지로 '발명된 전통'이다. 『사례편람』 이후 편찬된 『가례집람』 같은 책에는 수의의 종류가 잘 정리되어 있다.[157] 그런데 그 책들엔 바지저고리, 도포, 버선 같은 모습으로 재질은 '갖은 수의'[158]를 비단이거나 적어도 명주로 만들었다.

---

156 김윤정, 「조선 후기 四禮의 전형 -사례편람을 중심으로-」, 『민족문화연구』 제86호, 고려대학교 민족문화연구원, 2020, p.129.

157 우리나라 壽衣의 문화로서 閏月유래와 歲時風俗, 각 지방의 壽衣용어, 壽衣 준비에 대한 구체적인 언급이 있다.(이의정, 『수의문화와 구성』, 경춘사, 2006. 목차참조).

158 갖은 수의 = 격식을 갖추었다는 뜻으로 부속 류 일체를 갖춘 수의이다.
- 남자용(8가지) = 도포, 도포끈, 두루마기, 바지, 속바지, 저고리, 속저고리, 댓님.
- 여자용(6가지) = 원삼, 원삼끈, 적삼, 속적삼, 치마바지, 속바지.
- 남녀공용(10가지)= 장매(염포), 천금(이불), 지금(요), 베개, 허리띠, 면모(얼굴싸개), 고깔(머리싸개) 악수(손싸개), 버선, 오낭(조발랑이) 등으로 구분할 수 있다.

일제는 1912년부터 죽음의 의례를 통제하기 시작한다. 시작은 그해 제정된 '묘지화장장장취채규칙'이라는 법령이다. 화장을 법적으로 강요하는 한편, 개인 묘지를 못 쓰게 하고 공동묘지를 조성하는 것이다. 조선이 갖고 있던 매장 전통을 의도적으로 단절시키는 것이 내적인 목표였다. 여기에 1934년이 되면서 '의례준칙'을 만들었다. '의례준칙'은 죽음 의례를 시작하기 전에 관련된 의례 절차의 내용이 있다. 고인의 마지막 가는 길에 모시는 방법에 대해서 상세히 형식을 갖추고 있었고, 또한 현재의 발인 개념으로 사용하던 의례 절차를 '영결'이라고 하여 모두 동일하고, 매장과 화장만 다르지, 시신을 모시는 방법은 동일하게 설명하였다.[159] 일제의 통제는 조선의 인력을 전쟁에 참여시키기 위하여 간소화 의례를 강권하였다.

'의례준칙'에서는 비단이나 명주로 만든 값비싼 수의를 사용하지 못하게 아예 못을 박아버렸다. 일제가 대신 강제한 것이 오늘날 우리가 전통으로 알고 있는 〈별첨1〉의 삼베 수의[갖은 수의][160]이다. 비단이나 명주에 비해 상대적으로 싼 대체재로 인식되었던 삼베 수의는 한국에서 대마 재배 등이 제한되면서 1990년대 초부터 급격히 비싸진다. 그 틈을 비집고 들어온 것이 중국산 저가 삼베 수의다. 오늘날 장례식장에서 판매되는 삼베 수의의 99%는 중국산이다.

일제 강점기에 화장로가 급격히 확산한 까닭은, 화장장의 확산과 함께 화장로를 일본 기업들이 장악하고 있었으므로 그 보급을

---

159 남승현, 「석문의범과 의례준칙의 상례 비교연구 -의례에 대한 관점을 중심으로-」, 『한국사상과 문화』 89권, 한국사상문화학회, 2017, p.334.

160 별첨1 : 삼베 수의(또는 갖은 수의) 장의용품.

위해서였다. 화장로는 고온의 불로 시신의 유기물질을 태워 유골로 바꾸어 주는 화장장의 핵심 설비, 즉 화장을 해주는 화로이다. 현대 대부분 나라의 화장장에서는 열에너지의 활용을 극대화하고 배기 가스 및 악취 배출을 최소화하도록 설계된 밀폐된 노(爐)를 사용한다.[161] 화장로가 현대식 기기이지만 처음 도입 시기에는 혐오시설로 설치 반대의 민원과 자주 부딪쳤다.

화장문화가 일제 강점기에 도입된 이후 수십 년간 정립된 국내 기술이 떨어지는 것은 아니었다. 그런데 고급화 이미지를 가지고 2000년대 들어 새로 건립된 화장장에 일제가 다시 들어오기 시작한 것이다. 최근 들어서 화장장은 유족들의 심리적·문화적인 요구가 증가하면서 장례·화장·봉안의 내부 공간 위주의 화장장 시설에 더욱 적극적인 기능을 요구하며 휴식·추모·문화 등의 기능을 부여한 외부공간이 도입되고 있는 실정이다.[162] 최근에 건립된 한국 최초의 도심형 화장 시설인 서울추모공원이 그 대표적인 예이다.

실제 2000년대 초반 충남 홍성군 이전 화장장 화장로 8기를 시작으로 일제 화장로가 잠식해왔다. 2001년 이래 현재까지 건립된 화장장의 화장로 설치현황을 보면 전체 26곳 163개 화장로 가운데 75개가 한국에 들어와 있는 몇 개[2~3개] 안 되는 일본 기업이 설치한 것이다. 일본 기업은 단시일 내에 전체 46%를 장악하였다.

화장로의 수명은 보통 5~10년이다. 예를 들어 2009년 신설된

---

161 박복순·박태호 공저, 『화장문화의 이해』, (사)한국장묘문화개혁범국민협의회. 2017, p.71.

162 무커커, 「전이공간으로서의 화장장 외부공간의 특성에 관한 연구」, 경북대학교 석사논문, 2014, p.1.

세종시 화장로는 10개가 모두 일제 화장로였는데 곧 교체 주기가 다가온다. 기술 차이가 없다면 일본회사 제품을 고집할 이유가 없는데 굳이 일제를 고집하는 이유는 모를 일이다. 2019년의 통계로 국내의 화장로 시설 59곳과 350기의 화장로는 대차 방식의 화장로를 설치하여 사용하고 있는 것으로 알려져 있다. 연소실의 바닥 면을 외부와 내부로 이동할 수 있는 대차 설비가 위치하는 구조의 대차 방식 화장로는 동양에서 사체를 엄숙히 여기는 관습에 따라서 선호하고 있는 실정이며, 이러한 대차 방식의 화장로는 열 손실이 많이 발생하는 단점이 있다.[163] 화장로 시설은 평균 60분 정도 사체를 연소하는 시간이 소요되며, 이는 하루 4~5회 정도 반복되는 것으로서 단속 운전의 연소조건이다. 〈그림1〉의 화장로는 대차 방식의 최신식 시설이다.

〈그림1〉 화장로

1980년대만 하더라도 임종을 집에서 맞는 것이 관례였다. 예전부터 '고종명(考終命)'즉 집에서 편안히 죽는 것을 '다섯 가지 복' 중 하나로 봤기 때문이다. 그러나 장례식장에서 장례를 진행하는 문화

163 원용태 외, 「화장로 형상최적화를 통한 에너지효율 개선을 위한 실증연구」, 『공업화학』 30권 5호, 한국공업화학회, 2019, p.547.

가 한국 사회에서 보편화된 것은 그리 오래되지 않은 1990년대 중반 이후다. 심지어 팔에 착용하는 완장[삼베] 등이 나온 것도 2000년대 초엽이다. 채 20년 정도의 새로운 장례문화인 셈이다. 삼베 수의가 보관하기에 위생적이고 적합한 소재인지 확인하기 위하여 국내에서 생산된 안동포·남해포·보성포, 그리고 중국산 삼베·명주·광목·인견 등을 비교 분석한 결과, 인열강도와 항균성은 모든 종류의 삼베 시료에서 높은 것으로 나타났다.[164] 삼베를 이용한 수의는 탈골을 도와주는 역할을 한다.

1990년대 말에서 2000년대 초반부터 대학에 장례학과들이 생기면서 장례지도 학생들을 행정학·경제학·법학을 가르치던 사람들이 와서 깊은 연구나 고민 없이 일제가 강요한 습속을 전통이라고 가르치게 된 것이다. 특히 2003~2004년경에 조선시대 회곽분 묘지를 발굴하기 시작하면서 썩지 않은 수의가 발견되어, 삼베 수의가 대대로 이어온 전통 상복이라는 주장이 깨지게 되었다. 장례업자가 삼베 수의가 전통 상례 의복이라고 안내하면 슬프고 힘든 상황에서 초상을 치르는 유족들은 '그런가 보다' 하면서 무심코 넘어가고 있다. 결국, 지금의 전통장례문화는 어쩌면 상술을 위해 발명된 슬픈 전통이 되었다. 조선 전기에는 의복의 품이 넉넉하여 생시에 입던 복식을 수의로 사용할 수 있었으나, 조선 후기로 가면서 여자 저고리의 단소화 경향이 두드러진 결과 수의를 따로 마련하였다. 조선 후기에는 양반과 서민의 구별이 없어지고 사회의 모든 문

164 이수혜, 「삼베수의에 관한 연구」, 신라대학교 박사논문, 2011, p.Ⅲ.

화가 변하면서 수의도 고급 견직물 사용이 사라지고 값싼 삼베 수의를 사용하게 되었다.[165] 삼베 수의는 조선 후기로 가면서 정갈한 옷이 있어도 의복의 품이 넉넉하지 못하여 수의를 준비하는 과정이 생성되었다.

조선시대는 전반적으로 넉넉한 옷을 미리 준비하여 생전에 입었던 제일 좋은 옷으로 수의를 했다. 예를 들어 남자[양반 관리]는 관복, 여자[또는 서민]는 시집올 때 입었던 혼례복을 수의로 입혀 묻는 것이 일반적이었다. 결국, 지금의 전통장례문화는 상술을 위해 특별히 '발명된 전통'이라는 지적이다.[166] 옛날 어른들은 입던 옷 중에서 가장 고운 옷[한복]을 한두 번 입고 따로 보관하였다. 육신을 버리고 다시 돌아가는 길에 입는 옷이 삼베면 어떻고 명주면 어떻고 또 비단이면 어떻겠는가. 우리가 혹은 숭배하는 전통이라는 것들은 통제나 통치를 위한 방편이었을지도 모를 일이다. 현대에 들어서는 상술과 결합하여 새로운 문화가 생기고 문화가 지속되면 전통으로 생각했다.

일제가 중일전쟁(1937~1945)을 앞두고 국민총화를 모으기 위해 우리 민족에게 「의례준칙」을 강요한 것은, 조선 전국에 전시 지원체제를 준비하기 위해 물자를 절약하고 인력을 동원하려고 했던 속임의 순서였다[167]고 해도, 강권이 풍속이 되어 장례 절차가 간소

---

165 박영애, 「침선장 정정완의 갖은 수의와 보급형 수의 제작에 관한 연구」, 건국대학교 석사논문, 2012. p.1.

166 이용욱.「장례문화, 일제시대 '만들어진 전통'」 작성자 khandole. blog.naver.com/khandole/221644627646 / 최종 검색일 2020. 02. 25

167 박태호, 『장례의 역사』, 서해역사문고, 2006, p.196.

화되고 상례 용어에 변화가 생기는 등 일정 부분 영향을 받을 수밖에 없었다.

(2) 국내 장사제도의 변화

장사문화의 변천에 따라서 법[제도]을 만들어 장사제도를 규범화하였다. 장사제도는 사회적 가치관을 기본적으로 포함하고 있다. 즉, 장사제도는 시대에 따라 그 당시의 사상이나 가치관 등의 영향을 받아 변화하게 되어 있다. 따라서 앞서 살펴보았던 시대별 장사문화의 변화와 함께 제도의 변화도 함께하였음을 알 수 있다. 시대별 장사제도의 변화를 간략하게 살펴보면 다음과 같다.

조선 초기 장사제도는 유교의 영향으로 화장을 금하고 매장을 지향하였지만, 일제 강점기의 장사제도는 식민지정책의 일환으로 조상 묘지를 훼손하여 민족의 자존심을 짓밟는데 방향을 두었다. 즉, 1912년 화장장, 묘지 매장 및 화장 취체규칙을 제정하여, 분묘의 너른 분포와 비효율적인 산지 이용 및 관습을 악습으로 호도하고 미신을 타파한다는 명목으로, 공설묘지 제도와 화장제도를 도입하였다. 해방 이후 장사제도는 사회적 혼란으로 일제의 장사제도를 그대로 유지하였으나, 점차 국토 이용보다는 환경위생에 중점을 더 두었다.

여기에서 오늘날 매장문화재라는 용어의 중요성이 부각되면서 매장문화재 발굴과 보존이라는 문화재적 가치를 부각하고 있다. 매장문화재는 제한된 문화 자원으로 무한하게 존재하는 것이 아니므로 매장문화재의 발굴과정에서 문화적 가치, 교육적 가치, 학술적 가치, 미적 가치, 경제적 가치, 지혜의 자원으로서의 가치, 여가 자원으로서의 가치가 있다.[168] 매장제도의 지속이냐, 발굴을 통한 개발이냐의 문제는 지속적인 문명의 발전과 더불어 논란의 여지 속에 있다.

잘 알려져 있듯이 1961년에 '매장 및 묘지 등에 관한 법률'로 새로이 제정되었다. 시신의 위생적 처리를 위해 서울시 및 시·군에 공설묘지와 공설화장장을 의무적으로 그리고 공설납골당을 필요에 따라 설치토록 하는 동시에 사설묘지의 확산을 금하였다. 1968년 '매장 및 묘지 등에 관한 법률'은 제1차 개정을 통해 장사제도는 보건위생, 국토 이용의 효율성, 공공복리 증진을 포함하였다. 구체적으로 매·화장 및 개장의 기준, 사설묘지의 설치기준을 규정하였으며, 묘지 등의 설치금지 구역을 명문화하였다.

1973년 개정에서는 분묘의 형태 및 점유 면적을 규정하여, 분묘일 제조사를 통한 무연고 분묘의 정비 근거를 마련하였다. 1981년 개정에서는 납골묘 제도를 도입하고 시설물 및 묘지의 크기를 제한하는 한편, 묘지 등의 관리비 및 사용료에 대한 고지제도를 도입하고. 1986년에 이어서 1991년 그리고 1994년 3차례 개정을 거친 후 1999년에는 정부의 규제 완화 및 법령 정비 차원에서 폐지되었다.

2000년에는 현행 「장사 등에 관한 법률」로 전문을 개정하였다. 동 개정법의 목적은 국토의 효율적 이용, 환경 및 위생상의 위해 방지, 공공복리 등으로 종전 법과 동일하나, 환경위생보다는 국토의

---

168 김권구, 「매장문화재부담금 제도의 도입 필요성과 방안」, 『문화재』 제49권, 국립문화재연구소, 2016, p.225.

효율적 이용에 중점을 두고 있다. 사설화장장, 사설 납골 시설의 설치를 종전 허가에서 신고로 변경하였으며, 집단 묘지와 개인 묘지의 분묘 면적을 축소 규정하였다.

우리나라는 국토의 70%가 산지로 구성되어 있다. 매장문화가 주된 장사 방법인 우리나라는 좁은 국토로 그 문제의 심각성은 크다. 2009년 현재 우리나라의 전국 분묘 수의 추정은 2,000여만 기이며, 이는 서울시 면적의 1.6배 정도에 해당한다. 또한, 매년 20여만 기의 분묘가 새로 조성되어 해마다 여의도 면적[840ha]의 토지가 묘지로 변하고 있다.[169] 특히 국토의 효율적 이용을 위해 시한부 매장제도를 도입하여 분묘의 설치기간을 15년으로 제한하되, 연장되는 기간은 15년씩 3회까지 할 수 있도록 하며, 기간이 종료된 분묘에 대해서는 의무적으로 이를 화장 또는 납골, 산골 등을 하도록 하고 있다.

또한, 종래 인정됐던 분묘기지권을 폐지하고 연고자가 토지 소유자 또는 묘역 연고자의 승낙 없이 설치된 분묘의 보존을 위하여 권리를 주장하지 못하도록 하였다. 사실 묘지가 속한 토지 소유자와 개발사업자에게는 그 묘지의 소유 관계 및 연고 관계 파악이 매우 중요하지만, 묘지의 특수성으로 인하여, 그동안 묘지에 대한 등록제도와 등기 관계가 원만히 잘 이루어지지 않았고, 묘지 소유자도 일반 부동산등기법절차에 의한 등기를 하지 않고 방치하기도 하였

169 김혁구, 「시한부 분묘 제도의 정착화 방안에 관한 연구」, 전주대학교 박사논문, 2010, p.1.

다.[170] 묘지 연고자의 승낙 여부가 문제시된 것이다.

그리고 장사제도는 장사 등에 관한 법률을 근간으로 이루어지고 있으나, 실제 장사시설의 설치 및 관리에 관한 행정행위 등은 각종 관련 법에 따라 이루어지고 있다. 최근 2007년에 「장사 등에 관한 법률」이 개정되었으며, 주요 내용은 봉안묘에 대한 높이와 기당 면적의 제한[봉안묘의 설치기준 강화]과 공설 장사시설의 사용료 및 관리비 차등 부과제 도입, 2008년 5월 26일부터 시행되는 자연장 제도이다. 화장 시설에 대한 지자체장의 의무 설치와 함께 5년마다 장사시설 수급 계획을 수립함으로써 장사시설에 대한 계획수립을 의무화하고, 자연장 법을 제도화함으로써 환경친화적인 화장문화를 정착시키고자 하였다. 21세기 중요 이슈가 환경문제인 만큼, 인구 성장과 자원소비량의 증가로 폐기물과 폐수 증가로 생태계 균형이 깨지고 인류 생존이 위협받게 되자, 우리의 묘지에 관한 문제도 매우 심각한 자연 파괴로 지적되고 있음[171]을 주시해야 할 일인 것이다.

이와 같이, 매장문화를 선호하는 종래 관습 내지 가치관에만 의존하여 변화하였던 장사제도는 근대에 들어서면서 국가가 국토개발계획 및 목적에 따라 행정적·제도적으로 규제하는 형태로 변화하였다. 큰 이유는 인구가 증가하고 도시화를 하여 감에 따라 죽은 자의 공간이 산 자의 생활에 심각한 영향을 미치는 등 묘지가 커다란

170 이경용, 「묘지에 관한 특별조치법 제정의 필요성에 관한 연구」, 경희대학교 박사논문, 2013, p.2.

171 김소영, 「장묘문화 박물관 전시공간의 환경친화적인 디자인 도입에 관한 연구」, 홍익대학교 석사논문, 2003, p.1.

사회문제가 되고 있기 때문이다.

과거 이래로 지속되어 온 매장관습은 조상숭배라는 전통적인 효 가치관을 함축하고 있어 쉽게 바꿀 수 없으며, 어느 정도 사회적 통합과 전통 계승 차원에서 약간은 인정될 수밖에 없었다. 그러나 광역시 이상 대도시 주민의 연중 성묘 횟수는 평균 2회가 채 안 된다. 명절이나 기제사 때마다 참석하던 가족 친척 수가 100여 명에 이르렀던 것이 요즘엔 20여 명에 불과하고 가족 친척들의 내왕이 뜸하면서부터 가족 간의 우애도 떨어지고 조상에 대한 효성도 식은 것 같다.172 세월이 변하여 묘지를 돌보는 자손이 줄어들고 또한 자손이 있는 경우에도 핵가족, 개인주의, 직업, 직장, 교통 문제 등의 영향으로 정성이 점차 줄어들어, 결과적으로 많은 분묘가 이곳저곳 방치되어 도시미관과 자연환경 그리고 주민 생활에 악영향을 끼치고 있다고 볼 수 있다.

화장률이 이제는 높은 수준으로 증가하였고, 이후에도 계속 증가할 것으로 기대되고 있다. 현재 상황을 보면, 화장장 등 관련 시설이나 서비스는 그러한 수요 증가에 효과적으로 대응할 수가 없다. 그렇게 되면 화장 등 장사행위에 있어서 여러 편법이나 불법 사례가 증가할 가능성이 매우 크다. 일례로 비용 절감과 행정편의 등을 이유로 개장 유골들이 집단으로 개별 화장 처리되어, 인간 존엄성이 상실되는 사회문제가 크게 발생할 수 있다.

그러므로 모든 시신이나 유골을 개별적으로 입관하고 화장 처

172 조용승, 「추석과 葬禮문화」, 『한국논단』 215권, 한국논단, 2007, p.80.

리할 수 있도록 하는 규정도 제정할 필요가 있다. 뜻하지 않은 사망자의 폭주로 인한 화장장 부족으로 화장 대기시간이 길어질 것을 대비하여, 화장장에 시신을 입관한 채로 보관하는 시신 안치실을 설치하도록 하여야 할 것이다. 가장 환경친화적이면서 비용이 저렴한 장법으로서 자연장의 한 방법인 산골에 대한 수요도 화장과 함께 증가할 것으로 예상된다. 그러나 현행법에서는 산골에 대해 전혀 규정이 없다. 향후 발생할 수 있는 갈등이나 민원 문제를 예방하기 위해서는 산골에 대한 개념과 의미가 정확히 정립되고, 산골 방법 및 산골 지역에 관한 규정이 반드시 마련되어야 할 것이다.

화장률을 증가시키는 방법으로 납골 제도를 도입하였으나, 납골당 등 봉안시설은 자연환경이나 주민 생활에 부정적인 영향을 미친다. 이는 납골묘나 납골탑 설치에 지나치게 많은 석물이 사용되며, 납골 시설이 초호화 및 거대화되기 때문이다. 이를 방지하기 위해서는 납골 설치기준을 자연 친화적으로 설정하고, 묘지의 평장화를 적극 권장 및 지원하고, 사후관리를 강화하는 등의 제도개선이 필요하다.[173] 이 납골 시설 등은 거의 반영구적인 시설물이 되므로 만약에 무연고화되거나 관리가 제대로 되지 않으면 묘지보다도 더욱 심각한 문제가 발생할 수 있기 때문이다.

173 이삼식, 장사제도 개선 방안 연구, 보건복지부 정책보고서 참조, 2005. 1. www.kihasa.re.kr/web/publication/research/view.do?division=002.

III

종교의 내세관과 장례문화

1. 각 종교의 내세관

1) 이웃 종교

정신문화의 뿌리로 서양에서는 기독교, 동양에서는 유불도 3교가 정신세계의 두 축을 이루며 서양철학과 동양철학의 근간을 형성해 왔다. 유교는 예치주의에서 출발하여 정치 이념과 사회질서의 확립에 기여하였다. 또 가족주의에서 출발하여 조상숭배와 관혼상제의 의례에 기여하였다. 이에 반해 도교는 무위의 도론과 양생술이 확산하여 개인의 구속 없는 자유와 초탈을 도모하였다.[174] 이 정신문화의 깊은 곳에는 우리가 죽은 후에는 어찌 되는가, 그리고 내세

174 류성태, 『세상 읽기와 원불교』, 학고방, 2021, p.234.

(來世)니 저승이니 하는 사후관계란 과연 있는 것인가 하는 간과할 수 없는 궁극적인 물음이 있다.

인간에게 있어 삶과 죽음[生과 死]의 문제만큼 중요한 것은 또 없을 것이다. 본질적인 궁금증을 야기하는 만큼이나, 인간에게 죽음이 없다면 종교는 생기지 않았을지도 모른다. 인간의 죽음을 여러 가지로 말하고 있는 수많은 종교 중에 자신이 믿고 있는 종교로부터 영향을 받았을 각 종교 신자의 생사관은 과연 공통된 점이 있는가도 궁금한 일이다.

본 연구에서 상호 이질적인 종교들의 죽음은 어떠한 상이점이 있는지도 해결해야 할 문제이다. 현대 지성인으로서 이를 어떻게 받아들여야 할 것인가의 물음에 대해 이웃 종교인 유교, 도교, 불교, 힌두교, 기독교, 이슬람교 등의 내세관에 대하여 몇 가지 항목으로 다음과 같이 살펴보았다.

첫째, 유교의 내세관에 대하여 살펴본다. 유교에서는 천지 만물이 음양오행이라는 기(氣)의 모임으로 생겨나고, 또한 그 기의 흩어짐으로 없어진다고 한다. '취즉생 산즉멸(聚則生 散則滅)'은 사람도 이와 같아서 기의 모임으로 출생했다가 그 기의 흩어짐으로 떠나는 현상[175]이 바로 죽음이라고 본다.

다만 기에서 맑고 깨끗하고 순수한 것만을 받아야 한다. 기에는 맑음과 흐림, 깨끗함과 더러움, 순수함과 잡됨이 있으므로 사람은

---

175 장횡거는 氣의 상태에 대한 표현을 크게 세 가지로 구분하여 설명한다. 첫째 淸濁에 의한 구분이다. 둘째 이것은 형태가 있느냐 없느냐에 관련될 수 있다. 셋째로 聚散에 의한 氣의 존재 상태의 설명이다. (최정묵, 「장횡거의 기일원론적 우주론」, 『유학연구』 제3집, 충남대 유학연구소, 1995, pp.702-703).

그중에서 좋은 것만을 수용하였기 때문에 만물의 영장이라고 하지만, 기의 흩어지고 모임에 따라 없어지고 생겨나는 생성소멸에서는 우주만유와 삼라만상이 모든 것들과 더불어 자연의 한 부분이라고 보는 것이다. 그러므로 사람이 죽으면 영혼은 날아가고 육신[魄]은 흩어지게 된다. 혼비백산(魂飛魄散)하여 날아가는 혼을 불러들이려고 망인의 체취(體臭)가 스며있는 옷을 갖고 지붕에 올라가 흔들면서 초혼의 절차로 혼을 부른다.

죽음 뒤에도 함께 있다고 믿는 혼백 역시 음양의 기로 되어있어서 시간이 지나면 결국 흩어져서 자연으로 돌아가 버린다. 흩어진 기는 다시 사람으로 태어난다는 확신이 서지 않기 때문에 유교는 내세를 믿지 않는다. 천문에는 오름과 내림, 밤과 낮이 있고, 지리에는 높음과 깊음이 있고 동서남북이 있다. 천체의 운행을 관찰하여 밤과 낮이 바뀌는 이유를 알고, 지구를 살펴서 땅의 높고 낮음을 알고, 동서남북의 방향을 안다. 이처럼 천지자연은 순환 반복하며 오고 가는 것이다.[176] 이런 천지자연 속에서 우주만물은 스스로 생겼다가 사라지는 생과 사를 반복한다.

그러므로 한 번 죽으면 마지막이기 때문에 자손을 통하여 대를 이어감으로써 그 허무함을 없애고 영생의 바람을 대신하려 한다. 대가 끊어지는 것은 영생이 단절된다고 생각하기 때문에 아들을 못 낳으면 아내를 쫓아 버리는 칠거지악과 다른 여인에게서 아들을 낳아 오는 씨받이 같은 습속이 생겨나기까지 했다. 그러나 생과 사를

---

176 윤용남, 「유교의 생사관과 죽음에 대한 태도」, 『철학논총』 59집 제1권, 새한철학회, 2010, p.431.

천명[우주의 이치]에 따른 기의 집산으로 보면 인간의 죽음 또한 자연의 기로 돌아감이다. 그래서 죽음을 '돌아가셨다.'[177]고 표현했을 것이다.

둘째, 도교의 내세관에 대하여 살펴보자. 도교는 유교와 더불어 고대 중국에서 발생하여, 유교처럼 내세보다는 현세에 중점을 둔다. 유교가 내세를 인정하지 않기 때문에 인간의 죽음을 천명(天命)으로 받아들이고 자자손손 대를 이어 감으로써 길이길이 영속성을 이어가려 했다면, 도교도 또한 내세를 믿을 수 없기 때문에 죽는 것이 자연의 일부로 보아 영원히 죽지 않는 장생불사와 신선이 되는 성선(成仙)의 길을 택하였다. 도교의 전통적 개념의 신선은 심신 수련을 완성하고 선계에 승천하여 장생불사하는 인물[178]이라는 것이다.

도교의 대표적인 저서인 『포박자(抱朴子)』를 쓴 진(晉)나라의 갈홍은, 불교처럼 삶과 죽음을 같은 차원으로 이해하는 것이나, 유교처럼 죽고 사는 일을 현실 그대로 받아들이는 것을 거부한다. 죽음을 피하고 수명을 늘리는 일에 온 힘을 쏟아서, 궁극적으로는 신선이 되어야 한다고 주장한다. 포박자는 이에 말한다. "도가의 가장 신비스럽고 귀중하게 여기는 것은 오래 사는 방법보다 더 나은 것이 없다."[179]라고 한다. 이것을 바로 신선이 되는 길이라고 한다.

신선이 되는 구체적 방법으로서 초기 도교의 수련 내단(內丹)은

177 『역사 속의 사랑 이야기』 6대 종교 유교 내세관 2018. 3. 8. 참조. blog.naver.com/joy6017/ 221224345011 최종검색일 : 2020. 02. 25.

178 김낙필, 「한국 근대종교의 삼교융합과 생명·영성」, 『원불교사상과 종교문화』 39집, 원광대 원불교사상연구원, 2008. p.33.

179 『抱朴子』 「勸求」, 道家之所至秘而重者, 莫過乎長生之方也.

불로초나 불사약 같은 것을 추구했지만 끝내 실현하지 못했다. 후기 도교에는 내단으로 방향을 바꾸어 정신적인 수행으로 해결하려 했지만, 현실적으로 결국 죽음에 봉착하였다. 하지만 도교에서 인간의 죽음에 대하여 새로운 해석이 독특하게 전개되었다. 도를 수행하여 신선이 된 사람은 죽은 체하고 평범한 의식에 따라 땅에 묻히지만, 입고 있던 옷이나 지팡이에 시체의 모습을 담아 관 속에 남기고, 정작 자신은 무덤에서 그대로 빠져나가 영생자들이 사는 신선 세계로 간다고 한다. 이것이 곧 도교에서 말하는 시해(尸解)요, 시해선이다.

도교 단학의 고급 수련법에서 호흡을 통해 모은 순수한 양기로서 양신(陽神) 내지는 도태(道胎)를 만들고 이 양신을 몸 밖으로 끄집어내는 시해 수련법 그것만으로는 불교 명상의 최고 경지에 비해 무언가 아쉬움을 느낀 나머지 후대에 가서는 명심견성, 면벽구년, 본래면목(明心見性, 面壁九年, 本來面目) 등을 위시한 여러 가지 불교의 개념과 수련체계 등을 도입하기도 하였다.[180] 도교의 사후세계는 도교 자체만의 신선, 불로장생의 신비적 측면에다가 유교와 불교의 수행론을 참조함으로써 동양 전통 신앙 측면의 공감대를 형상하는 방향으로 나가게 된 것이다.

셋째, 불교의 내세관에 대하여 살펴보자. 같은 동양권이지만 인도에서 발생한 불교는 유교나 도교와 다르게 내세관이 해탈과 공(空)이라는 영생론으로 전개되었다. 죽음을 종말로 보는 것이 아니고 곧 다른 삶의 시작으로 본다. 전생의 업에 따라 금생에 태어나서

180 박석, 「명상과 사상과의 관계」, 『원불교사상과 종교문화』 30집, 원광대 원불교사상연구원, 2005, pp.21-22.

다시 업을 짓고 죽으면 그 업과에 따라 내세가 전개되지만, 꼭 사람으로 태어나는 것만은 아니다. 각자 스스로 지은 업에 따라 사람으로 또는 축생으로 윤회 유전하기 때문이다. 그러므로 선업을 닦고 내세를 준비하는 것이 가장 바람직한 삶의 형태라고 강조한다.

그러나 인간으로 다시 태어난다고 해도 사람은 생로병사를 면할 수 없으므로 십이인연이라는 윤회의 사슬을 끊고 그 고리에서 벗어날 것을 염원한다. 그것이 곧 해탈이요 그때야 비로소 극락세계에 가서 부처를 이룰 수 있는 것이다. 이와 같은 윤회사상은 정업을 닦으면 불토 인연으로 극락왕생한다는 대승불교의 정토 신앙으로, 마음이 맑으면 대지가 맑아진다는 정토종의 자성미타 신앙으로 발전한다. 정토 불교에서는 오로지 하나의 대상에 마음을 집주하여 생각을 어지럽게 하지 않는 마음, 잡념이 섞이지 않고 일심을 바르게 불타를 염(念)하는 것을 일심정념(一心正念), 불타를 염(念)하여 오로지 하는 것을 일심전념(一心專念)이라 하고, 정토 불교에서는 이러한 일심으로 미타를 염하는 것을 중시한다.[181] 정토 불교에서는 일심불란 일심귀명을 말하면서 미타신앙 즉 왕생극락을 강조하게 된다.

불교의 미타신앙이 수용된 곳은 원불교이다. 원불교 염불법에서 염불은 곧 자심미타를 발견하여 자성 극락에 돌아가기를 목적하는 것으로, 염불은 곧 자심미타를 발견하는 것으로부터 시작된다고

181 김도공, 「원불교 교의에 나타난 一心사상」, 『원불교사상』 23집, 원광대 원불교사상연구원, 1999, p.115.

할 수 있다.[182] 원불교에서 아미타불은 원불교에서 사용하고 있는 부처[佛]와 동등한 개념으로 파악되며, 불교의 육도윤회를 강조하면서도 생사해탈과 생사자유로서 극락세계와 서방정토를 연결하고 있다.

넷째, 힌두교의 내세관에 대하여 살펴보자. 힌두교는 인도라는 나라 이름이 '힌두'와 같은 어원이라는 점에서 유구한 역사를 짐작게 한다. 힌두교는 기원전 2,500년경에 인더스 문명과 함께 발생하여 브라만교와 융합하고 불교 발생의 동기가 된 인도의 토착 종교로서 4천여 년이 지난 오늘에도 인도 10억 인구의 83%가 신도이며, 주위의 여러 나라에 많은 신봉자를 가진 종교이다. 사람이 헌 옷을 벗어 버리고 새 옷으로 갈아입듯이 이 몸속에 사는 아트만도 낡은 몸뚱이를 벗어 버리고 다른 새 몸뚱이로 옮겨 간다는 교리이다. 풀벌레가 풀잎 끝에 다다르면 다른 풀잎을 잡고 건너가듯이 아트만은 현실에서 머무는 헌 육신을 벗어 버리고 다른 새 육신으로 건너간다고 본다.

그러면 힌두교에서 내세와 관련된 아트만이란 무엇인가? 그것은 청정무구의 개업(個業)으로 브라만의 전체 업에 대한 개체성을 지닌다. 그러므로 업에 속박된 윤회의 전생을 벗어나기 위해서는 아트만을 참으로 인식해야 하며, 이를 위해는 자손·재보·세상 등에 대한 욕망을 버리고 탁발 걸식·출가 여행의 생활에 들어가, 죄악·더러움·의심을 버리고 진실한 브라만이 되어야 한다고 한다.[183] 이와

---

182 박혜훈, 「원불교 염불관에 대한 연구」, 『원불교학』 제9집, 한국원불교학회, 2003, p.295.
183 中村 元, 김용식·박재권 공역, 『인도사상사』, 서광사, 1983, p.41.

같은 인도의 고대 경전에서 힌두교 내세관은 동양 종교 윤회사상의 원류로 본다.

힌두신앙을 근본으로 하는 인도에서는 사람의 신분을 사성계급(四姓階級)으로 나누어 '카스트 제도'를 만들어 철저하고도 엄격한 영구불변의 차등을 두고 있지만, 힌두인들은 비록 하층 천만 계급으로 태어났더라도 그것은 전생의 업보[아트만]라고 믿기에 무조건 이를 감수한다. 힌두교는 전생의 업보를 충실하게 감수하면서 죽음이란 업보를 통해 그 몸을 바꾸고 새로운 삶을 살아간다. 즉, 오직 해탈로서 윤회의 사슬을 벗어나는 '범아일여'의 사상을 가르치고 있다.

다섯째, 기독교의 사후 세계에 대하여 살펴보자. 기원전 4세기 아테네 법정에서 피할 수도 있던 처형이었는데도 소크라테스는, 인생이란 비천(卑賤)한 육신 안에서 고귀한 영혼이 옥살이하는 질곡이요, 죽음은 고귀한 영혼이 비천한 육신 감옥에서 풀려나는 경사라고 확신했기 때문에 스스로 독배를 마셨다. 기독교의 정통교리는 이처럼 그리스 철학자들이 믿었던 영혼불멸설이 들어와 정착하는 기반이 되었다.

"나는 빛이요, 생명이요, 부활이니 나를 믿는 자는 죽어도 살게 되고, 그 믿음이 살아있는 자는 영원히 죽지 아니하리라."[184]고 설파한다. 이는 예수의 말씀으로서 영원한 생명과 부활을 믿는 종교가 기독교인 것이다. 하나님 즉 예수를 믿고 그 가르침에 따라 살다가 죽으면 육신은 자연으로 흩어지지만, 영혼은 하늘나라에서 영생을

184 『요한복음』 11장 25, 26절.

즐긴다고 믿는다. 그들은 망자 앞에서 눈물을 흘리지 않고 오직 죽은 자를 하나님 우(右)편으로 보내 드리기 위하여 경건한 마음으로 찬송과 찬양과 기도를 드린다.

또한, 유일신 여호와 하나님은 시공을 초월하여 오직 한 분이므로 하나님 이외의 다른 어떤 신(神)도 인정하지 않으므로 조상신을 모시는 제사조차 허용하지 않는다. 천당에서 영화와 복을 즐기고 있을 조상님의 영혼을 죄가 가득한 이 세상에 초대하며 부를 이유도 없을 것이다. 이 세상에 예수가 다시 재림하고 종말이 오는 날, 죽은 이와 살아있는 이가 심판을 받게 되고 그에 따라 구원을 받는데 죽은 자는 부활을 통해, 그리고 산 자는 살아서 그 믿음의 정도에 따라서 들림을 받아 하늘나라로 올라간다. 이것이 곧 재림이요 부활이요 휴거(携擧)이다. 기독교인들은 예배할 때마다 하나님께서는 “모든 사람이 죄를 범하였으매 하나님의 영광에 이르지 못한다.”[로마서6:23]라고 하였고, “유대인이나 헬라인이나 모든 사람이 죄 아래 있나니, 의인은 기록된바 단 한 명도 없다.”[로마서3:9~10]라고 하였으며, “모든 사람이 죄를 지었으므로 사망 또한 모든 사람에게 임하였다.”[로마서5:12]라고 하였다. 그리하여 창조주의 은총에 의한 기독교의 구원으로 부활하여 올라가는 하늘나라의 천당을 절대적으로 믿는다.

여섯째, 이슬람교의 내세관에 대하여 살펴보자. 기독교와 뿌리를 같이하면서도 가장 크게 갈등을 빚고 있으며, 교리가 곧 법이요 생활 규범이어서 신도들의 일상생활을 극도로 불편하게 통제함에도 불구하고 15억의 신도를 중동 국가들을 비롯한 여러 나라에 가진 세계 3대 종교의 하나이다.

이슬람교의 천국론을 간략히 살펴본다. 신이 땅을 빚자 "땅의 주인은 누구냐"고 천사들이 물었다. "나를 대신하여 땅을 다스릴 자는 아담과 하와, 그리고 그 후 난용견(蘭湧繭)이다."라고 신은 대답했다. 하늘에 살던 아담과 하와가 땅으로 내려왔는데 땅의 환경이 천국과 달라서 이에 적응하기 위하여 그들은 변태의 과정을 한 번 거쳐야 했다.[185] 땅에 내려온 아담과 하와의 후손들인 인간은 신의 뜻에 따라 땅에서 신이 정해준 임무를 수행하다가 기간이 만료되면 자기 임무를 마치고 천국으로 환국해야 하는데 천국의 환경이 땅과 또 달라서 그들이 천국에서 내려올 때 변태했던 것처럼 천국의 환경에 적합한 형태로 다시 변태해야 한다는 것이다.

이슬람교에서는 천국으로 환국하는 변태의 과정이 바로 죽음이라는 것이다. 이슬람교에서는 범죄란 현세의 일상생활 속에서 사회환경에 의하여 오염되어 인간의 '자유의지'로 만들어 내는 죄이지 '원죄'란 없다고 한다. 그러나 비록 원죄는 없더라도 자신도 모르게 오염된 때[垢]와 자기 스스로 지은 죄가 씻김을 받아야만 순결 무구한 천국에 들어갈 수 있으므로 천국으로 가는 길목에 연옥과 유사한 '바르자크' 단(壜)을 거쳐야 한다는 것으로, 천국으로 가기 위해서 필연적으로 거쳐야 하는 이 변태의 과정이 죽음이다.

인류 역사에서 다음의 몇 가지로 죽음에 대한 이해의 유형을 찾

---

185 『역사 속의 사랑 이야기』 6대 종교 이슬람교 내세관 2018. 3. 8 참조. blog.naver.com/joy6017/ 221224345011 최종검색일 : 2020. 02. 25.

아보면[186] 첫째, 하늘의 뜻을 따르는 것으로 죽음은 신들이 결정한 인간의 운명이기 때문에 운명을 받아들여야 한다는 이해로 조로아스터교·기독교·이슬람교를 비롯한 유대교 등이 여기에 속한다.[187] 둘째 인간 각자가 유명·무명으로 짓다가 죽은 후 선악 업보에 따라 이어받게 된다는 것으로 불교를 비롯한 티베트의 『사자의 서(死者-書)』, 이집트의 오시리스 신화 등이 같은 성격이다. 셋째 의례나 수련이나 어떤 의식을 통하여 살아있는 육신을 가지고 영생한다거나, 죽은 후에 사자(死者)의 세계에서 영원한 생명을 갖는다는 이해로 이는 유교나 도교 등 동양의 종교에서도 일부 나타난다.

이상에서 살펴본 것처럼 제 종교들은 사람의 죽음에 각각 다른 견해와 주장을 펼치고 있다. 하지만 그 어느 것이 옳고 그르다고 단정할 필요는 없다. 그것은 살아있는 사람들의 입장에서 보면 죽음이란 언제나 경험 외의 일이기 때문이다. 그들의 주장이 성자의 깨달음이라 하고, 혹은 신의 계시라 하며, 또는 영감에 의한 기록이라 하지만 이 또한 산 자가 말하는 죽은 자의 이야기일 뿐 죽은 자의 경험에 의한 죽은 자의 기록이 살아있는 자에게 전해진다는 기록은 존재하지 않는다.

이런 점에서 살아있는 자에게 있어서 죽음이란 관념적이거나 피상적일 수밖에 없으며, 믿음의 문제이고 믿음이 전제되는 종교만의 고유한 영역에 속하는 것이라 할 것이다. 종교는 여러 가지 다양

186 한국종교학회편, 『죽음이란 무엇인가』, 창, 2001, p.9.

187 윤승용, 「한국 신종교의 생사관과 상장례」, 『신종교연구』 제23집, 한국신종교학회, 2010, pp.2-3.

한 죽음들을 이겨내는 방법으로써 삶에 의미를 부여하고 영생의 희망, 그리고 해탈과 자유와 부활을 약속한다. 어떤 종교는 생사를 초월하고 해탈하는가 하면, 어떤 종교는 영혼 또는 사라지는 육신까지도 영생을 주장한다. 또 어떤 종교는 죽음은 의미를 두지 않고 현대의 삶을 절대화하거나 무화(無化)시키기도 한다.[188] 이처럼 유교는 적선을 해야 후손들이 복을 받는다고 하고, 도교는 도를 닦아야 신선이 된다고 하며, 불교는 선업으로 이타행을 해야 극락세계에 간다고 하고, 기독교는 이웃을 사랑해야 천당에 간다고 하는 등, 각각 방편은 다르지만 그 목표는 오직 하나로서 제 종교의 내세관을 관장하는 진리와 천계는 하나로 귀결된다.

2) 원불교

원불교의 내세관은 본질적으로 불교의 내세관에 근간하면서, 원불교를 창립한 소태산 대종사의 가르침에서 유추할 수 있다. 소태산은 "생은 사의 근본이요, 사는 생의 근본이라."라고 『대종경』 천도품 1장에 밝히고 있으며, 여기에는 생과 사를 하나로 보기 때문에, 영혼을 보낼 때 잘 보내야 한다는 뜻이 담겨 있다. 영혼을 잘 보내는 방법으로는 일심으로 정신 통일을 하는 것이며 정신 통일의 방법으로서 최후의 일념은 '선정' 혹은 '염불'에 의지하여 영혼을 떠

188 위의 논문, p.2.

나게 하는 것이다.

이같이 죽음을 온전히 보내는 방법에서 최후의 일념이 중요하다는 것은 윤회관에 바탕을 둔 것이다. "온전한 생각으로 그치라. 그러하면 평소에 비록 생사 진리에 투철하지 못한 사람일지라도 능히 악도를 면하고 선도에 돌아오게 되리라. 그러나 이 법은 한갓 사람이 열반에 들 때만 보고 행하라는 말이 아니라 평소부터 근본적 신심이 있고 단련이 있는 사람에게 더욱 최후사를 부탁함이요, 임시로 하면 잘 되지 아니하리니 한탄하지 말고 명심불망하여 영혼 거래에 큰 착이 없게 하라."[189]고 당부하는 가르침은 곧 '최후 일념'을 강조한 것이다.

청정한 최후 일념을 통해서 죽음을 극복하는 사람은 이를 변화로 알고, 최후 일념을 깨치지 못한 사람은 죽음을 생사로 본다는 것이다. 그러므로 "이승과 저승이 다만 그 몸과 위치를 바꿀 뿐이요 다른 세상이 있는 것이 아니다."[190]라고 하면서, 이어지는 말씀으로 "사람의 영식은 착심을 쫓아가고, 착심으로 한없는 세상에 업력을 따라 받게 되어 윤회하나니, 착심을 여의고 업을 초월해야 해탈을 얻을 수 있다"라고 육도윤회를 설명하고 있다.

이처럼 원불교의 내세관으로 윤회 해탈을 위해서 착심을 벗어나게 하는 것이 중요하다. 원불교에서는 "영가로 하여금 착심을 여의고 청정일념으로 선도수생하게 하고 그 유족들에게는 안정과 위안을 주려는 의미가 역으로 더 큰 원망, 착심, 아쉬움, 아픔을 주어

189 『대종경』, 천도품 4장.
190 『대종경』, 천도품 5장.

서는 안 될 것이다."[191]라고 삼독심을 경계한다. 이에 천도법문은 착심과 원착에 의한 개인의 악도 윤회를 해탈하고 선도수생하도록 인도하고 있다.

선도수생을 위한 새 육신을 받는 경로는"기식이 완전히 끊어진 뒤에 뜨는 것이 보통이지만 영혼만 먼저 뜨는 수도 있으며, 49일 동안 중음으로 있다가 탁태되는 것이 보통이지만, 뜨면서 바로 탁태되기도 하고 몸을 받지 못하고 바람같이 떠돌아다니다가 몸을 받을 수도 있다. 이때 영혼은 자기의 육신을 그대로 알고 돌아다니다가 몸을 받으면 먼저 의식은 사라진다."[192]라고 본다. 새 몸을 받을 때라 해탈을 지향하는 차원에서 "영원한 나의 소유는 생전에 많은 재물[전곡]을 벌어 놓는 것보다, 남을 위하여 노력과 보시를 하고, 무루의 복덕성을 쌓아야 할 것이며, 영원한 소유는 올바른 정법에 대한 신앙[서원]과 진리를 수행한 마음의 힘이니, 반드시 이렇게 해야 혜복의 주인공이 된다."[193]라는 신앙 체험이 필요하다.

불교의 윤회 해탈 사상과 같은 맥락에서 원불교는 개인적으로 해탈을 지향하는 신앙 체험을 통해서 극락에 이르고, 유가족은 영가를 위해 천도를 해주는 의례를 올린다. 특히 원불교에서는 앞에서 언급하였듯이 전통불교에서 사용하는 사유(四有)의 개념으로 사람의 생사를 이해한다. 중음 곧 중유(中有)의 개념이 있으므로 인하여 사람이 죽으면 죽는 것으로 끝이 아니라는 근거가 되는바, 이 중유

---

191 서경전, 「원불교 천도의식과 사회윤리」, 『원불교사상』 20집, 원광대 원불교사상연구원, 1996, pp.66-67.

192 『대종경』, 천도품 13장.

193 『대종경』, 천도품 17장.

의 기간이 49일이라는 중음설에 근거하여 죽은 후 칠칠재를 통하여 49일 동안 재를 올려 중음에 있는 영혼이 49일 동안에 불법의 가르침을 지인들의 정성으로 받아들여 다음의 좋은 세상으로 갈 수 있도록 기원한다.[194] 원불교의 내세관은 이처럼 영혼이 보통 중유의 기간에 있을 때 망자가 살아생전의 업력에 따라 내생이 결정된다고 본다.

이 믿음 체계는 6세기경에 중국에서 시작된 의식으로 불교의 윤회사상과 유교적 조상숭배가 습합되면서 생겨난 것으로 보인다.[195] 이러한 믿음 체계가 한국에서는 한국 고유의 무속과 결합하여 49 천도재가 일반화된 것이라 보아도 좋을 것이다. 이러한 종교회통적 측면의 윤회 또는 내세관이라 해도 원불교에서는 더욱 적극적으로 생사 해탈을 강조하고 있는 것이 특징으로 나타난다.

원불교의 생사 해탈의 근기에는 세 가지가 있다고 본다. 정산에 의하면 첫째는 애착과 탐착에 끌려서 거래하는 근기라, 오고 가는 길에 바르게 보지[正見] 못하고 언제나 전도가 되어 닥치는 대로 취생몽사로 수생하며, 또한 원착이나 증오심에 끌리어 악도에 타락함이요, 둘째는 원력을 굳게 세우고 거래하는 근기니, 정법 회상에 철저한 믿음과 서원을 가지고 평소에 수행하며 최후의 일념을 청정히 하면 오나가나 부처님 회상에 오는 것이 마치 자석에 쇠가 따르는 것 같이 됨이요, 셋째는 마음의 힘으로써 생사를 자유 해탈하는 근기니,

194 김도공, 「원불교의 죽음교육과 생사관」, 『신종교연구』 24집, 한국신종교학회, 2011, p.51.

195 위의 논문, 2011, p.52.

이는 철저한 수행의 결과 삼대력을 원만히 얻은 불보살 성현들이 육도 거래를 임의로 하심이니라.[196] 이처럼 삼대력을 통한 적극적 해탈 윤회론이 돋보인다. 정산은 소태산의 뜻을 받들어 생사 거래를 설파하면서 불보살 성현들은 육도 거래를 임의로 한다고 했다.

정산의 윤회 해탈론은 대산에게도 계승된다. 대산은 '생사송'에 다음과 같이 설명하였다.

> 생사가 둘 아니니 가는 자가 오는 자로다. 남[生]이 없는지라 멸함도 없고 멸함이 없는지라 남[生]이 없도다. 나서 옴에 남이 아니요 죽어서 감에 죽음이 아니로다. 남이 없는 고로 멸함이 없고 멸함이 없는 고로 남이 없도다.[197]

생사가 둘이 아니라는 대산 종사의 언급은 그 이유로서 생사는 상즉하고 있으며 거래(去來)를 하고 있기 때문이라 본다. "생사는 가고 오는 것이니 해탈하여 영생을 준비하고, 인과는 주고받는 것이니 달게 받고 다시 갚지 아니하여 은혜를 심어야 하느니라."[198]라고 했다. 이는 생사 거래를 분명하게 상즉적(相卽的)으로 밝히면서 이승과 저승을 다만 몸과 위치를 바꿀 뿐이요 다른 세상이 있는 것이 아니라는 사유로 유도한다.

육신은 죽음 이후에 다른 차원의 다른 세계가 존재하는 것이 아

---

196 『정산종사법어』 생사편 2장.

197 生死不二 去者來者 不生不滅 不滅不生 生來生不生 死去死不死 不生故不滅 不滅故不生 (『대산종사법어』 거래편 8장).

198 『대산종사법어』 거래편 9장.

니라 다만 몸과 위치를 바꾸는 것이다. 한 영혼이 한평생 입고 다니던 옷을 새 옷으로 갈아입듯이 새 몸으로 바꾸는 과정이다.[199] 옷을 갈아입은 영혼에게는 죽음도 삶의 연속이다. 그러니 미리 잘 준비해서 죽음을 맞이하면 오히려 크게 진급이 될 수 있고 영적으로 성장을 이룬다[200]는 내세관이므로 이 과정은 미리미리 준비해야 하며 마음의 힘을 갖추도록 한다.

죽음의 이해에 있어서 생사는 변화이면서 거래이므로 윤회의 진리로 보낼 때 잘 보내야 하는 가족들의 도리가 필요하다. 최근에 의학 기술이 발달하면서 말기 환자의 상병 원인의 주된 병적 상태를 개선한다거나 직접 치료할 수는 없지만, 생명을 연장하는 연명의료가 길어지고 있다. 원불교에서 보는 생사는 삼세의 윤회 속에서 순환하는 자연스러운 과정이다. 그러므로 신체적 죽음을 연장하기보다는 내생을 준비하는 과정에 더 큰 비중을 두어야 할 것이다.[201] 즉 신체적 죽음을 연장하기보다는 편안한 죽음에 더 큰 내세의 의미를 두어야 하겠다.

그리고 만일 사자의 중음기 이전까지 원진을 풀지 못하면 그것이 내생에 악한 인과의 종자가 되기도 하고, 또 착심을 떼지 못하면 자연히 참 열반을 얻지 못하여, 그 착심을 따라 영원한 12인연의 원인이 되는 것이다. 어두운 중음계에서 다음 세상의 후생 길을 찾지

---

199 김순금, 「죽음의 원불교적 해석」, 『원불교사상과 종교문화』 제36권, 원광대 원불교사상연구원, 2007, p.87-108.

200 김은숙, 「원불교적 관점에서 본 생명윤리 쟁점 고찰」, 가톨릭대학교 박사논문, 2014, p.78.

201 위의 논문, 2014, p.77.

못하게 하는 원진과 착심의 제거에도 역시 가족들의 도움이 필요하다. 이것이 49재식으로 연결이 되고 있다.

49재를 통한 천도(薦度)의 세계에서 바라보면 이 세상의 유·무정이 모두 생의 요소가 있으며, 단 하나도 아주 없어지는 것은 없고, 그 형상을 바꾸어 갈 따름이라는 것[202]은 다윈의 진화론과 비슷한 맥락이라고 본다. 원불교의 천도론이 진화론과 무슨 연관이 있느냐는 질문을 할 수 있을지 모른다. 윤회론과 진화론을 직접 연결하기가 쉽지 않기 때문이다.

그러나 내세관에 있어서 위의 두 가지의 비교는 전혀 불가능한 것은 아니라고 본다. 원불교에서는 생사 문제의 접근에 있어서 인간 존재자나 타 존재자 층의 출현을 '없는 자리'에서 무위이화 자동적으로 나타난다고 설명한다. 이 '무위이화 자동적'이라는 표현 속에는 두 가지 중요한 내용이 담겨 있다고 생각된다. 첫째, 우주와 인간 및 만상이 어떤 창조주에 의하여 의도적으로 만들어진 것이 아니라는 점이 내포되어 있으며, 둘째는 진화론적 기원설의 설명방식을 보유하고 있음이 내포되어 있으므로 우주와 인간 존재자 및 만상의 출현을 자심(自心)의 소현(所現)이라고 해석하는 현상론적[주관적 경험론] 입장에서의 설명방식을 택하고 있다.[203] 이처럼 원불교의 생사 문제는 여러 측면에서 상즉적으로 접근이 가능하다는 것이다.

또한, 원불교 내세관에서 중요한 것은 소태산의 말씀처럼 "생전에 수도하여 자기를 천도하는 것이니, 육식(六識)이 육진(六塵) 가

---

202 『대종경』 천도품 15장.
203 김성관, 「원불교 인간관」, 『원불교사상시론』 1집, 수위단회사무처, 1982, p.48.

운데 출입하되 청정일념으로 섞이고 물들지 아니할 정도가 되어야 한다."[204]라는 생전의 현실 천도이다. 어떻든 천도의 연원에서 본다면 원불교의 내세관은 불교의 윤회사상과 유교의 전통의례를 수용하여 전개하고 있다. 또 도교의 신선 세계도 엿볼 수 있는 생사일여의 사상도 함께 내재하여 있다. 여기에 또 열반 전후에 스스로 하는 자신 천도가 새로운 주장이다. 그러므로 「열반 전후에 후생 길 인도하는 법문」으로 소태산 대종사는 생전 천도까지 아우른 내세관을 정립한 것이다.

2. 각 종교의 장례문화

사람이 태어나 살다가 되돌아가는 길에서 장례문화와 관련된 관혼상제는 빠질 수 없는 의례이며 우리 조상들이 옛날부터 중요하게 생각한 가정 행사이다. 유교의 관습으로 나라를 다스리는 질서가 완강했던 조선시대의 관혼상제는 단순한 의례보다 규범 이상이었으며 오늘날에도 중요시되고 있다. 국가 의례는 전통적으로 천(天)과 종묘사직 등이 대상이 되지만, 유교적으로 보면 가정의례는 관혼상제라고 할 수 있다.[205] 성인 의례는 통과의례의 관례이고, 결혼 의

204 『대종경』 천도품 38장.
205 이희재, 「유교의례와 생명윤리」, 『종교교육학연구』 제20권, 한국종교교육학회, 2005, p.77.

례는 혼례이며, 죽음의 의례는 상례이고, 추도 의례는 제례이다.

어느 종교나 그 교리를 주장하는 성격에 따라 생사의 문제는 매우 중요하게 접근되며, 생사관의 특성에 따라 그 종교의 의례는 영향을 받게 된다. 생사는 생명체가 지닌 현상이며 서로 다른 개념이지만, 생사의 관계를 어떻게 보느냐에 따라 그에 관련한 의례의 과정이나 형태는 크게 달라진다.[206] 생사의 관계를 기독교에서는 죽으면 곧바로 천국으로 간다고 하고, 불교에서는 죽으면 현생에 지은 업보에 따라 내생에 그에 상응한 과보를 받는다.[207]라고 하는 생사의 시각에 따라 장례문화는 달라진다.

이처럼 인간사회의 의례는 전통으로 지속되어 왔고, 그 의례 속에 그 사회와 제 종교의 가치관이 내포되어 있다고 본다. 의례는 시대의 변화에 따라, 신앙의 정도에 따라 변하는 것이며, 현재도 계속 변화의 과정에서 진행이 된다. 국가·사회·문화·역사·종교 등에 따라 관혼상제의 의식은 각기 다른 모습을 보인다. 그중 종교에 따라서 상·장례의 모습과 절차에 큰 차이가 있는데 유교, 불교, 기독교, 천주교에 대하여 살펴보고, 다음으로 원불교를 살펴보는 순으로 전개하고자 한다.

---

206 박광수, 「원불교의 천도재 의례」, 『원불교사상과 종교문화』 31집, 원광대 원불교사상연구원, 2005, p.108.

207 장지환, 「원불교 천도론 연구」, 원광대학교 박사논문, 2016, p.9.

1) 유교

전통 상례를 보통 유교식이라고 생각하기에, 일반적으로 장례식장의 분향실은 유교의 전통 상례를 치를 수 있도록 〈그림2〉처럼 설계되어 있으며, 제단[또는 불단]은 2단 또는 3단으로 구성되어 있다. 그리고 맨 아래층은 음식을 차릴 수 있도록 넓게 제작되어 있다. 분향실 뒤쪽 방향은 북쪽이나 서쪽으로 향하고 있어야 하며, 상주들은 오른쪽에 서서 조문받는다. 영전에 인사는 분향을 하거나, 한 송이 꽃을 헌화하거나, 재배하거나 하는 등 각자 특성에 맞게 진행하고서 오른쪽에 서 있는 상주들과는 1배를 한다.

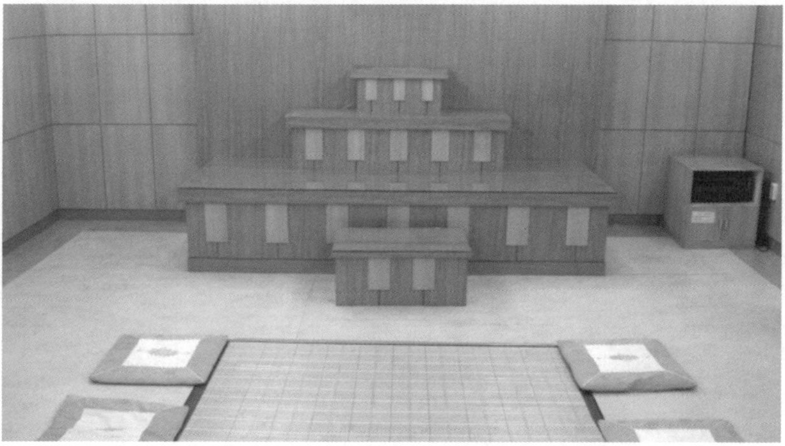

〈그림2〉 유교의 장례식장 분향실

최근에는 시공간의 불비(不備)함이라든가, 코로나 펜더믹 현상이 세계적으로 지배하고 있다는 점에서 사이버분향소가 생기기도 하였다. 사이버분향소에 대한 의견은 어떠한가? 네티즌의 생각을 담은 「사이버분향소 어떻게 생각하십니까?」라는 질의응답을 소개해 본다. 좋은 발상이다가 47.54%, 성의가 없어 보인다가 44.43%, 관심 없다가 8.03%였다.[208] 이는 국가정보원이 PC통신과 인터넷에 사이버분향소를 개설했던 점을 참조할 일이다.

보통 위패는 〈표1〉 예문 그대로 사용하고 있으며, 최근 종교가에서 호적 이름에 법명이나 세례명을 붙여 주기 때문에 간혹 호적 이름을 쓰는 예도 있다. 명정도 〈표1〉 예문의 내용을 붓으로 써서 사용한다.

일반 위패(예문)

(男)	(女)
顯(祖)考學生府君 神位	顯妣孺人慶州崔氏 神位

일반 명정(예문)

(男)	(女)
學生慶州崔公 之柩	孺人慶州崔氏 之柩

〈표1〉 유교의 위패와 명정 양식

208 총응답자 610명, 마이다스 동아일보가 사이버분향소에 대한 네티즌들의 의견을 물어보았다. (신연수, 「네티즌의 생각」, 〈동아일보〉, 1999년 6월 11일, A7면)

유교의 장례는 전통적인 상·장례로 내려오는데, 상당히 복잡한 절차로 구성되어 있다. 더군다나 각 절차가 대절차와 소절차로 구분되어 있어 자칫하면 혼동을 일으킬 수도 있다. 또한, 순서에 따라 진행되기보다는 병렬적으로 동시다발적으로 진행되는 절차도 많다.

중국유교 예학의 영향을 받은 조선 후기에는 점차 예학이 발달하면서 상·장례 등이 사회규범으로 단순하게 개인이 선택하는 것이 아닌 공동체 통합의 의례가 되었다. 조선 중종(1488~1544) 때까지 정착화되지 못한 가례들이 점차 사대부를 중심으로 수행되었으나, 서민들은 그런 의례를 거부할 수 없었음에도 여전히 의례는 순수한 유교의례만은 아니었다.[209] 그 이유는 유교는 종교적인 저승의 개념이 불분명하고 초월신의 신앙관이 불분명하여서 부지불식간에 기존의 의례를 차용하지 않으면 안 되었기 때문이다. 관혼상제의 가치관은 유교에 중심을 두고 진행된 것이므로 유교의례라고 하는 것이다.

조선 사회에서 유교적인 전통의례의 실현을 권장하고, 또 그것을 실현하지 않는 경우에 형벌까지 가하여 강제한 것은 그러한 의례가 당시의 유교적인 사회규범을 뒷받침하여 사회질서를 유지하는 수단이었기 때문이다. 그리하여 조선 사회에서 주희의 『가례』를 중심으로 하는 유교적인 관혼상제가 중요한 가정의례로서 자리를 잡게 되었다. 조선시대의 유교적 전통으로 알고 있는 가정의례는 일제 강점기에 들어와서도 대부분 그대로 계승되었다.

---

209 이희재, 위의 논문, 2005, pp.77-78.

이러한 상황에서 정부에서는 허례허식을 없애고 그 의식절차를 합리화함으로써, 낭비를 억제하고 건전한 사회 기풍을 진작하기 위한 가정의례 법으로, 「가정의례에 관한 법률」을 비롯하여 동법시행령 「가정의례준칙」 등을 제정하였다. 1969년 1월 16일 「가정의례준칙에 관한 법률」이 처음으로 제정되어 시행되었고, 1973년 3월 「가정의례에 관한 법률」[210]로 개정되었으며, 1980년 12월 전문 개정되어 오늘에 이르고 있다.

일반적인 가정의례는 관례는 제외하고, 혼례·상례·제례·회갑연 등을 말한다. 가정의례에서 유교적 의례는 관혼상제라고 할 수 있다.[211] 이 가정의례에서는 직장명의의 신문부고, 하객초청, 화환·화분 진열, 기관·기업체·단체 또는 그와 유사한 장식물의 진열이나 사용 또는 명의를 표시한 답례품의 증여, 굴건제복의 착용, 만장의 사용, 경조 기간에 주류 및 음식물의 접대 등을 허례허식으로 규정하여 금지한다. 이를 위반한 경우에는 상주 등 당사자나 위반자가 14세 미만인 경우에는 그 친권자나 후견인 등에게 2백만 원 이하의 벌금에 처한다.

상례에 있어서 상기는 3일을 원칙으로 하며, 상기는 부모·조부모 및 배우자를 위해서는 1백일로 하고, 기타 친족은 장일[3일 또는 5일]까지로 제한하고 있다. 상제의 종류는 상복제 및 발인제와 위령제로 제한하고, 전통적으로 행하여 왔던 노제·우제는 금지되고 있다. 상복은 평상시에 입던 복장에다가 특별히 규격화된 상장을 사용

---

210 『가정의례에 관한 법률』, 보건복지부 사회복지정책실 가정복지과 1998.11.17 개정.
211 이희재, 위의 논문, 2005, p.77.

하도록 하고, 굴건제복의 착용이 금지되고 만장과 상여의 사용도 금지했다. 그러나 일반적으로 제대로 지켜지지 않았는데, 그 이유로는 인정을 무시한다는 점이 지적되었다. 이는 오랜 전통의 뿌리 깊은 습속을 쉽게 고칠 수 없다는 것을 보여주고 있다.

전통유교식 관습의 상·장례 절차의 기간은 28~29개월로 약 870일 정도이다. 진행 절차는 19단계의 대절차와 60여 단계의 소절차가 있다.[212] 신주를 모시는지 않는지에 따라 상당한 차이를 보이며, 신주를 모시는 경우에는 4일장으로 한다.

이에 대하여 4일장의 순서를 언급해보고자 한다. 먼저 1일 차는 초종으로서 임종을 준비하고, 초혼, 수시, 관의 준비, 부고 등을 담당하고, 습의 경우 고인을 목욕시킨 후에 깨끗한 옷을 입힌다. 2일 차에는 소렴이 있으며, 이는 운명한 다음 날 간단한 옷을 입히고 묶는 절차를 말한다. 그리고 3일 차에는 대렴을 하게 된다. 이것은 소렴한 고인에게 수의[신분에 따라 다름]를 완전하게 입히는 절차를 말한다. 4일 차에는 성복을 하여, 대렴한 그다음 날 근친 관계에 따라 상복을 입는 절차를 밟는다. 그리고 성복을 하고서 조석으로 상식을 올린다. 이를테면 조문에서는 성복 후 조문의 의례가 이루어지고, 문상에서는 멀리 있는 상주가 초상이 났음을 듣고 행하는 의례를 한다. 치장에서는 장사에 필요한 부장품, 용품과 매장지를 조성한다. 그리고 천구는 발인 전날 영구를 사당에 옮기고 예를 취한다. 다음으로 발인을 하는데, 이는 영구가 떠날 것을 고하고 묘소로 향

212 보건복지부·한국장례문화원, 위의 자료, 2017, p.52.

하는 절차이다. 또 급묘가 이루어지며 영구가 묘역에 도착하여 장사 지내는 일을 말한다. 반곡으로 묘소에서 신주를 모시고 집에 와서 곡을 하는 절차를 진행한다. 즉 4일 차에 성복도 하고, 조문도 받고, 발인도 하고 급묘 후 집에 와서 반곡을 하면 4일장은 끝난다.

유교식 상·장례는 5일 이후부터 몇 가지 절차가 더 있다. 먼저 우제로는 3번의 우제가 있으며, 초우는 반곡 후 당일, 재우는 초우 후 첫 유일, 재우 후 첫 강일에 진행하는데 보통 열반 후 5일에 삼우제를 진행한다. 그리고 졸곡은 무시곡을 마치고 아침저녁으로 조석곡을 올린다. 또한 부제에는 망자의 신주를 사당에 합사할 것을 조상에게 고하는 절차이다. 소상을 진행하는데 이는 초상부터 윤달은 세지 않고 13개월 만에 지내는 절차이다. 그리고 대상으로 죽은 지 25개월 또는 2년째에 추모하는 제사를 진행한다. 담제는 일상의 상태로 돌아가기를 기원하는 제사로 3년 상을 무사히 마쳤다는 의미로 27개월째 되는 날에 거행한다. 끝으로 길제는 상기가 끝나 예법에 따라 가문의 종손과 종부가 바뀌었음을 고하는 제사[213]로 지금까지 설명한 〈별첨2〉의 19개 과정의 절차[214]로 전통식 유교의례가 진행된다.

한편 신주를 모시지 않으면, 신주와 관련된 절차가 생략되고 상황에 따라 절차를 생략(문상, 천구, 졸곡, 부제, 대상, 담제, 길제 등)하거나 통합(소상)하여 11~12개 정도로 소상은 12개월 후 열반기

213 보건복지부·한국장례문화원, 위의 자료, pp.53-55참조.
214 별첨2 : 전통(유교식) 장례문화 : 전통장례의 19가지 절차.

념제사로 실행되고 있다.[215] 현실적[원광대병원 장례식장]인 3일장은 1일 차에 습과 소렴을 마치고 2일 차에 대렴을 하면 큰 무리 없이 진행되었다. 2일장도 가끔 진행되었는데 다음 장에서 설명하고자 한다.

2) 불교

우리나라는 유교의 현세주의를 바탕으로 생활하지만, 이와 달리 불교의 내세관이 강하게 나타났다. 양교의 차별화된 내세관은 사람이 죽어 장례를 치를 때 판이하게 나타난다. 옛날의 장례식에는 먼저 무당굿이나 불교 의식을 하는 경우가 많았으며, 호상 시에는 미리 상여 놀이를 했다. 예를 들면 죽은 이가 저승으로 가기 전날 상두꾼이 빈 상여를 메고 노래하며 마을을 돌아다니며 하직 인사를 하는 것이나, 밤새도록 제청에서 슬픔에 잠긴 상주를 위로하는 놀이를 하는 것, 출상 때 그 시신을 처녀가 가마 타고 시집가듯이 꽃상여에 태워 풍악을 울리고 노래하며 춤을 추고 저승길로 호송하는 풍속이 그것이다.[216] 불교의 장례문화는 전통의례와 소통하면서 내생이라는 성향이 강하게 나타나 종교적 색채를 분명히 하고 있다.

---

215 한국장례문화진흥원, 장사정보마당, 장례정보, 국내/외 장례문화, 전통장례 절차. 2018. http://www.kfcpi.or.kr/infoMadang/funeral_info.do?cid=c1401 최종검색일 : 2019. 11. 25.

216 윤금희, 『불교와 무속에 나타난 영혼천도의식과 춤에 관한 연구』, 숙명여대 석사논문, 2015, p.3.

불교의 휘장은 부처님의 모습도 있지만, 불국토 상조에서 사용하는 것은 〈그림3〉의 '탑 다라니 휘장'이다. 탑 다라니는 불탑 속에 고인을 봉안하는 다라니로 법사리(法舍利)라고도 한다. 후대에는 불경을 다층탑 형태의 도형 내부에 절묘하게 배치한 것을 일반적으로 탑 다라니라고 하였다. 본래 다라니(陀羅尼, dha-rani)란 총지·능지(總持·能持) 등으로 번역되며, 통칭하면 진언으로 신주를 의미한다. 다라니 주송을 통해서 악인은 선도로 인도되도록 스스로가 밝아져야 한다. '한마음이 깨끗하면 8만 4천 다라니문이 다 깨끗하다.' 함은 이를 말하는 것으로, 불교도들은 악한 통치자가 있더라도 증오심을 나타내지 않으며 그 대신 그를 감화할 수 있는 높은 인격자가 스스로 되도록 노력하고 불타를 향한 원력으로 세속의 정치가 정화될 것이며[217] 이에 열반인의 경우 왕생극락하게 된다고 믿는다.

〈그림3〉 불교의 '탑 다라니' 휘장

장례의식에 이용되는 다라니의 주송에 이어서 불교에서 장례식은 '다비식'이라고 한다. 다비란 불에 태운다는 뜻으로 화장을 뜻하는 말이다. 다비식은 불교의 의례 규범인 『석문의범』에서 설명하고

217 불교신문사 편, 『불교에서 본 인생과 세계』, 도서출판 홍법원, 1988, p.153.

있지만, 그 설명이 자세하지는 않고 다만 추도의식의 순서만 그에 따라 장례의식을 진행한다. 임종에서부터 입관까지의 절차는 전통 장례식과 거의 비슷하지만 영결식만은 다비식에 의한 순서로 한다.

다비의 식순을 살펴봄으로써 불교 장례문화의 구체적 성향을 파악해 보도록 한다. 「개식」은 호상이 맡아서 하는 것을 원칙으로 한다. 개식에 이어서 「삼귀의례」는 불보, 법보, 승보의 삼보에 돌아가 의지한다는 의식을 주례 승이 행한다. 『화엄경』 「정행품」은 불도에 뜻을 둔 사람에게 원으로써 살아갈 것을 주문한다. 이 「정행품」에서 특히 주목되는 부분은 삼귀의를 설하고 있는 부분이다.[218] 삼귀의를 주송함으로써 개인적으로 불심의 돈독함을 드러내며 유가족으로서 영가에게는 천도의 길을 마련해주는 것이다.

> 스스로 부처님께 귀의할 때는, 중생들이 대도를 이해하여 보리심을 일으키게 되기를 원해야 한다. 스스로 법에 귀의할 때는, 중생들이 부처님의 가르침에 깊이 들어가서 지혜가 바다처럼 넓어지게 되기를 원해야 한다. 스스로 승단에 귀의할 때는 중생들이 대중들과 화합해서 아무런 마찰이 없게 되기를 원해야 한다.[219]

다음으로 「약력보고」는 고인을 추모하는 뜻으로 고인과 가까운 친지나 친구가 간단하게 고인의 약력을 소개한다. 「착어」는 고인을

---

218 권탄준, 「화엄경의 誓願思想 소고」, 『한국불교학』 제11집, 한국불교학회, 1986, pp.432-433.

219 『大正藏』 p.430 下~431 上, 自歸於佛當願衆生體解大道發無上意 自歸於法當願衆生深入經藏智慧如海 自歸於僧當願衆生統理大衆一切無碍.

위해 주례 스님이 부처님의 가르침을 설법하는 것이다. 이어서 「창혼」의 경우 극락세계에 가서 편안히 잠들라는 뜻으로 주례 스님이 고인의 혼을 요령을 흔들며 부른다.

그리고 「헌화」에서는 친지 대표가 영전에 꽃을 바친다. 영가의 마지막 가는 길을 축원하는 의미가 담겨 있다. 「독경」 순에서는 주례 스님과 모든 참례자가 고인의 혼을 안정시키고 생전의 모든 관계와 착심을 정리하고 부처님의 세계에 고이 잠들라는 경문을 소리내어 읽는다. 「추도사」의 경우 초상에는 조사라고 하며 일반적인 의식과 같다. 「소향」에는 모든 참례자들이 각각 향을 태우며 고인의 명복을 빈다. 다음으로 「사홍서원」은 주례 스님이 담당한다. 끝으로 「폐식」은 발인[영결]식의 모든 절차가 끝났음을 선언한다.

발인[영결]식을 마친 후 장지로 가는데, 불교에서는 화장한다. 화장할 때 시신을 분구에 넣고 끝날 때까지 계속 염불하며, 소화(燒火)되면 흰 창호지에 유골을 받아서 상제에게 주어 쇄골한 다음에 법주가 있는 사찰에 봉안하고 제사를 지낸다. 이러한 봉안과 제사 의식의 흔적으로 각 사찰에는 부도가 대부분 세워져 있다.

요컨대 불교의 장례의례 가운데 왕생의례[영결식]의 순서를 언급해봄으로써 영가로 하여금 영결 의식을 통해 중음으로 인도하여 왕생극락을 염원한다. 그 순서를 보면 ①개식 ②소종[7번 타종] ③삼귀의례 ④약력보고 ⑤헌향 및 헌화[상주, 친손녀, 친지 순위로] ⑥독경[반야심경] ⑦법어 ⑧정근[나무아미타불 10념] ⑨발원문 ⑩찬불가[빛으로 오소서!] ⑪사홍서원 ⑫출관[발인] ⑬공지사항이다.

영결식을 마친 후에 고인(故人)을 봉안한 절에서 49재 및 백일

재와 매년 열반제를 지내고 3년 제사를 지낸다. 3년 제사가 끝나면 봉안했던 사진을 거두어 가는데, 이것은 전통 상례에서 궤연[220]을 철거하는 것과 같은 의미로 본다. 불교 장례문화에 있어서 무엇보다도 요령을 흔들며 고인을 부르는 창혼과 모든 참례자들이 향을 태우는 소향은 불자의 다비식 참여의식을 높이고 있다.[221] 합천 해인사에 가보면 3년 제사가 끝나면 사진은 봉안하지 않고, 위패만 모시는 영모당을 별도로 조성하였음은 참조할 일이다.

불교 장례문화의 초점은 영가에게 악도 윤회를 벗어나게 하는 데 그 목적이 있다. 『불설관무량수불경』에는 정토 극락왕생에 대해 비록 죽음이 초월적 세계를 지향하고 있지만, 선우 즉 임종선지식(臨終善知識)의 안내로 악인의 왕생마저도 끌어안는 대승의 관점을 잘 보여주고 있다. 이 임종선지식이 연기적 존재로서의 다른 자의 죽음의 입장에서도 불이(不二)일 수 없는 관계를 보여준다.[222] 즉, 불교는 전통의례와 소통하면서 대승의 관점에서 선인이든 악인이든 한마음이 깨끗하면 악도를 벗어나 선도수생의 새로운 내생의 세계를 제시하고 있다.

그것은 불교의 다비식 내지 영결의식에서도 잘 나타난다. 그리고 이러한 불교의 장례의식은 대승불교 해탈사상으로 이어진다. 불교의 장례문화는 불교사상의 핵심의 하나인 육도윤회를 적극적으

---

220 궤연 : 영위(靈位)를 모신 자리.

221 원영상·김재현, 「연명치료중단 제도화와 불교계의 대응 -자기결정권 문제를 중심으로-」, 『원불교사상과 종교문화』 46집, 원광대 원불교사상연구원, 2010, p.77.

222 대구시설공단 명복공원, 장례문화, 불교식 장례문화. 2018. 08. http://www.dgmemory.or.kr/sub05/05_03.php?chk_on=0503 최종검색일 : 2019. 11. 25.

로 해석하는 문화이다.

3) 개신교

기독교는 고난과 천당이라는 이념 속에서 역사적으로 장례의례와 친숙한 종교였다는 것은 잘 아는 사실이다. 기독교는 시작에서부터 박해를 받아왔고 박해의 결과는 성도들의 죽음으로 연결되었기 때문이다.[223] 이에 따라서 고난의 박해와 천당이라는 갈등 구조 속에서 순교의 길은 기독교 공동체의 신앙심을 오히려 강화해 주었다. 기독교를 지키려다가 죽음을 맞이했던 순교자들을 하나님의 곁으로 보내고, 순교자들의 굳은 신앙을 기리는 의례를 거행하여 지금까지 그 전통이 이어져 오고 있다[224]고 보면 좋을 것이다.

개신교에서 진행하는 장례의식에는 십자가 휘장이 놓여 있어 죽은 자의 영혼을 달래는 상징으로 나타난다. 이 휘장에 사용되는 십자가의 모양이 여러 가지가 있으나 대체로 개신교 분향실 휘장의 경우는 〈그림4〉와 같다. 휘장의 표식은 달라도 각 종교마다 휘장을 [225] 전면에 설치하는 것은 보편적인 현상이다.

223 김형락, 「의례적 기능과 목회적 돌봄의 관점으로 보는 기독교의 장례예식의 구성」, 『신학과 실천』 제61호, 한국실천신학회, 1997, p.117.

224 위의 논문, 1997, p.118.

225 영혼을 위한 휘장의 장엄은 기독교나 불교나 마찬가지이다. 일례로 불교의 휘장에 대해 한용운은 다음의 시로 남기고 있다. "님이시어, 님에게 바치는 이 작은 생명을 힘껏 보듬어 주세요. / 이 작은 생명이 님의 품에서 조각으로 으스러진다 하여도 / 환희의 靈地에서 純情한 생명의 파편은 / 最貴한 보석이 되어서 조각난 파편들이 적당히 이어져서 / 님의 가슴에 사랑의 휘장을 달겠습니다." (한용운, 「생명」, 『님의 침묵』, 상아, 1997, p.68)

〈그림4〉 개신교의 분향실 휘장

'개신교'226식 상례는 신도가 운명을 하면, 시신의 수시(收屍)로부터 하관에 이르기까지 목사의 집례(執禮) 아래 모든 의식과 절차가 이루어진다. 운명과 더불어 기도와 찬송으로 고인의 영혼을 하나님께 보낸다는 뜻의 예배를 드린다. 초종 중에는 수시로 매일 기도회를 갖고, 유가족은 빈소에서 찬송이 끊이지 않게 하여 영혼을 하나님께 가까이 가게 한다. 개신교식 상례가 일반 상례와 다른 점은 곡 대신 찬송하며, 음식도 차리지 않으며 절도 하지 않는다. 또 조석으로 상식[밥과 국]을 올리지 않으며, 염습할 때 매장을 끈으로 묶지도 않는다. 장례 발인식 전날 염습을 마치고 입관 예배를 드린다. 이때 목사가 참석하지 않는 입관 예배는 진행하지 않는다. 염습 등

226 개신교는 프로테스탄티즘을 뜻하며 1529년 슈파이어 의회에서 처음 사용되었다.

도 신도들이 애령회를 조직하여서 한다. 장례식은 시신을 교회 안에 안치하여 교회에서 하거나, 장례식장 또는 상가에서 지내기도 한다. 개신교의 장례식은 고인이 하나님께로 환송했음을 찬송하는 뜻에서 목사의 집례 아래 예배를 진행한다. 발인식의 예배순서는 다음과 같다. ①묵도 ②신앙고백 ③찬송 ④기도 ⑤성경 ⑥말씀 ⑦기도 ⑧조가 ⑨찬송 ⑩추모의 묵념 ⑪축도 ⑫운구·발인의 예배순서에 나타나듯이 영혼을 소천의 뜻으로 모시며 찬양하고, 추모하면서 마침내 천당으로 인도하는 의식의 특징을 지닌다.

임종 후 3일째에 보통 '발인'이라 불리는 이 장례 절차를 요즘 교회 장례에서는 '천국환송예배'라는 이름으로 아름답게 바꾸어 부르고 있다. 영결식이라는 말은 그리스도인들에게는 맞지 않는 용어이니 사용하지 말라고 권장한다. 그 이유는 믿음의 성도들은 이 땅에서의 죽음이 마지막이 아니라 천국으로 들어가는 과정이기 때문이다.

그러므로 '천국으로 가는 고인을 환송해 주는 예배'라는 말은 집에서 떠나는 발인의 의미보다는 천국을 바라보는 관점에서 오히려 성경적이고 위로와 희망을 주는 의미로 교회들이 많이 사용하고 있다. 천국환송예배는 이제 고인의 시신이 정들었던 집과 가족을 떠나는 것이므로 마지막 조문을 받게 하고 운구위원들에 의해서 질서있게 움직이게 하고 운구행렬에 대하여도 주례자는 준비된 관심을 통해 고인의 사진, 주례자, 화환, 관, 유가족, 조객 순으로 움직인다. 운구나 운상 시에 인위적인 곡이나 울음은 삼가고 찬송을 부르며 기독교 장례의식의 의미를 잊지 않게 해야 한다.[227] 특히 이 예배순서에 고인의 약력을 넣음으로써 그분의 마지막 삶을 조객들에게 설명하고 조사를 고하여 아름다운 마무리의 인사를 드리게 한다.

다음으로 납골당이나 묘지에서의 「영결식」 천국환송예배 순서는 다음과 같다. ①「개식사」에서는 주례 목사의 안내 말씀을 시작으로 한다. ②「찬송」에서는 주례 목사가 찬송가를 선택한다. ③「기도」는 고인의 명복을 빌며 유가족들을 위로하는 내용으로 한다. ④「성경 봉독」에서는 보통 『고린도후서』 5장 1절이나 디모데전서 6장 7절 말씀으로 한다. ⑤「시편 낭독」으로는 시편 90편을 한다. ⑥「신약 낭독」으로는 『요한복음』 14장 1절부터 3절이나, 데살로니가전서 4장 13절부터 18절 말씀으로 한다. ⑦「기도」는 주례 담임목사가 집도한다. ⑧「고인의 약력 소개」에는 고인의 살아생전의 약력을 주례 담임목사가 소개한다. ⑨「주기도문」 순서에서는 주님이 가르쳐 준 기도라 하여 식장에 참석한 모든 사람이 한다. ⑩「찬송」 역시 식장에 참석한 모든 사람이 다 같이 한다. ⑪「헌화」 순에는 고인의 명복을 빌며 영전에 꽃을 바친다. ⑫「출관(出官)」의 경우 폐식의 순으로 진행하며 질서정연하게 목사가 일률적으로 진행한다. 신도들은 '아멘!'과 '할렐루야!'의 합창과 찬송가만 따라 한다. 분위기는 점점 축제로 바뀌어 간다.

아울러 개신교의 장례문화에서 하관식은 또 다른 분위기로 접근한다. 하관식의 예배순서는 다음과 같다. ①「개식사」는 주례 목

---

227 신성호, 『교회가 꼭 알아야 할 장례지침서』, 요단출판사, 2018, p.193.

사가 집도하고, ②「기원」은 영광의 나라, 하나님의 품으로 가기를 묵상한다. ③「찬송」은 식장에 참석한 모든 사람이 다 같이 하고, ④「기도」는 주례 목사가 집도한다. ⑤「성경 봉독」은 『고린도전서』 15장 51절부터 58절까지 한다. ⑥「기도」는 고인의 명복을 비는 내용으로 주례 목사가 하고, ⑦「신앙고백」으로는 식장에 참석한 모든 사람이 같이 하도록 한다. ⑧「취토」는 상제들이 봉분 전에 흙 한 줌씩을 관 위에 뿌리며, ⑨「축도」는 주례 목사가 축복기도를 하며 폐식한다.[228] 개신교의 모든 의례 진행은 목사가 주례하여 처음부터 끝까지 마무리한다. 축복기도로 폐식하면서 가족의 마음을 가볍게 만들고 있다. 사고사의 경우일지라도 영광의 하나님을 따라 부르게 하여 슬픔이 위로되도록 한다. 개신교의 상장례의 경우 목사와 평신도들이 합력하여 죽은 자의 넋을 위로하고 궁극적으로 천당에 이르도록 하는 것이다. 하나님 나라는 영생이라 하여, 신자들에게는 이 영생으로 인도하는 것을 궁극의 목표로 삼는 것이다.

중세에 이르러 서구 종교로서 개신교나 천주교의 경우 장례와 제례 문화에 대한 비판적 시각이 있었던 것도 사실이다. 이를테면 마틴 루터의 종교개혁론이 이와 관련된다. "이미 구속받은 사람을 위한 기도는 부당한 일인데도 기원을 하고 있으며, 무엇 때문에 죽은 사람의 장례식이나 연기제(年忌祭)를 계속하는가? 또 무엇 때문에 교황은 그런 목적으로 교회에 바친 기부금을 돌려주지 않으며

228 대구시설공단 명복공원, 장례문화, 기독교식 장례문화. 2018. 08. http://www.dgmemory.or.kr/sub05/05_03.php?chk_on=0503 최종검색일 : 2019. 11. 25.

혹은 그것(기부금)의 취소를 허락하지 않는가?"[229]라는 물음에서 알 수 있듯이 장례와 제례 문화에서 헌공금 남용의 문제는 결국 종교의 영성 문화에 세속화 현상의 단면으로 이어진 것이다.

4) 천주교

천주교 장례문화의 특징을 살펴보면, 천주교는 히브리와 로마의 장례 관습을 차용하였고 그것들을 부활 신앙의 관점에 적용하였다. 슬픔의 종말에서 그 전환이 부활에 대한 희망으로 되었고, 시신을 장사한 다음에 준비하여 음식을 나누는 음복 행사를 성찬례 행사로 서서히 바꾸어나갔다. 장례의 색은 흰색에서 검은색으로 바뀌었고 죽은 이의 죄에 대한 사함을 중시하였다. 제2차 바티칸 공의회는 장례의식을 각 지역의 환경과 전통에 부응하도록 하는 개혁을 지시했다. 이런 장례의식 개혁으로 출간된 새 예식서는 초상[임종] 직후부터 발인, 무덤에서의 하관 예식까지 장례 절차를 3가지 유형의 의례식으로 제시하여 각 지역 교회가 여러 나라의 관습에 맞는 의례식을 채택할 수 있도록 하였다.[230] 이처럼 천주교는 장례의식 개혁을 통한 시대에 맞는 의식을 집행하려는 의지가 나타났다.

다음으로 천주교 장례의식과 관련하여 구체적으로 살펴보고자

229 마틴 루터 「종교개혁」, 95개조 반박문 83조.

230 윤종식, 「천주교의 죽음에 대한 이해와 장례예식에 대한 고찰, 그리고 사목적 모색」, 『가톨릭신학』 제23권, 한국가톨릭신학학회, 2013, 초록. p.33.

한다. 천주교의 분향실 휘장에는 오른쪽에 '나는 길이요 진리요 생명이라.'는 문구를 왼쪽에 '주님 연령에게 길이 평안함을 주소서.'라는 성경 글귀를 새긴다. 천주교는 고인을 연령이라 부르고 있으며, 일반 신도를 중심으로 연령회를 조직하여 장례 주관을 맡기고 있다.

천주교의 십자가는 〈그림5〉의 문양이 보편적이지만, 천주교의 십자가 문양은 참으로 많으며, 동정녀가 아기를 안고 있는 모습까지도 있다. 생전에 영세를 받은 사람은 성교예규[천주교의 관례로 되어 있는 규칙]'에 의하여 장례를 이행한다. 천주교에서는 신도로서 정신에 어긋나지 않는 범위 내에서 우리나라 풍습과 상례의식을 존중하여 병행[조상신 제사]하기도 한다.

〈그림5〉 천주교의 분향실 휘장

천주교는 개신교와는 다르게 임종이 임박하여 다급하게 세례를 받고자 할 때나, 신부를 모셔 올 시간적 여유가 없을 때는 교우회장이나 수녀로부터 대신 세례를 받을 수도 있다. 가능하면 정신이 맑을 때 미리 영세를 받거나 세례를 받을 것을 권장한다.

대체로 천주교의 상제례는 그리스도의 죽음과 그리스도인의 죽음을 우선 중시한다. 그것은 부활의 문인 죽음과 사랑의 계시이자 성사인 그리스도의 죽음에 참여하는 것이며, 죽음의 공동체성으로 통공에 의한 부활을 향한 연대성이 거론된다.[231] 이처럼 천주교의 상례와 제례를 포함한 장례문화는 예수의 죽음과 부활이 강조되고 있으며, 이러한 부활을 통해 하나님의 세계에 합류하여 영생을 추구하는 것에 기반을 두고 있다.

천주교에서 종부성사[232]는 신도가 마지막 숨을 거둘 때 행하는 성사를 이르는데, 의식이 있을 때 신부를 청하여 받으며, 오늘날에는 병자성사라고도 한다. 이 성사를 행하기 전에 가족들은 환자의 옷을 깨끗하게 갈아입히고, 성유를 바르기 위하여 얼굴과 눈, 코, 입, 손, 발 등을 씻어 준다. 그리고 상위에 흰 천이나 백지를 깔고 그 위에 십자고상과 촛대, 성수 그릇, 성수채, 작은 그릇 등을 진열한다. 신부가 도착하면 상위의 촛대에 불을 밝힌 다음 신부와 환자만 남기고 다른 사람들은 고해성사를 위하여 모두 물러난다. 고해성사가 끝나면 노자성체[긴 여행을 위한 준비라는 뜻으로, 죽어 가는 환자가 마지막으로 하는 영성체], 종부성사[병자성사], 임종 전 대사의 순서로 한다.

---

231 허윤석, 「한국천주교 상제례 문화의 토착화」, 『사목연구』 제10권, 가톨릭대학교 사목연구소, 2002, 목차 참조.

232 終傅聖事는 가톨릭의 七聖事의 하나로서 중병을 앓거나 고령으로 인하여 죽을 위험에 처해 있는 신자가 받는다.

종부성사는 신부가 없이 급하게 운명했을 때도 받을 수 있는데, 이때에는 주위에 법 있는 사람들이 환자를 위로하며 격려하는 말을 『성서(聖書)』가운데 거룩한 구절을 찾아서 한다. 이를 임종 전 대사라고 하며, 임종 전 대사는 다음과 같다.

첫째, 「운명」으로, 환자가 숨을 거둘 때는 성촉에 불을 켜는데, 성촉이란 신성한 용도로 쓰기 위해 보통의 것과 구별하여 만든 초를 말한다. 다음에는 임종경이나 성모덕시도문, 매괴경을 읽으며, 기도문은 숨을 거둔 다음에도 잠깐 계속해서 읽는다. 환자가 마지막 숨을 거둘 때는 떠나는 사람의 마음의 평화를 위해 주위 사람들은 될 수 있는 대로 울거나 통곡하는 것을 자제해야 한다.

둘째, 「초상」으로 임종 후에는 깨끗하고 정갈한 옷으로 갈아입히고 얼굴을 쓰다듬어 눈과 입을 닫게 하고, 손과 발은 굳기 전에 가지런히 한다. 이때 두 손은 합장시켜 십자고상을 잡게 한다. 시신의 머리맡 상 위에도 십자고상[십자가에 못 박힌 예수 그리스도의 수난을 묘사한 상]을 모시고 양옆에 촛불을 밝히며 성수 그릇과 성수를 놓고 입관할 때까지 계속 유지하면서 가족들은 그 옆에 꿇어앉아 위령기도를 드린다.

셋째, 「위령미사」로 연옥에 있는 사람을 위해 하느님께 드리는 제사로서 연미사[233]의 다른 말이다. 신도가 운명을 하면 바로 본당 신부에게 알리어 바로 미사예물을 전하고 미사를 부탁한다. 그리고 신부와 장례 날짜 및 미사 시간을 정하며, 위령미사는 신부가 진행

---

233 연미사란 세상에서 지은 죄로 인하여 천국에 바로 가지 못할 때, 불에 의해서 그 죄를 淨化하는 곳에 있는 사람을 위한 미사이다.

한다.

넷째, 「염습과 입관」으로 천주교에서는 신도의 가족이면 부탁하지 않아도 염습에 경험이 있는 염사가 와서 고인을 알코올로 깨끗이 닦고 수의를 입히고 입관한다.

다섯째, 「장례식」으로 장례 일이 되면 성당으로 관을 옮겨 위령미사와 사도예절[고별식]을 행하며 출관과 하관은 성교예규에 따라 진행하고 화장을 할 수 있다.

여섯째, 「하관」으로 장지에 도착하면 묘지 축성 기도를 올리고 영구와 천광에 성수를 뿌린 다음에 하관 기도를 하고 하관한다.

일곱째, 「소기와 대기」로[234] 장례 후 3일, 7일, 30일이 되는 때는 연미사를 드리고 소기와 대기 때에는 연미사와 가족의 고해, 영성체(領聖體)를 행한다. 영성체란 성체를 영(領)하는 일이다. 그리고 천주교에서는 재래식 상례 중에서 곡을 하는 등 신앙의 본질에 어긋나지 않는 범위 내에서 간단하게 음식을 대접하거나 가끔 묘소에 찾아가 떼를 입히거나 성묘하는 것 등은 금하지 않고 있다.[235] 이처럼 상당히 전통의례를 수용하려는 노력이 보인다.

잘 알려져 있듯이 천주교의 장례의전은 장엄과 거룩함의 일색이다. 신부들이 진행하는 내용이 대부분이지만 목사들의 진행보다는 쉬운 편이다. 성사·대사·미사 등으로 불리는 명칭부터 다소 구분이 된다. 처음[고해성사, 노자성체, 병자 또는 종부성사, 임종 전 대

---

234 小朞: 사망 후 1년 만에 지내는 제사, 大朞: 사망 후 두 돌 만에 지내는 제사.

235 대구시설공단 명복공원, 장례문화, 천주교식 장례문화, 2018. 08. http://www.dgmemory.or.kr/sub05/05_03.php?chk_on=0503 최종검색일 : 2019. 11. 25.

사]과 발인[위령미사]은 신부들이 주관하고 중간 부분은 애령회[신도회]에서 주관한다. 장례식장에서 진행되는 의식은 애령회에서 주관하고, 성당에서의 발인식에 해당하는 위령미사는 반드시 신부가 주관한다.

각 종교는 환자가 신앙심을 통하여 마지막에 대한 두려움과 외로움을 이겨내고 편안한 마음으로 임종을 맞이할 수 있도록 하며, 유교는 초혼, 불교는 임종 염불, 개신교는 임종 예배, 천주교는 종부성사, 원불교는 염불·선정으로 최후 일념을 모은 후에 열반식을 한다. 장례문화는 각 종교에서 임종 준비부터 엄숙하고 거룩하게 지키는 것이 원칙이었다. 그러나 최근 들어 장례의식의 형태에 대해 논란이 일고 있다. 『장례식은 필요 없다』를 쓴 종교학자 시마다 히로미는 이른바 장례식 불필요론자 중 한 사람으로 알려져 있다. 시마다의 주장은 다음과 같다. "현대사회에 장례를 치르는데 과도하게 큰 비용이 들어간다. 일찌감치 애도하는 마음보다 비용을 마련하는 문제로 시름에 젖는다. 지금은 도시사회를 중심으로 친척들만 초대해서 치르는 장례가 많아졌다. 비용이 절감되기 때문에 그러한 장례가 늘어난 것은 자연스러운 흐름이다. … 모름지기 남겨진 사람들에게 소중한 사람을 잃었다는 마음을 일으키고, 회장자(會葬者)들이 고인의 훌륭한 삶을 기리는 것이 장례의식 본연의 모습이다."[236]라고 했는데, 그의 견해는 다소 전통 종교의 장례문화에 대하여 간과하는 점이 있다.

---

236 다이쇼대학교·금강대학교 불교문화연구소 공편, 『현대사회와 불교』, 씨아이알, 2015, pp.74-75.

장례는 종교적 의례로 단순하게 그치는 것이 아니다. 사람의 죽음을 접하는 체험을 통해 자기 삶과 죽음에 대해 진지하게 생각해 보는 귀중한 기회가 되기 때문이다.[237] 장례를 치르는 일에 있어서 지나친 헌금 부담, 형식적 장례의식, 유가족의 신앙적 관점의 차이로 인해 소홀해질 수 있지만, 망자의 죽음에 대한 진정성으로 장례문화의 정착이 필요하다.

---

237 위의 책, 2015, pp.74-75.

IV

원불교 상·장례문화의 전개

1. 한국 장례풍습의 원불교적 수용

1) 『원불교 예전』의 상·장례

소태산은 1920년 초안했던 「조선불교혁신론」과 혁신 예법 등을 담은 예전을 1935년에 발행했다. 이에 근거하여 상·장례와 관련한 언급을 하고자 한다. 예컨대 서동풍의 상·장례는 교단 최초의 예법 시행자[238]가 되었다. 이에 대해 동생 중안은 집안 어른들로부터 질책당했으나 의연했다. 이때 불법연구회는 공식적으로 새 예법을 발

---

238 서동풍(1868~1925)은 1925년(원기10) 58세에 아우 중안에게 구식의 번거로운 상례는 삼가고 불법연구회 예법대로 하라고 유언했다. 임종하기 전날 밤에 흰 서기가 지붕 위로 뻗쳤다. 불법연구회 회장 서중안은 형의 유언에 따라 간소하게 치상을 했다. 원불교100년기념성업회, 『원불교 대사전』, 원불교 출판사, 2013, p.544.

표[239]하지 않았으나, 소태산은 계해년 친상을 당한 후 번다한 재래의 예법을 간소화하여 새 예법으로 혁신할 것을 강조한 바 있었다.

소태산 대종사의 예법 혁신을 계승함으로써 『원불교 예전』을 편수한 정산 종사는 상·장례에 대하여 구체적으로 언급한다.

> 상장은 사람의 일생을 마치고 보내는 일이라. 친근자에 있어서는 그 섭섭함이 비할 데 없는 것이요 당인에 있어서는 이 몸을 버리고 새 몸을 받을 시기라, 반드시 올바른 천도를 얻어야 할 것인바, 그중에도 주(主)와 종(從)을 말한다면 천도를 주로 하고 정곡과 형식은 종으로 하는 것이 옳을 것이며, 재(齋)는 열반인에게 베푸는 천도를 위한 법요행사니 독경, 축원, 기원 등으로 청정일념을 챙기게 하고 탐진치와 착심을 녹이게 하며, 불토낙지에 돌아와서 선도수생의 인연을 축원하는 동시에, 법문과 헌공 등으로서 영가의 명복을 증진하게 하자는 것이요. 또는 모든 관계인들로 하여금 추도 거상(居喪)의 예를 지키도록 하자는 것이니, 어느 하나에도 결함됨이 없도록 모든 성의를 다하여야 할 것이니라.[240]

『원불교 예전』 가례편, 제6장에 보면 상장에 대하여 설명하고 있다. 먼저 상장은 사람의 일생을 마지막으로 마치고 보내는 일이라고 했다. 원불교에서는 그 의의를 두 가지로 설명한다. 하나는 친지·

239 신정의례의 성립에 있어서, 1926년(원기11)에 허례를 폐지하고 예(禮)의 근본정신을 드러내고자 '신정의례'를 제정하였다.
240 『정산종사법어』 생사편 12장, 원불교 출판사, 1977, p.996.

친척을 본위하여 의례 절차를 갖추고 그 정곡을 푸는 것이며, 둘은 고인을 위하여 참 천도와 열반을 축원하는 것이다. 그중에 주와 종을 구분한다면 천도와 참 열반을 주로 하고 의례의 형식을 그다음에 따르게 하는 것이 옳을 것이라고[241] 한다. 상·장례는 의례 형식이기 때문에 간소화하여 경비를 절약할 수 있다는 견해이다.

이에 따른 "열반 및 열반식은 임종 후 약 1시간이 지나면 가족들과 관계인들이 모여 열반식을 거행하되, 1분간 좌종[경종]이나 요령을 울리고 식순대로 할 것이요."[242]라고 한다. 열반식을 마치고 호상[장례 전반적인 진행]은 지인 중에 경험 있는 이로 대행하게 하고, 머리 풀고 발 벗고 옷 엇매는 등 구습은 폐지하고 분수에 맞는 장례의례를 선택하여 예에 맞게 한다.

전통식 입관은 소렴을 마친 후에 진행한다. 소렴은 수시 후에 옷을 벗긴 후 목욕을 시키고, 악수, 버선, 속바지, 바지, 허리띠, 속저고리, 겉저고리, 두루마기, 도포, 도포띠, 습신을 신어드리고, 얼굴에 관한 절차를 마친 복건[명건]까지 착용하는 것을 말한다. 그다음에 종이매로 7번 묶는데, 시신의 어깨부위, 가슴부위, 배와 팔꿈치부위, 손등과 허리부위, 무릎부위, 발목과 습신부위 이다.[243] 원불교에서는 보통 3매[어깨부위, 배와 팔꿈치부위, 발목과 습신부위]를 하는데, 전통식 소렴과 비교가 된다.

입관 및 입관식은 관과 수의가 준비되는 대로 하고, 열반인을

---

241 『원불교 예전』, 제2 가례편 제6장 상장, p.614.
242 위의 경전, pp.614-615. 참조.
243 정식, 「전통 염습문화와 현대 염습사」, 한양대학교 석사논문, 2001, pp.89-90. 참고.

정결히 하면서 미리 시신을 주물러 굳지 않게 하며 시신을 묶는 구습은 폐지하고, 수의는 살아생전의 의복 가운데 정결하고 깨끗한 것을 골라 선택한다. 수의의 개념에 있어서 예서의 기록들은 '수의'보다 '습의(襲衣)'라는 용어가 보편적으로 사용되었으며 이때 생전에 입었던 옷을 사용하였다. 그러나 18세기경부터 '수의'라는 용어와 함께 새로 만든 수의가 널리 사용되었는데 당시에는 현실적으로 유행하였던 생전에 입은 작은 저고리를 수의로 사용하는 것은 불가능하였다고 본다. 수의는 상·장례 절차의 염습과정 중에 시신에게 직접 입히는 복식류, 즉 습의를 뜻한다.[244] 곧 습의는 염할 때 입히는 옷이다.

입관을 마치면 그 앞에 "영정을 봉안하고 입관식을 거행하며, 입관식을 마친 후에는 열반표기를 준비하여 표기한다."[245]라고 되어있는데, 열반표기는 현재 사용하지 않고 있다. 발인식 및 운상은 일반적으로 열반 후 3일째에 하지만, 밤늦게 임종이 되면 4일째에 하기도 한다. 식장은 장례식장 또는 자택이나 교당으로 하며, 발인식은 영정사진 혹은 위패를 모시고 거행한다. 폐식하면 바로 발인을 진행하되 운상하면서 슬피 우는 곡성이나 상엿소리는 폐지하고 엄숙한 가운데 진행한다.[246] 곡성이나 상엿소리는 영가의 최후 일념에 오히려 방해될 소지가 있기 때문이다.

입장식 및 장사는 시신이 장지에 도착하여, 화장이면 점화 후에

244 곽명숙, 「한국 상·장례 변천에 따른 현대 수의문화 연구」, 세종대학교 박사논문, 2009, p.19.
245 『원불교 예전』, 제2 가례편 제6장 상장, pp.615-616.
246 위의 경전, p.617.

열반독경을 하고 납골당은 봉안 후에, 매장이면 평토 후에 입장식을 행한다. 장사는 매장과 화장 중에서 형편에 따라 하되, 화장 후에는 산골이나 호수에 뿌리거나 띄우기도 하고, 매장하거나 납골당에 모시거나 하는 등 경우에 따라 분수에 맞게 한다. 장례 후에는 열반인의 영정사진이나 위패를 정결한 실내[영모실이나 법당 등]에 49일간 봉안하고, 유가족과 각 관계인이 염불 독경 등을 수시로 하여 그 천도를 발원한다.

예전에 행했던 영실 설치와 삼우제, 상식, 조석 인사, 소상, 대상 등 일체 복잡한 의례는 폐지한다.[247] 『원불교 예전』의 「가례편」은 현재뿐만이 아니고 미래의 상장의례를 잘 보여주고 있다. 미래의 나아갈 방향을 찾으면서 사찰의 위패 봉안 문화를 발전시켜 현장교화의 역할로 각 교당에 '영모실, 영모당, 영모원' 문화가 새롭게 정착될 필요가 있다. 원불교의 520여 개 교당 중에서 현재 72여 개 교당에 영모실 겸 영모당이 준비되어 있는데, 아직은 시작 단계이므로 영정을 모실 것인지, 아니면 위패를 모실 것인지 혼돈된 현실이다. 영정은 보통 3년이 기한[248]으로 되어있고, 위패는 영구적으로 모신다.

위패는 영가에게 집으로 인식이 된다고 믿는 성향이 있으므로 특히 화장해서 묘가 없으면 위패를 교당에 모시는 것이 좋다. 이때 사찰에서는 일반 위패와 영구 위패를 구분하는데, 일반 위패는 열반

---

247 위의 경전, p.617-19.

248 유교에서 부모의 3년 상은 자식이 태어나서 스스로 성장하기까지 최소 3년이 걸린다는 것에서 유래하여, 양육한 부모에 대한 효의 의미로 3년 상을 치렀다. 이에 근거하여 영정을 3년간 모시고 있다.

에서 발인까지만 사용하고 지방을 불에 태워 없애지만, 영구 위패는 제사를 모시는 게 우리나라의 오래된 전통이자 문화이므로 위패를 위패당에 모시고 영구적으로 제사를 모셔 드린다. 일종의 사당[249]의 역할을 하는 것이다.

하지만 현대사회에 들어와서 핵가족과 1인 가구가 많이 늘어나는 추세여서 제사를 모시는 것을 부담스러워하는 사람들이 있다. 사람들의 생각이 변모하다 보니 어르신들도 자식들에게 제사를 물려주는 것을 미안하게 생각하는 사람들이 많아서 영구 위패가 생겨난 것이다. 매년 조상들께 올리는 제사를 가정에서 지내지 않고 사찰에 영구적으로 위패를 모셔서 스님들이 대신 제사를 다른 영가들과 합동으로 지내 드리는 것이다. 영구 위패를 모시는 사찰마다 제사를 지내 드리는 날이 조금씩 다른데, 보통은 매달 초하루, 백중날, 추석, 설날에 합동 제사를 지내 드린다.

원불교 교당에서는 이에 대해 육일대재, 명절대재, 추석, 설날 그렇게 합동 제사를 올리고 있다. 논자가 강력하게 추천하고 싶은 것은 유공인 보은기념제이다. 각 교당의 창립주와 교당유공자 등 주인 역할을 한 열반 교도들과 인연이 닿는 고인들의 은혜에 보답하는 뜻으로, 매월 15일에 창립유공인과 특별유공인을 교당 영모실에 역사와 영정을 봉안하고 유공인 보은기념제를 올리는 새로운 상·장례문화를 제안한다.

---

249 사당은 조상들의 신주[고인의 위패]를 모시고 제사 지내는 집이다.

2) 전통장례의 원불교적 수용

전통의례인 일반 상장례의 절차를 『원불교 예전』과 비교하여 그 절차가 어떻게 수용되고 있는지를 살펴보면, 전통유교와 일반의 풍습을 수용하면서 의례간소화와 열반인의 완전한 해탈 천도를 목적으로 하고 있음을 알 수 있다. 일반 상·장례의 절차에서, 1일 차는 초종부터 시작하며 '돌아가시다'라는 의미로 죽음을 맞이하는 절차이며, 숨이 완전히 끊어지면 곡(哭)을 한다. 이어서 고인의 몸을 정갈하게 하고 새 옷으로 갈아입히는 습을 하는데, 습 후에 사잣밥을 차려 놓는다. 원불교에서는 "열반 후 1시간이 경과하면, 열반식을 거행하고 호상소를 둔다."[250]라고 되어 있는데, 호상은 장례식장에서 대행하며, 입실이 되면 바로 위패와 영정사진을 봉안하고 제단화[꽃장식]를 설치한다.

시신을 장례식장으로 옮기게 되면, 염습(殮襲)의 절차가 진행된다. 시신을 알코올 등으로 목욕시키고 수의를 입히는 시신을 정화하는 절차이다. 염습은 소렴과 대렴으로 나누는데, 소렴은 시신을 염포로 싸서 간단하게 묶고 관의 빈 곳을 채울 화장지나 옷 등을 준비하고, 오복제도에 의한 수의도 준비한다. 원불교에서는 시체를 묶는 구습은 폐지하고, 수의는 고인의 정결한 옷이나 외출 시의 복식으로 준비해도 되는데, 현재는 삼베 수의나 명정 수의를 그대로 쓰기도

250 『원불교 예전』 위의 경전, p.615. "원불교 상장은 열반식→호상소 설치→소렴·대렴→입관식→발인식→입장식→위패 봉안→천도식 등의 순서를 거친다."(윤승용, 「한국신종교의 생사관과 상장례」, 『신종교연구』 제23집, 한국신종교학회, 2010, p.22.)

하고 간혹 원불교 교복을 원하는 교도 고인도 있다.

2일 차는 대렴을 하는데, 이는 소렴에서 염포로 싸서 종이매로 묶은 시신을 수의를 입혀 관에 넣는 절차이다. 원불교에서는 대렴[염습]을 마치면 입관독경을 하고 아래의 열반표기〈그림6〉[251] 및 위패를 준비하도록 하는데, 〈그림7〉의 열반표기는 거의 생략하고 축원문에 기재하며, 위패는 영위보다는 영가로 표기하며 영정과 함께 모신다. 위패와 영정은 열반 직후 바로 준비한다.

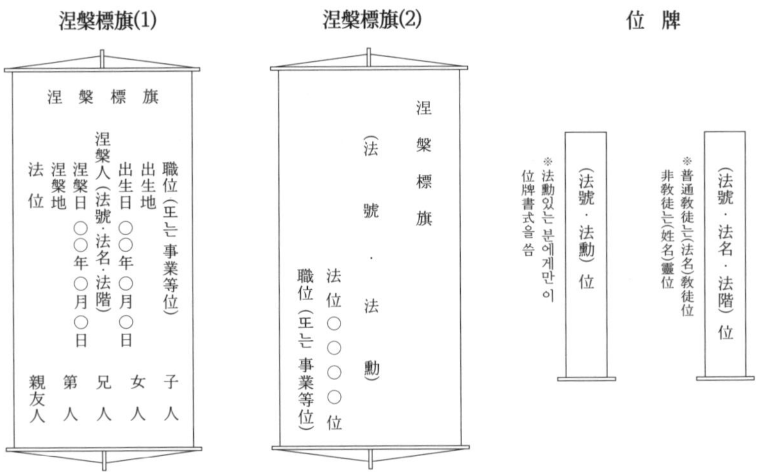

〈그림6〉 원불교 열반 표기 및 위패

입관독경 식순에 일반교도는 착복 및 고유문을 올리고 복표를 착용한다. 성복은 오복제도에 맞추어 상주들이 상복을 입는 절차인데, 친분 관계에 따라 3년, 1년, 9개월, 5개월, 3개월의 상복 기간이

251 위의 경전, 부록 예문편, p.718.

있으며 현대는 변화되고 있는 추세이다. 원불교에서는 보통 49일까지 복을 입고, 검은색 또는 흰색의 옷을 입으며, 팔에 완장을 착용하지 않으며 남녀노소와 친인척을 가리지 않고 복표를 왼쪽 가슴에 부착한다. 원불교는 간소한 상·장례를 선호하는 차원에서 고급 수의와 상법을 지향하는 혁신 예법[252]이 등장하였다.

〈그림7〉 일원상기 및 열반표기

다음으로 '조(弔)'란 상주를 위로하고 고인의 명복과 안녕을 비는 행위를 말한다. 또 영전에 드리는 전(奠)과 부의(賻儀) 그리고 문상의 방법이며, 조문이라고도 한다. 원불교에서는 영전에 음식을 차리지 않으며 향을 사르고 재배를 올린다. 열반독경은 하루 세끼의 의미로 3회씩 한다. '문상'은 조문과 같은 뜻으로 이해되어서는 안

252 "무의식한 시체에게는 화려한 수의와 일체 상구(喪具)를 분외로 장식하며 각종 제물과 상인(喪人)의 상복 제구(諸具)며 촌인(村人)의 분신달야(焚薪達夜) 등 모든 주선에 과한 금전을 소비하여 자손은 차 예식을 행하자면 부득이 부채를 생하지 않을 수 없게 되었으니 이것이 비록 부모를 위하는 정성이라 하겠지마는, 부모를 위하는 참 사실에 있어서는 별 필요를 드리지 못하고 한갓 물질 낭비로써 사회 발전상 장애가 없지 아니하였던바, 대종사께서 이를 개혁하사 모든 구속과 허례를 일체 타파하시고 빈부귀천은 물론 하고 실행할 만한 정도에서 선영·자손·사회·국가가 다 왕성할 만한 예법을 선택하사 새로이 본회 상장례를 발표하시니…"정산종사, 『불법연구회창건사』 제1편 1회 12년, 제21장 「본회 의례(儀禮)의 발표」(박정훈 편저, 『한울안 한이치에』, 원불교출판사, 1982, pp.241-246)

되며, 상주가 외국이나 타지 등 멀리에서 부고를 들었을 때 바로 오지 못하므로 멀리에서 상복을 입고 상주의 예를 올리는 절차이다. 원불교에서는 특별한 절차 없이 전통을 따라서 조문한다. 치장은 장사할 시간과 장소를 결정하고 필요한 도구를 준비하는 절차이다. 원불교에서는 호상소가 있다. 천구는 장사 하루 전에 발인에 필요한 명정 등 도구를 진열하고, 영구를 옮겨서 조상에게 인사를 올리는 절차인데, 원불교에서는 이 천구의 절차는 생략하고 있다.

3일 차는 발인으로 시작하며, 영구를 영구차에 모시고 장지로 운반하는 절차이다. 일반적인 행상의 순서는 방상씨-명정-영여-만장-공포-운불삽-상여-상주-복인-존장-무복친-조객(方相氏-銘旌-靈輿-輓章-功布-雲黻翣-喪轝-喪主-服人-尊長-無服親-弔客)의 순서이다. 원불교 최초의 발인으로는, 원기28년(1943) 6월 6일, 이리병원에서 열반한 후 조실에 안치된 소태산 대종사의 영구를 대각전에 모셔 왔으며, 대각전 앞에는 〈그림7〉처럼 일원기와 '불법연구회 창조 소태산 일원대종사' 열반표기가 높게 솟아올라 범산 이공전은 이의 선두에서 봉대했다.[253] 그리고 대각전에 마련된 발인식장은 생화와 조화로 장엄했다.

발인식은 친척과 빈객이 길가에 장막을 치고 전(奠)을 올리는데, 이를 노제라고 한다. 원불교에서는 노제는 생략하고, 발인식은 열반 후 3일째에 시행하고 있으며 간결하게 진행한다. 출가 교도는

---

253 원기28년(1943)에 접어들어 정산 스승님을 부장으로 모시고 나는 총무부에 계속 근무중 망극한 6월 1일을 당하였고, 장의행렬에 나는 '불법연구회 創祖 少太山 一圓大宗師'라 쓰인 열반표기를 행렬 선두에서 봉대하였다.(이공전, 『凡凡錄』, 원불교출판사, 1987, p.24.)

착복 및 고유문을 발인식 식순에 올린다. 상이한 것은 2000년(원기 85) 7월에 발행된 『예전집례집』의 내용과 2012년(원기97) 4월에 발행된 『예전집례집』의 내용이 달라서 2012년의 착복 및 고유문의 내용을 출가 교도로 한정하여 적용했다.

급묘는 영구가 장지에 도착하여 장사를 지내는 일이다. 평토 후에 제주전(祭主奠)을 진행하고 마치면, 축관이 신주를[254] 받들어 영좌에 모시고 이어서 혼백을 신주 뒤에 모신다. 맏상주가 고인을 향하여 재배하고 곡을 한 후에 집사가 영좌를 거두어 떠나는데, 자녀 중에서 한 사람이 남아 봉분이 완성될 때까지 지켜본다. 원불교에서는 화장장에서 점화 후에는 열반독경을 하고, 납골당 또는 평토 후에는 입장식을 거행한다.

반곡은 신주와 영정을 장지에서 집으로 모시고 오는 절차이다. 집에 돌아와 영실을 설치하여 모신다. 원불교 교당에서는 영정과 위패를 모시고 영위 안치식을[255] 한다. 3일 이후에는 우제를 모시며, 우(虞)는 편안하다는 뜻이 있다. 우제는 부모의 장사를 지내고 허전하여 매일 영혼을 맞이하여 위안을 드리는 제사로 초우·재우·삼우제로 세 번 지냈지만, 지금은 삼우제만 모시는 경우가 대부분이다. 원불교에서는 우제는 생략하고 열반 7일째에 재를 준비한다. 졸곡은 곡을 그치는 의례인데, 삼우제를 지낸 후 강일[256]을 택하여 지내

---

254 신주는 죽은 사람의 위(位)를 영정과 함께 모시는 패인데 영정을 대신할 때도 있다. 종이로 만들 때는 지방이라고도 하며, 주(周)나라 때의 예를 따랐다.

255 영위안치식이란 원불교 교당에서 전통의 영실을 대신하여 고인을 안치하는 의식으로 전통유교식의 초우에 해당한다.

256 우주의 이치를 양과 음으로 나누고, 날짜도 양과 음이 있다고 판단하여 강일과 유일을 두었다. 그 어원은 양강음유(陽剛陰柔), 또는 건곤강유(乾坤剛柔)에서 비롯된 것이며, 십

지만, 이 역시 원불교에서는 곡을 하는 순서가 없으므로 생략되어 있다. 부제는 조상의 곁에 고인의 신주를 합사하는 절차이다. 신주가 없는 집안에서는 부제, 담제, 길제의 절차를 생략한다. 원불교에서는 위패[신주]를 반영구적으로 모시고 있으므로 부제는 생략된다.

1년 후에는 소상이 있는데, 기년을 맞아 고인을 추모하며 올리는 제사로 임종 후 13개월이 되는 날이다. 원불교에서는 12개월 후 1년 전 사망일에 열반기념제를 모신다. 대상은 죽은 후 2년이 지난 후에 지내는 제사이다. 초상으로부터 대상까지 윤달을 계산하지 않으면서 25개월이 되는 때인데, 원불교의 경우에 이러한 의식은 생략되어 있다. 담제는 평상의 상태로 돌아가기를 기원하는 제사로 27개월째에 모시고, 길제는 가문의 대를 바꾸고 계승할 집안의 종손이 바뀜을 고하는 제사로 고인의 사후 27개월에 지내는 상례의 마지막 의례이며 한 가문의 새로운 출발을 의미하는 제사이다. 이 역시 원불교에서는 혁신 의례 정신에 따라 생략되었다.

원불교에서는 열반인의 기념 제사를 불교처럼 초칠재에서 49종재[칠칠재]까지로 한다. 열반일로부터 7일째가 되면 교당에서 초재를 거행하고, 7일마다 재[초재에서 육재]를 거행한다. 열반 후 49일이 되면 종재를 거행한다. 재주 각자의 발원에 의하여 열반 후 100일에 백일재를 거행할 수 있고, 1년 후 열반일이 되면 1주기 열반기념제를 모신다.[257] 원불교 중앙총부에서는 열반기념제 3주기 후에

간(十干) 중 갑(甲)·병(丙)·무(戊)·경(庚)·임(壬)은 강일이고, 을(乙)·정(丁)·기(己)·신(辛)·계(癸)는 유일이다.

257 『원불교 예전』, 위의 경전, pp.622-624 참조.

는 육일대재와 명절대재로 통합한다.

이처럼 원불교에서는 문상, 천구, 우제, 졸곡, 부제, 소상, 대상, 담제, 길제 등 9가지를 생략하고 다른 의례의 진행 없이 1년 후부터 열반기념제를 모신다. 그리고 전통의례 19개의 절차 중에서 명칭은 다르지만 10개 정도를 수용한 것을 알 수 있다. 그 수용의 순서를 다음과 같이 정리해 보았다. 1일 차의 경우 ①열반독경[임종] ②위패, 영정, 정결한 옷 준비 ③장사할 시간과 장사 장소 지정 ④소렴[수의, 교복 준비]이다. 2일 차의 경우 ⑤대렴[입관] ⑥입관식[착복 및 고유문, 복표 착용] ⑦조문으로 이어지고, 3일 차의 경우 ⑧발인 ⑨입장식[화장장 독경 이어서 평토제식] ⑩영위 안치식[초우제에 해당]이다.

이우제와 삼우제는 생략하고 초재부터 종재식까지 교당에서 진행한다. 종재에 대한 불경(佛經)의 언급은 다음과 같다. "이 중유는 출생의 조건을 얻지 못하면 7일이 다하도록 지속되며, 출생의 조건을 얻더라도 내생의 모습이 결정되지 않는다. 7일이 지나고도 출생의 조건을 얻지 못하면 죽어서 다시 태어나 7일이 다하도록 지속한다. 이처럼 전진하여 출생의 조건을 얻지 못한 상태로 칠칠일[49일]을 존속한다. 여기서부터 이후에는 반드시 출생의 조건을 얻게 된다."**258**라고 했다. 원불교의 49재 연원이 이러한 불교의 중유라고 본다.

원불교에서는 장례 3일장과 그 이후 49재에 이르기까지 영전

---

258 『瑜伽師地論』, (『大正藏』 30, 282a-b).

에 제상[음식]을 차리지 않고 영정과 위패를 모시며 꽃·향·초를 올리고, 보통 영전에 재배를 올리지만, 자녀 상을 당하면 전통유교에서는 부모가 장례식에 참석하지 않지만, 원불교에서는 부모가 진리전에 4배를 올린다. 조문할 때 분향 후 상주들과의 인사는 전통 유교식이나 남녀 구분 없이 합장하며 엎드리는 대례로 하였으나, 근래 중앙총부에서는 지병으로 몸이 불편한 사람과 나이가 연로해지는 사람이 많아지는 관계로 '선 채로 하는 대례'로 대신하는 새로운 문화가 만들어지고 있다.

3) 전통 장례용품을 수용한 원불교의 장례용품

유교와 불교의 장례문화는 '종교의 장례문화'에서 살펴보았다. 그 전통장례용품을 수용한 원불교 장례용품에 대하여 알아보자. 교도가 열반하면 장례식장에 설치되는 원불교 휘장과 불전 도구는 어떻게 설치하는가? 본래 휘장이란 '아래로 펼쳐진 것'으로 보통 커튼을 지칭하며[259] 이는 〈그림7〉에 잘 나타나 있다. 영정을 중심으로 정면에 일원상이 그려진 휘장이 있으며, 휘장에 법문을 새기어 화려하지 않지만, 영가를 위한 장엄이 이루어져 있다. 특별히 열반지 병원[원병원 등] 장례식장에서 3단 꽃 대신에 별도의 휘장을 추가할 수도 있다.

---

259 최대경, 「휘장을 통해서 본 히브리서」, 총신대 석사논문, 2013, p.4.

〈그림8〉 원불교 휘장, 불전 도구

휘장 문구는 성가 44장(위령가) 2절이며 '원력을 굳게 세운 후 착 없이 길을 떠나오'는 오른쪽에 쓰고, '한 생각 청정 하올 때 연대의 문이 열리리!'라는 왼쪽에 쓴다. 분향대를 중심으로 가운데에 향로를 놓고 왼쪽에 경종, 오른쪽에 목탁과 죽비를 놓는다.

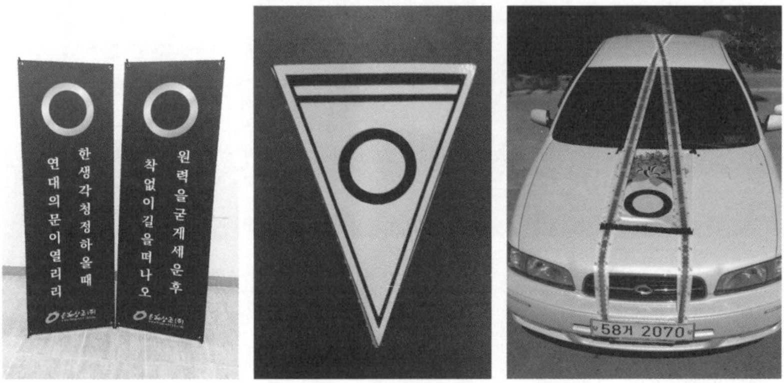

〈그림9〉 원불교 배너, 복표, 선도차 리본

원불교 휘장 설치가 어려우면 위 〈그림9〉의 배너로 대신하고, 완장 대신에 남녀공용으로 복표를 왼쪽 가슴에 착용한다. 1935년부터 총·지부를 막론하고 법당에 심불을 봉안하기 시작하였다. 같은 해 8월에 발간된 『예전』을 보면 모든 관혼상제의 식장에는 심불을 봉안하도록 하였고, 특히 상장례의 상장에는 삼각형 베에다 흑색 일원상을 그린 복표[완장 대체]를 복제 동안 왼쪽 가슴에 달도록 규정하고 있다.[260] 원불교 선도차 리본은 흰색 자가용 차량이나 검정색 차량에 부착한다.

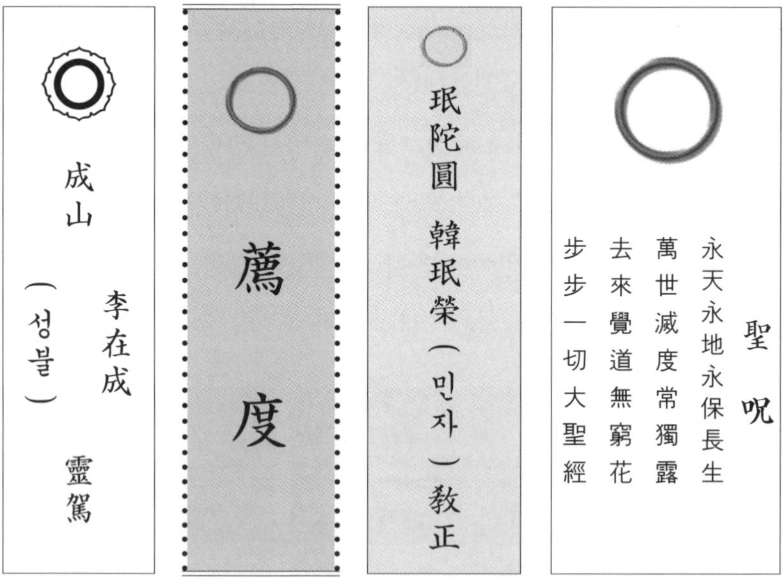

〈그림10〉 원불교 위패, 내관보(염보), 명정, 관보

260 박용덕, 『천하농판』, 도서출판 동남풍, 1999, p.29.

〈그림10〉의 '위패의 일원상'이나, '염보'에 '일원상과 천도(薦度)'를 새기어 사용하는 것이나, '명정'에 '일원상'을 새기어 사용하는 것이나, '관보'에 '일원상과 성주'를 새기어 사용하는 것 등은 아직 대량생산의 어려움이 있다. 어려움은 있지만 원불교 위패, 내관보[염보], 명정, 관보 등은 원광대병원 천도장례식장에서 개발하여 사용하면서, 이 장례용품은 원불교 전체 장례식장에 보급하고 있다.

장례용품 중에서 전통유교의 관습으로 되어있는 일반적인 위패는 '남자의 경우 현(조)고학생부군신위〈顯(祖)考學生府君神位〉, 여자의 경우 현비유인경주최씨신위〈顯妣孺人慶州崔氏神位〉'라 쓰고 있으며 명정은 '남자의 경우 학생경주최공지구(學生慶州崔公之柩), 여자의 경우 유인경주최씨지구(孺人慶州崔氏之柩)의 문구'[261]를 쓰고 있다. 기타 종교에서도 위패에 법명이나 세례명 또는 이름을 쓰는 경우가 대다수이다.

위패는 죽은 사람의 혼을 대신하는 것으로 목주·영위·위판·신주라고 부르기도 한다. 위패는 종이로 만드는 신주인 지방과 달리 나무로 만드는데 중국 주나라 이래의 예를 따라 주로 단단한 밤나무로 만든다. 밤나무의 경우 깊은 산 속의 닭 소리나 개소리가 들리지 않는 곳의 밤나무에 옹이가 없고 결이 좋은 것으로 만든다고 한다. 원기40년(1955) 7월에 혈인기념일 행사를 시작으로 하여, 원기41년(1956)부터 거교적 행사로 시행하여, 후일 사대 경축의 하나인 법인절로 지정하였고, 그 해[1956년] 8월에는 영모전 묘위법을 일

261 이 문구는 일반적인 유교식 문구로 널리 쓰이며, 새 위패를 구입할 때 인쇄물로 포함되어 있다.

부 개정하여, 〈그림11〉처럼 종사위 위패를 대종사위 정면 중단에 설위하고, 그 왼편에 대봉도위, 그 오른편에 대호법위를 설위하기로 하면서[262] 시작되었다.

〈그림11〉 원불교 영모전 묘위

교당에서 합동 열반기념제를 모실 때 보면 위패 순서에 혼선이 있다. 조상의 순서가 좌우의 구분이 안 되고, 부부합동 열반기념제도 좌우의 구분이 안 되고 있다. 위 〈그림11〉으로 다시 정리해 보면 예전 예문편 영모전 묘위[263]를 진열해 놓은 사진인데, 종사위를 중심으로 왼편에 대봉도위·오른편에 대호법위가 있고 왼편에 전무출신위·오른편에 거진출진위가 있다. 그렇다면 교당에서 위패를 모시고 합동 열반기념제를 올릴 때는 왼편[시계방향]부터 위 조상과 남좌여우(男左女右)[264]의 순서가 맞다. 또 영정과 위패를 같이 모실

262 『원불교 교사』, 제3편 성업의 결실, 제1장 성업봉찬사업, 4. 새 예전의 편성과 보본행사.
263 『원불교 예전』, 위의 경전, p.719.
264 음양설(陰陽說)에서 왼쪽은 양이고 오른쪽은 음이라 하여, 남자는 왼쪽 여자는 오른쪽을 중(重)하게 여긴다는 말.

때는 영정을 위에 모시고 그 왼편이나 아래에 위패를 모시면 된다. 단 합동 영정이 준비되어 있지 않으면 위패만 모시면 된다. 위패는 주신(主身)과 받침대의 두 부분으로 되어있고 주신은 높이 약 25㎝, 너비 6㎝, 두께 2.5㎝ 정도의 크기이다.

내관보[염보]는 관 안에 미리 넣어 깔아 두었다가 수의를 입힌 시신을 넣고 감싸주는 보를 일컫는다. 명정은 열반표기를 대신하는 것으로, 장례식에 쓰이는 붉은 천에 흰 글씨로 고인의 관직이나 성명 등을 적은 조기이다. 열반표기를 장대에 달고 상여 앞에 들고 가서 관 위에 펴고 묻는다고 되어있지만, 매장이 아니고 화장을 할 때는 관 위에 펴서 놓고 관보로 덮고 진행한다.

관보는 밖에서 관을 싸고 덮는 것으로 불교에서는 '천수경'을 새기기도 하는데 원불교 천도장례식장에서는 '성주'를 새기어 사용하고 있다. 현장에서 고인의 존칭이 혼선되어 사용되는 경우가 있다. 즉 일반교당에서 보면 위패에 영가와 영위와 존영이 섞이어 사용되고 있음을 볼 수 있다. 제례의 집례에서 영가와 존영이 함께 사용되고 있는데 그 차이점은 존영이 영가의 높임말 같은 느낌이 있지만, 두 가지가 같은 의미이므로 예전집례집에서는 영가로 통일[265]하여 사용하고 있다.

그런데 육일대재와 명절대재 시에 사용하는 위패를 대종사위, 종사위라고 부르고 있다. 이를 위패라고 부르기 때문에 위패에는 영가보다는 영위패의 준말로 '영위'라고 하고, 기도문이나 열반천도

265 「출가교화단보」 92호, 원불교 교정원 교화부, 1999년(원기84) 11월.

문의 호칭은 영가나 존영으로 하면 된다. 종재식 부모 전 고사나 열반기념제의 부모 전 기념문에는 "부모님 존영 전에 고백하옵나이다."266로 되어있으므로, 열반식에서 칠재[종재]까지는 영가라 호칭하고, 열반기념제부터는 존영이라고 부르면 된다.

2. 원불교의 장의 업무 특징

원불교 장의 업무는 타 장의 업무와 비교해 보면 그 특징이 분명하다. 전통장례의식을 혁신하고 수용하여 교단적으로 장의 관련 「교례」와 「가례」을 제정하여 시행하고 있으며, 중앙총부에서는 「원불교 장의업무 편람」으로 장의위원회를 구성하여 세세한 업무 분장과 일사불란한 의례의 모습을 보여주고 있다. 특히, '교당 현장 교화에서의 상·장례의식'을 보급하여 비용 절감 및 간소화와 편리성, 수월성의 특징으로 장의 업무의 시대화·생활화·대중화에 앞장서고 있다.

266 『원불교 예전』 위의 경전, 원불교 출판사, 2012, p.141.

1) 원불교 장의 관련 교례

원불교 장의를 공식적으로 알린 기록은 분명한 공문형식으로 남아 있지 않고 법문에 남아 있다. 이를테면 김기천(金機千 1890~1935) 교무가 부산 당리교당에서 1935년(원기20)에 열반했다는 소식을 들은 소태산은 다음과 같이 말한다.

> 기천으로 말하면 나의 처음 만난 후 18년간 조그마한 사심과 퇴보도 없이 오직 향기 높은 전무출신을 한 큰 일꾼이다. 우리 회상 창립에 그의 공이 매우 크니, 교회전체장으로 장례를 성대하고 엄숙하게 거행하라! 우리들 두고 먼저 가는 기천이도 물론 섭섭하겠지만, 우리도 또한 새 회상 창립의 과업이 아직도 많이 남아 있는데, 이제 내가 한쪽 팔을 잃었구나! 이 얼마나 슬픈 일이 아니겠느냐? 목을 놓아 통곡하고 싶구나.[267]

스승의 제자 사랑이 곁들여 있는 법문인데, 이 법문이 원불교 장의를 공식적으로 알린 내용이라고 볼 수 있다. 초기교단의 의례에 대한 언급이 소박한 형태로 남아 있는 것은 소태산이 1926년(원기11)에 허례를 폐지하고 예의 근본정신을 드러내고자 발표한 '신정의례'이다. 신정의례를 제정한 후, 1935년(원기20)에 원불교 각종 의례를 규범화하는 『예전』을 편찬 발행했다. 그 후 수정 보완하여

267 불법연구회, 『예전』, 원불교출판사, 1935, 「서문」 참조.

1968년(원기53)에 다시 발행했다. 그 내용은 사회생활 속에서 인간과의 관계를 원만히 유지하고 발전시키는 데 필요한 문제를 예의 규범으로 정한 「통례편」, 가정생활에 있어서 출생과 성년·결혼·회갑·상장·제사에 이르기까지 일생의 예법을 규정한 「가례편」, 교단에서 각종 의식을 행하는 규범을 정한 「교례편」으로 구성되어 있다.

원불교의 모든 예법이나 의례 행사는 이 『예전』에 근거하여 행하게 된다.[268] 『예전』의 출판일이 1935년 8월 30일이며, 삼산 김기천의 열반일이 1935년 8월 9일이므로 소태산은 이때[예전 초안]부터 새 『예전』에 의하여 불법연구회 장의를 시행했을 것으로 판단하며 김기천의 열반을 당하여 교회전체장의 시행을 하명한 것으로 본다.

원불교 장례의례는 '원불교 장의 관련 예문'[269]으로 진행하고 있다. 먼저 '원불교장'에 대하여 살펴보도록 한다. 원불교장[270]이라 함은, 교단이 주상(主喪)이 되어 상장에 대한 의식과 발생하는 비용을 담당하고 거행하는 것을 뜻한다. 이는 일생을 오직 본교에 공헌한 전무출신과 기간 전무출신이라도 집무 도중 임종한 이에 대한 사후의 대우 방법이다. 기간 전무출신으로서 그 기한을 이미 마친 자와 거진출진 유공인의 상장에 대하여도 장례의식만은 교단에서 주관을 하여 행례한다. 이 안에 등별은 있으나 통칭하여 원불교장이라고 하고 원불교전체장, 원불교교단장, 교당연합장, 교당장 등으로

---

268 김일성, 『원불교설교예화사전』 情편, 원광사, 2019, p.912.
269 『원불교 예전』 제2가례편 제6장 상장, 제3교례편 제11장 교회장 참조.
270 위의 경전, 제11장 교회장에 대하여, p.649 참조.

구별한다.

원불교 장례의례를 담당하는 원불교장의위원회의 역할은, 원불교장에 해당되는 유공인이 열반했을 때는 중앙총부 등 해당 소속 교당과 기관에서는 지체 없이 교규(원불교 교헌)의 정한 바에 따라, 장의의 등별을 결정하고 그에 해당하는 장의위원회를 구성하여 열반, 발인, 종재의 일체 행사를 진행하게 된다.[271] 장의위원회는 공사간 관계있는 모든 곳에 부고를 발송하며, 일체 상·장례에 관한 내·외무, 응접·의례·상구·장역·회계·기록 등의 전체 일을 나누고, 장의에 대한 행례의절을 신속히 관계가 있는 소속 교당과 기관에 알린다.

열반·발인·입장·영위봉안·재 등의 절차와 예문은 「가례편」에 정한 바를 준용한다. 그리고 모든 행사는 모두 공가의 상주가 우선이 되어 사가의 상주에 앞서며, 축원문·고사 등도 교중 명의를 우선으로 하고 사가의 명의는 참고로 한다. 원불교교단장·연합장·교당장의 발인식 조가는 성가 44장이며, 종재는 위령가 성가 52장으로 통용하고, 원불교전체장은 정곡에 맞추어 새로 작사하여 사용한다. 상장에서는 천도가 중심이며, 정곡 형식은 종으로 인식된다.[272] 장의위원회는 종재[49일] 때에, 장의 행사에 대한 경과와 상장 시의 출납 내역 등을 보고하고 해산한다.

원불교 장의 의절에 있어서 원불교전체장은 원성적 정특등 중 특별유공인에 대한 장례의례이므로 중앙총부를 중심으로 주례 교

---

271 위의 경전, p.650 참조.
272 『정산종사법어』, 생사편 12장 참조.

당이 된다. 이어서 중앙총부·교구·교당·기관의 모든 간부와 교도 대표가 분상하며, 일반교도는 장례 당일 그 지역 기관이나 교당에 모여 추도 및 착복식을 거행하고 초재부터 동참하여 49일에는 종재식을 거행한다.[273] 전체장인만큼 원성적 정특등과 특별유공인을 중심으로 진행한다.

원불교교단장은 원성적 정특등 유공인에 대한 장례이며, 특별유공인과 구별이 된다. 여기에서 착복식 거행은 이미 1935년 판 『예전』에 상장례의 발인식과 착복식, 유공인 상 제례의 추도와 착복식, 4기념례 등에서 성주를 확인할 수 있다.[274] 그리고 중앙총부와 소속 교구가 주례 교당이 되고 중앙총부, 소속 교구, 교당·기관 대표가 분상하며 소속 교구 내 인연이 있는 교당·기관에서는 적당한 날을 정하여 추도 및 착복식을 거행하고 49일에는 주례 교당에서 종재식을 거행한다.

다음으로 원불교교당연합장은 원성적 1·2등 유공인에 대한 장례 의례이다. 중앙총부나 연관이 있는 교당·기관이 주례 교당이 되고, 소속 교구, 유연 교당·기관 대표가 분상하며 유연 교당·기관에서는 적당한 날을 택하여 추도 및 착복식을 거행하며, 49일이 되면 주례 교당에서 종재식을 행한다.

원불교교당장은 원성적 3·4·5등 유공인과 기간 전무출신 재임중 열반한 보통 출가 교도에 대한 장의 행사이다. 열반자의 소속 교

273 『원불교 예전』, 위의 경전, p.651 참조.

274 『예전』, 제2편 상장례, 불법연구회, 1935(고병철, 「원불교의 조상의례와 천도」, 『종교연구』 제69집, 한국종교학회, 2012, pp.65-66).

당이 주례 교당이 되고, 소속 교당에서 추도식 및 착복에 이어 종재식까지 거행한다. 원불교장의 의례를 거행할 때는 장례 당일 소속 교당과 기관에 일제히 반게(半揭)로 교기를 게양한다.

원불교장의 행사 주관은 전체적으로 우선순위는 있지만, 공가와 사가를 구분하지는 않는다. 원불교전체장도 상황에 따라 교구·교당·기관과 개인적으로 사가[그동안 전무출신은 불문율로 중앙총부에서 장례를 진행해 오다가, 원기100년 3월 6일부터는 전무출신도 일반장례식장이나 원광대병원 천도장례식장에서 장례를 진행할 수 있도록 배려함][275]에서 진행할 수도 있다. 교단장·연합장·교당장도 또한 사가에서 진행할 수도 있으나, 이때 반드시 필요한 것은 해당 장의위원회의 의결을 거쳐 교단의 명의로 소속된 해당 주례 교당의 주관으로 행사한다.[276]는 것을 명시하고 있다.

이러한 판단에는 기존의 종합병원의 병원장례식장[영안실]을 시발점으로 많은 시사점을 얻게 되었다. 인간의 주거 공간도 단독주택보다 아파트를 선호하여 장례를 치르는 공간적 제한 등으로 인하여 가정에서의 장례가 전문화된 장소로 변화되는 계기가 되었다.[277] 교단도 이 변화에 적극적으로 호응하고 있는 모습은 바람직한 현상이라 본다. 앞으로 이와 관련하여 원불교 장의 관련 교례가 체계화 과정을 거치면서 보편화하는 일이 과제로 남아 있다.

---

275 원기100. 3. 6 '재무위원장 김순익 교무' 재직 시에 '전경륜 정사 열반장의위원회'부터 시작되었다.

276 원불교교정원 총무부, 「원불교 장의업무 편람」, 원기105년 1월, p.3.

277 최정호, 「장례식장의 서비스품질 인식에 관한 비교연구」, 동국대학교 석사논문, 2018, p.8.

2) 원불교 장의위원회 조직과 의식 진행

(1) 장의위원회 조직

장의위원회 조직과 편성은 교정원 총무부에서 주관하며 고문, 장의위원장, 장의부위원장, 장의위원, 장의위원회 분과로 구성한다. 이를 순서대로 알아보도록 한다. 먼저 고문은 원불교전체장일 때만 원로회의 의원들로 구성하며, 장의위원장은 원불교전체장·교단장·교당연합장일 때는 교정원장이 위원장이 되고, 교당장일 때는 교화부원장이 위원장이 된다. 장의부위원장은 원불교전체장일 때는 수위단회 중앙단원, 감찰원장, 중앙교의회의장이 되고, 원불교교단장과 재가교단장은 교구장이 장의부위원장이 된다. 장의위원은 원불교전체장은 수위단원·중앙총부 간부·각 교구장·중앙단체장·중앙총부 산하기관장·교구 산하기관장·교구교의회의장·지구장이 되고, 원불교교단장은 수위단원·중앙총부 간부·각 교구장·중앙단체장·중앙총부 산하기관장·교구교의회의장·유연 교당과 기관 교무 등이 되며, 원불교 교단장[재가]은 교단장장의위원·해당주례 교구지구장·담임 교무 등이 된다.

다음으로 장의위원회 분과로서 5개의 분과가 있다. 총무위원회 위원장은 총무부장, 관련 부서는 총무부, 수위단회사무처, 부속실, 기획실 등이다. 그리고 의식위원회 위원장은 교화훈련부장, 관련 부서는 교화훈련부, 교화연구소, 국제부, 중앙상주선원 등이다. 또 재무위원회 위원장은 재정산업부장, 관련 부서는 재정산업부 등이다. 다음으로 운상위원회 위원장은 교육부장, 관련 부서는 교육부, 공익복지부, 감찰원사무처, 육영교육기관 등이다. 이어서 공보위원회 위원장은 문화사회부장, 관련 부서는 문화사회부, 정보전산실, 월간원광사, 원불교신문사, 원음방송 등이다.[278] 장의위원회 분과의 역할은 각각 세밀하게 짜여 있는 것이다.

여기에 아쉬움이 있다면 장의위원회 분과에서 앞으로 '장의 의례 진행[염습] 전문위원회'가 필요하다는 점이다. 시신을 처리할 때는 장례 전문종사자에 대한 의존도가 높기 때문에[279] 그러므로 직업인으로 자질을 갖춘 전문성이 있는 전문종사자에 의하여 염습이 진행되어야 한다. 장의위원회의 분과가 설치됨으로 인하여 장의 절차를 빈틈없이 할 수 있다. 열반을 당하면 이러한 조직이 구성되지 못할 경우 혼선을 빚을 우려가 있다. 우왕좌왕하여 장의 절차가 실수를 유발할 수 있다는 점에서 원불교의 장의위원회는 열반인을 위한 철저한 조직을 갖추고 있는 셈이다.

(2) 장의위원회 담당 업무 분장

장의위원회 담당 업무는 다음 다섯 가지로 분장 되어있다. 이를테면 총무위원회, 의식위원회, 재무위원회, 운상위원회, 공보위원회가 그것이다. 이를 차례대로 소개해 보도록 한다. 총무위원회의 역할은 안내, 응접, 연락, 공고, 근무 편성, 장의위원회 구성 및 소집, 약력 작성, 팸플릿 인쇄, 방명록 등이다. 그리고 의식위원회는 호상

278 「원불교 장의업무 편람」, 위의 자료, p.4 참조.
279 이한나, 「장례식장 전문화를 위한 인적자원 연구 -서울시 소재 병원 장례식장 중심으로-」, 동국대학교 석사논문, 2003, p.58 참조.

소 및 식장 장엄 의식 진행, 사진, 고사, 독경반, 법문, 마이크, 꽃꽂이, 유음테이프와 영상물 등을 담당한다. 재무위원회의 경우 각종 시설, 난방 냉방, 숙식, 호상소 관리, 부의금 관리, 유족 숙소와 식사, 내빈 숙소 등을 담당한다. 운상위원회의 역할은 운구 일체[입관, 화장], 교통안내, 장지, 영구차, 장의용품 등이다. 공보위원회는 촬영, 홍보, 기록, 보도자료, 기록물 보관 등을 담당한다.[280] 역시 의식위원회의 담당 업무 중에 장의 염습 진행이 없다는 것이 눈에 띈다. 또한 장례의식 1건이 발생하더라도 전 총부가 움직여야 하는 단점이 발견된다.

그러나 원불교 장의위원회의 업무가 분산될 경우 서로 중복되어 일의 효율성을 떨어뜨릴 수 있다는 점에서 분장이 반드시 필요한 일이다. 그만큼 장의위원회의 역할이 많기 때문에 분장으로서 일의 수월성이 보장되는 특징이 있다.

(3) 장의 업무 순서

전통식의 장례 절차는 고인의 처리를 중심으로 살펴볼 때 보통 망자가 발생하면 다음과 같이 절차를 밟아야 한다. 장례 첫째 날 수시(收屍)하여 안치하고 빈소를 정하면서 장례가 시작되고, 둘째 날 염습을 하고 이어서 입관식을 하며, 셋째 날 발인하여 장례식장을 출발하여, 매장[화장]까지 마치고 돌아와서 영실에 영정이나 위패를 모시면서 마친다.[281] 이러한 과정이 장의 업무 순서로서 체계화

280 「원불교 장의업무 편람」, 위의 자료, p.5 참조.
281 이경운, 「장례식장 구조 개선에 관한 연구」, 동국대학교 석사논문, 2004, p.26 참조.

되는 과정이 섬세하게 이뤄져야 한다.

원불교에 있어서 장의 업무 순서는 다음과 같이 여덟 가지를 거론할 수 있다. 첫째, 열반의 경우, 공익복지부는 열반 준비[환자 곁에 대기]를 하고, 열반 시 각 부서 연락[법무실, 부속실, 총무부, 교화훈련부, 재정산업부, 중앙상주선원], 향적당 안치실에 시신을 안치한다. 총무부는 열반 접수를 맡고 장의위원회 소집하며 회의자료 정리를 담당한다. 재정산업부는 호상소를 설치[부의함. 응접대]하며, 공익복지부는 초염[냉동고, 시신 안치] 등을 담당한다.

둘째, 장의위원회는 총무부에서 회의를 진행하며 응접 및 안내 업무 분장을 한다. 그리고 게시판을 공지하고 열반 통지 문자 전송한다. 또 발인식 팸플릿을 제작하고, 호상소 물품[상복] 및 응접 준비를 하며 유족대표 참석을 담당한다. 재정산업부는 유족 숙소를 준비한다.

셋째, 열반식은 교화훈련부가 호상소를 장엄하며, 영정을 준비한다. 중앙상주선원은 열반식을 진행하고 독경[3회]을 담당한다.

넷째, 입관식의 경우 공익복지부는 입관식 전 입관 진행[염습]을 한다. 영구차를 섭외하고, 유골함[화장일 경우]을 준비한다. 그리고 화장장을 예약하고, 영모묘원과 협의를 하며, 사망신고를 안내한다. 교화훈련부는 추도식 자료를 준비하고, 중앙상주선원은 입관식을 진행하며 독경을 담당한다. 교육부는 영정차 섭외 및 장엄을 하며, 장의행렬을 준비하고, 열반표기 제작과 유족 차량 섭외를 담당한다.

다섯째, 발인식의 경우, 교화훈련부는 영정과 아치를 준비하며 식장을 장엄한다. 그리고 독경반을 구성하고 고사, 조가, 주악을 준비한다. 총무부는 약력을 작성하고 호상소의 응접 물품을 철수한다. 재정산업부는 호상소를 철거하며, 교육부는 장의행렬을 진행하고 교통을 통제한다. 공익복지부는 운구자를 확인[총무부 업무분장 확인]하고 운구 및 호위[교육부 협조]를 맡으며, 화장[화장경비 준비]을 준비한다. 정보전산실은 발인식장의 영상과 음향 및 영상기록 촬영을 맡는다.

여섯째, 운구[장지]의 경우 공익복지부는 화장장[영모묘원] 운구를 진행한다. 또한 화장 시간을 접수하는 일을 담당한다.

일곱째, 입장식[화장 및 매장]의 경우 중앙상주선원은 납골당이나 매장지에서의 불전 도구를 준비하고, 호상소 및 발인식장을 철거한다. 재정산업부는 유족 및 조객 점심 식사 준비[식사 인원 파악]를 한다. 교육부는 리본 및 일원상 장식 회수, 유족 이동 차량 등을 섭외한다. 그리고 공익복지부는 화장터[화장일 경우] 및 영모묘원을 마무리하며 식사 인원을 파악[화장장·영모묘원]한다.

여덟째, 영위봉안식의 경우 중앙상주선원은 영위봉안식을 진행하며[영모전], 문화사회부는 장의의 전 과정을 기록하고 촬영 일체를 담당한다.[282] 장의 업무 순서는 여러 가지 일을 공동으로 협력할 때 번다한 일을 신속하게 처리할 수 있다. 원불교의 장의 업무는 중앙총부 각 부서가 해야 할 일을 분장함으로써 번다하고 복잡한 일을 신속하게 처리할 수 있는 특징이 있다.

282 「원불교 장의업무 편람」, 위의 자료, p.8 참조.

(4) 장의 형태별 의식 진행 식순

장의 형태는 원불교전체장, 원불교교단장, 교당연합장, 교당장으로 분류한다. 사실 장례식에 있어 일본불교의 모습은 비록 그 대상이 '단가(檀家)'라는[283] 집단에 제한되어 있기는 하지만, 일본불교의 교화라는 면에서는 상당히 효과적인 것이었다.[284] 상·장례의식이 교화의 차원에서 앞으로 더욱 세련되어지고 체계화되는 과정을 밟아야 하는 이유는 현장교화와 직결되기 때문이다. 그러므로 장의의례와 현장교화의 연결고리는 중요성이 있다.

원불교전체장의 발인식의 경우 식순에 장엄의 역할을 하는 주악이 뒤따른다. 이어서 좌종 10타를 하고 종법사가 입장한다. 발인식순은 개식, 개식사, 입장, 약력보고를 한다. 약력보고는 수위단 중앙단원이 담당한다. 그리고 고사가 있는데 그 종류로서 교단대표 고사, 출가 교도 대표 고사, 재가 교도 대표 고사가 있다. 유족과 친척의 분향이 있으며 이어서 심고가 있다. 성주 3편을 하며, 독경 및 축원문의 식순에 이어서 일반분향을 마친다. 다음으로 조가에 이어서 폐식한다.[285] 주례 교당은 중앙총부[사회: 의식위원장]가 된다. 원불교전체장의 종재식 식순은, 주악에 이어서 개식 후에 개식사가 별도로 있다. 사회는 의식위원장이 담당하고, 좌종 10타에 이어서 종법사의 입장이 있다. 개식, 개식사, 입정, 약력보고가 진행된다. 이어

283 檀家 : 일본의 거의 모든 가정은 불교사원에 소속되어, 자신이 속한 불교사원에 죽음에 관련된 의례를 맡기고 있다. 제사 의례를 중심으로 맺어진 불교사원과 가정(혹은 개인) 사이의 대를 이어가는 연속적 관계가 바로 단가제도(檀家制度)이다.

284 다이쇼대학교·금강대학교 불교문화연구소 공편, 『현대사회와 불교』, 씨아이알, 2015, p.82.

285 「원불교 장의업무 편람」, 위의 자료, p.25 참조.

서 고사 순서로서 종법사의 분향에 이어서 출가 대표 고사, 재가 대표 고사, 유족 대표 고사가 있다. 그리고 심고, 성주, 독경 및 축원문이 있다. 설법에 이어서 분향하고 탈복 및 고유문을 낭독한다. 그리고 조가에 이어서 폐식한다.[286] 중앙총부가 주례 교당이다.

원불교교단장의 발인식순에 대하여 살펴보도록 한다. 교무의 직무 가운데 가장 중요한 분야를 손꼽는다면 의식 진행이라고 말할 수 있다. 교무는 본교 예전의 정한 바에 따라 법회의식과 기도의식 출생에서 발인·종재·제사에 이르기까지 일체 모든 의식을 경건하고 엄숙하게 집례할 수 있어야 한다.[287] 이에 사회는 교화훈련부 차장이 담당한다. 좌종 10타와 더불어 개식을 한다. 그리고 입정에 이어서 총무위원장의 약력보고가 있다. 고사는 대표 고사, 유족 및 친척분향이 있다. 다음으로 심고, 성주 1편, 독경 및 축원문을 낭독한다. 설법[종법사 입장]이 끝나면 일반분향이 있는데, 장의위원장은 불단에서 시행하고, 기타는 단상 아래 분향대에서 시행한다. 조가에 이어서 폐식한다.[288] 대원정사·대봉도·대호법위로 법위 출가위이며, 중앙총부[사회: 교화훈련부 차장]나 소속 교구가 주례 교당이 된다. 원불교 교단장의 종재 식순은 중앙총부나 소속 교구가 주례 교당이 되고, 유연 기관이나 교당에서 오신 분들의 배려가 필요하다. 49종재를 당하여 탈복고유문을 한다. 사회는 교화훈련부 차장이 담당하며, 좌종 10타를 한 후 개식을 한다. 입정 후의 약력보고

---

286 위의 자료, p.26 참조.
287 이종진, 「원불교 교무론」, 『원불교사상시론』 1집, 수위단회사무처, 1982, p.247.
288 「원불교 장의업무 편람」, 위의 자료, p.26 참조.

는 총무위원장이 담당한다. 고사는 대표 고사를 하고, 유족 및 친척 분향을 한다. 심고, 성주 3편에 이어서 염불 7편이 있다. 독경으로는 일원상 서원문과 반야심경을 하고 축원문을 낭독한다. 설교에 이어서 일반분향을 한다. 탈복 및 고유문은 예감이 주례한 후, 조가와 폐식 순이다.[289] 원불교 교단장은 가장 많이 행하는 의식이며 일반교도의 참여의식도 높다.

원불교 교단장 추도식[재가 교도 교단장]은 별도로 중앙총부에서 모신다. 대상은 원성적 정특등 유공인에 대한 장례로 대원정사·대호법위로 법위는 출가위이고, 재가 교도에 해당한다. 중앙총부나 소속 교구가 주례 교당이 되고, 유연 기관이나 교당에서 오신 분들의 배려가 필요하다. 추도 식순을 보면 재가 교도 교단장일 경우, 총부 예회 후에 진행한다. 추도식은 초기교단에서 매우 중요하게 여겨졌다.[290] 이러한 맥락에서 추도식 사회는 중앙상주선원 교무가 담당한다. 좌종 10타 후에 개식, 입정한다. 이어서 총무위원장의 약력 보고가 있으며, 분향헌배는 유족 및 친척분향을 한다. 심고와 일동 경례 후, 성주 3편 및 염불 7편을 한다. 독경과 축원문을 하고 종법사 법문이 있다. 일반분향에 이어서 조가와 폐식이 이어진다.

다음으로 교당연합장 발인식의 식순은, 교화훈련부 차장의 사회로 좌종 10타를 한다. 개식, 입정한 후 총무위원장의 약력 보고가

---

289 위의 자료, p.27 참조.

290 불법연구회 산업부 소는 뒤에 함열로 팔려 간 지 얼마 되지 않아 죽었다. 그 소식을 듣고 대종사는 잠시 묵념을 하며 제자들에게 말하였다. "그 소는 우리 회상하고 인연이 깊다. 다들 진심으로 추도식을 올려줘라. 후생에는 우리 회상에 와서 더 큰일을 할 것이다"(박용덕, 『금강산의 주인되라』, 원불교출판사, 2003, pp.184-185).

있다. 고사는 전무출신 고사를 한 후, 유연 교당과 기관의 분향에 이어서 친척분향이 있다. 그리고 심고, 성주 1편, 독경 및 축원문을 낭독한다. 설법에 이어서 일반분향, 조가, 폐식 순으로 식을 진행한다. 그리고 소속 유연 교당·기관이 주례 교당이 되고, 유연 교당·기관에서는 적절한 날을 기하여 추도 및 착복의식을 거행하고 49일에는 주례 교당에서 종재식을 행한다. 교당연합장의 종재는, 소속 유연 교당·기관이 주례 교당이 된다. 유연 교당·기관에서는 적절한 날을 기하여 추도 및 착복의 식을 거행하고 49일에는 주례 교당에서 종재식을 행한다. 그 식순은 개식, 입정, 약력보고가 있다. 고사와 헌배가 있는데, 전무출신 고사에 이어서 유연 교당과 기관의 분향, 유족 및 친척분향이 있다. 심고, 성주 3편 및 염불 7편에 이어서 독경 및 축원문을 올린다. 설법, 일반분향, 탈복고유문에 이어서 폐식 순[291]으로 한다.

끝으로 교당장의 발인 식순은 열반지 교당이 주례 교당[사회: 교화훈련부 과장]을 맡고 개식, 입정, 약력보고에 이어서 고사가 있다. 전무출신 고사, 유연 교당과 기관의 분향, 유족 및 친척분향이 있다. 그리고 심고, 성주 1편, 독경 및 축원문 순이다. 축원의 중요성에서 볼 때 정산은 우리의 마음은 무형한 것이나, 일심이 되면 우주의 큰 기운과 합치하므로, 수도인들이 청정한 도량에 모여 지성으로 축원을 하면 영근에 감응이 되어 쉽게 천도를 받게 된다고 하면서도, 한갓 치재 행사만이 능사가 아니니 제일 중요한 것은 본인이 평

291 「원불교 장의업무 편람」, 위의 자료, pp.29-30 참조.

소에 본인의 천도를 위하여 적공하는 것임을 강조하고 있다.[292] 이어서 설법, 일반분향, 조가, 폐식으로 이어진다. 교당장의 종재 식순은 발인식처럼 열반지 교당이 주례 교당[사회: 교화훈련부 과장]이 되고 열반지 교당에서 종재식을 행할 것이다. 식순으로 개식, 입정, 약력 보고, 고사 및 헌배 순이다. 특히 '고사'의 경우, 원불교의 49천도재 의례의 모습은 기존 불교의 49천도재에서 지적되어 오던 여러 문제점을 개선하고 있다.[293] 그리고 원불교 천도재에서는 「재주고사」와 「천도법문」 그리고 「축원문」을 통하여 고인과 유가족들의 정곡을 풀어주는 시간을 마련하고 있다. 이에 전무출신 고사를 올린 후 유연 교당 및 기관 분향에 이어서 유족 및 친척의 순으로 분향한다. 심고, 성주 3편 및 염불 7편에 이어서 독경 및 축원문을 올린다. 설법, 일반분향, 탈복 및 고유문에 이어서 폐식 순[294]으로 한다. 원불교 장의 식순을 〈별첨3〉로 정리[295] 하였다.

이상의 원불교장을 법위등급에 따라 장례 방식을 정리하면 다음과 같다.[296] 원불교 전체장은 정식대각여래위, 예비대각여래위와 정식출가위에 해당한다. 성적으로는 원성적 정특등 중에서 특별유공인[대봉도]에 대한 장례가 이에 해당한다. 원불교 교단장의 경우 예비출가위와 정식법강항마위가 해당한다. 그리고 원성적 정특등

---

292 박광수, 「원불교의 천도재 의례」, 『원불교사상과 종교문화』 31집, 원광대 원불교사상연구원, 2005.12, pp.105-106.

293 구미래, 「의례주체를 통해본 49재의 존재양상과 문제인식」, 『비교민속학』 37, 비교민속학회, 2008, pp.320-322.

294 원불교교정원 총무부, 「원불교 장의업무 편람」, 원기105년, p.32 참조.

295 별첨3 : 원불교 장의 형태별 의식 진행 식순.

296 원불교교정원 총무부, 위의 자료, p.59 참조.

유공인에 대한 장례이다. 다음으로 교당연합장에 대하여 살펴본다. 예비 법강항마위와 정식 법마상전급, 예비 법마상전급이 이에 해당한다. 그리고 원성적 1·2등 유공인에 대한 장례이다. 교당장으로는 정식 특신급, 예비 특신급, 보통급이 이에 해당한다. 그리고 원성적 3~5등 유공인과 재임 중 열반한 보통 출가 교도에 대한 장례이다.

여기에서 유공인 대우법에 대하여 살펴보면 1935년 판에 유공인 상장례로 이어졌다. 유공인은 예비 또는 정식 정남정녀, 전무출신, 법위와 사업 양 방면의 1등~5등에 해당되는 희사위였다.[297] 원불교 법위등급에 따른 유공인에 대한 장례방식을 〈표2〉로 정리하였다.

<table>
<tr><th>순서</th><th>법위등급</th><th>법계</th><th>장례방식</th></tr>
<tr><td>1</td><td>정식 대각여래위</td><td>대원정사</td><td rowspan="3">원불교 전체장
(원성적 정특등 중 특별유공인에 대한 장례)</td></tr>
<tr><td>2</td><td>예비 대각여래위</td><td rowspan="2">원정사</td></tr>
<tr><td>3</td><td>정식 출가위</td></tr>
<tr><td>4</td><td>예비 출가위</td><td rowspan="2">정사</td><td rowspan="3">원불교 교단장
(원성적 정특등 유공인에 대한 장례)</td></tr>
<tr><td>5</td><td>정식 법강항마위</td></tr>
<tr><td>6</td><td>예비 법강항마위</td><td rowspan="2">교정</td></tr>
<tr><td>7</td><td>정식 법마상전급</td><td rowspan="2">교당 연합장
(원성적 1·2등 유공인에 대한 장례)</td></tr>
<tr><td>8</td><td>예비 법마상전급</td><td>교선</td></tr>
<tr><td>9</td><td>정식 특신급</td><td rowspan="3">교도</td><td rowspan="3">교당장
(원성적 3·4·5등 유공인과 재임 중 열반한 보통 출가 교도에 대한 장례)</td></tr>
<tr><td>10</td><td>예비 특신급</td></tr>
<tr><td>11</td><td>보통급</td></tr>
</table>

〈표2〉 원불교 법위등급에 따른 장례 방식

297 『예전』 제6편 유공인상장례, 불법연구회, 1935, pp.49-62.

그리고 추도식 공문 및 자료발송에 대하여 살펴본다. 그 대상으로서 원불교전체장은 전 교당과 기관이 추도식과 종재식을 거행한다. 원불교교단장은 교구청 교당, 지구 교당, 유연 교당과 기관[그 외 교당의 의뢰가 있을 경우 발송]이며, 교당연합장은 유연 교당 및 유연 기관이다. 교당장은 열반지 교당, 유연 교당으로 한다. 발송물은 추도식순, 약력, 축원문, 종법사 법문, 조가, 영정사진 1매를 준비한다. 그리고 발송 시기는 발인식 후 가지고 갈 수 있도록 준비하고 그 후에는 우편으로 발송한다. 원불교는 중앙집권체제이기 때문에 주도면밀하게 장의 형태별 의식 진행이 이루어지는 특징이 있다.

3) 교당 현장교화에서의 상·장례의식 진행

현재 교당 현장에서의 상·장례의식 진행은 원불교만의 특성이 있다. 전통장례의 절차를 대폭 혁신한 『신정의례』를, 『원불교 예전』으로 발행하였고, 『원불교 예전』의 상·장례를 교화훈련부에서 2012년에 「예전집례집」으로 재편집하였고, 전북교구에서는 2013년에 현장에 맞게 자료집으로 상장·재·제사 중심으로 '법계향화가 한없는 세월에 길이 유전되게 하라!'는 소제목으로 「예문집」을 다시 편집하여 사용하고 있다. 「천도법문」, 「축원문」, 부모전 고사, 스승전 고사 등은 타 종교의식과 다른 특성이 있다.

개신교는 과거에 교회 목사들이 장례의 전 과정에 참여하여 조언을 주고 행사를 집행하였다. 현대에는 이에 더하여 영결식의 주재를 위하여 초빙되는 경우로 점점 바뀌고 있다.[298] 원불교에서도 이와 관련하여 초창기에 진행된 예를 찾아볼 수 있었으나, 지금은 장례의 전 과정보다 간단한 의식 진행으로 교당 현장에서 교화와 직접 연결되기 때문에 정성과 경륜이 쌓여야 한다. 열반 후 1시간이 지나면 열반식을 바로 진행하면 된다. 늦은 밤에 열반을 당하면 원불교 교당에서는 새벽이나 아침 시간에 의식을 진행하기도 한다.

먼저 「열반식」에 대하여 살펴본다. 열반식은 일원상서원문, 반야바라밀다심경으로 석가모니불이 연원불이기 때문에 서원문과 심경을 같이 하도록 한다. 염불은 10분 정도로 하고, 상주들만 분향헌배를 한다. 법어봉독은 『대종경』 천도품으로 하고, 성가는 148장 '생멸 없는 고향으로'를 부른다.

열반식 후의 「열반식 독경」은 2일장이나 짧은 3일장은 하루 3회 독경을[299] 하고, 3~4일장은 형편에 따라 2~3회로 하며, 일반인 조문 시간을 피하면서 새벽 7시, 오전 11시, 오후 6시 정도에 한다. 열반식 독경 중에 입관과 입관식 일정을 상의한다. 이후에는 독경테이프를 계속 틀어 놓도록 안내한다. 현장에서의 식순이므로 예문집과 다를 수 있다.

---

298 박병익, 「장례식장 이용자의 만족도에 관한 연구 -s장례식장을 중심으로-」, 연세대학교 석사논문, 2000. p.11.

299 하루 3끼 식사와 3회 독경은 같은 의미로 본다.

1. 열반식
좌종 10타. 1)개식. 2)입정. 3)설명기도 및 일동경례. 4)성주 3편. 5)천도법문. 6)독경[서원문, 심경]. 7)염불. 8)상주 분향헌배. 9)성가(148장). 10)법어봉독[추가]. 11)폐식.[300]

〈표3〉 원불교 열반식 식순(별첨4. 표3~14 정리 참조)

다음으로 「입관식」에 대하여 살펴본다. 입관을 할 때 교무가 참관하면 가족의 교화에 큰 영향을 준다. 대렴이 시작되면 염불십송이나 염불을 계속 진행하면 된다.

입관식을 할 때 주송하는 '염불십송'은 다음과 같다.

①이 염불의 인연으로 삼계업장이 소멸하여지이다. 나무아미타불.[이상 10회] ②이 염불의 인연으로 시방세계가 청정하여지이다. 나무아미타불.[이상 10회] ③이 염불의 인연으로 이매망량[허깨비]을 여차히 항복하여지이다. 나무아미타불.[이상 10회] ④이 염불의 인연으로 육근이 항상 청정하여 대 지혜 광명을 발하여지이다. 나무아미타불.[이상 10회] ⑤이 염불의 인연으로 심량이 광대하여 제불조사의 심인을 닮을 만한 대 법기가 되어지이다. 나무아미타불.[이상 10회] ⑥이 염불의 인연으로 생사에 자유를 얻어 육도를 임의로 왕래케 하여지이다. 나무아미타불.[이상 10회] ⑦이 염불의 인연으로 무량세계, 무량겁에, 무량중생으로 하여금 불도를 이루어지이다. 나무아미타불.[이상 10회] ⑧이 염불의 인연으로 삼세진루가 다

300 원불교교정원 교화훈련부. 『예전 집례집』, 원불교출판사, 2012, p.50.

사라지고 심월만 독조케 하여지이다. 나무아미타불.[이상 10회] ⑨이 염불의 인연으로 삼계의 유주 무주 고혼을 다 천도케 하여지이다. 나무아미타불.[이상 10회] ⑩이 염불의 인연으로 무량아승지겁에 흐를지라도 대서원 대법륜 대불퇴전이 되어지이다. 나무아미타불.[이상 10회].[301] 이상의 염불십송은 재래 불교의 장례의례에서도 비슷한 문구로 사용하고 있다.

참관이 끝나면 휘장[영정]이 있는 분향실에서 입관식 독경을 진행하며, 분향헌배를 식순에서 착복고유문을 올린다. 일반인들은 이때(成服) 착복을 하고 조문받도록 하는 것이 일반 관례이다.

분향헌배는 부모[자녀가 먼저 사망했을 때 4배], 부군[부인], 자녀, 손자녀, 조카, 일가친척, 친지, 지인[일반교도] 순으로 진행한다. 독경은 일원상서원문, 반야바라밀다심경을 한다. 염불은 5분 정도로 하고, 성가는 149장 '오 법신불 사은이시여'를 부른다.

2. 입관식 좌종 10타. 1)개식. 2)입정. 3)분향헌배(착복 및 고유문, 추가). 4)설명기도 및 일동경례. 5)성주 3편. 6)천도법문. 7)독경(서원문, 심경). 8)염불. 9)성가(149장, 추가). 10)폐식.[302]

〈표4〉 원불교 입관식 식순

또한 「발인식」에 대하여 살펴본다. 전통식은 성복 후에 상복을

301 『대산종사법문집』 제2집, 제1부 교리.
302 『예전 집례집』, 위의 책, 2012, p.58.

입으므로 입관식 식순에서 착복식을 한 후에 상복을 입고 완장이나 복표를 해야 한다. 발인식에서 착복 및 고유문을 하면 일반인들은 맞지 않지만, 교무들은 모두가 상주이므로 발인식 때에 착복 및 고유문을 올려도 무방하다. 상주 대표 고사 후에 헌배를 하는데, 부모가 생존해 있으면 고사하기 전에 4배를 하도록 안내하고, 부군이나 부인은 고사하기 전에 재배한다. 설법은 5~10분 안에 마치도록 한다. 성가는 44장 '풍랑이 그치었으니'를 부른다. 일반분향 후 운구 안내를 하도록 한다. 이때 초재부터 종재식까지 공지한다.

3. 발인식 좌종 10타. 1)개식. 2)입정. 3)약력보고. 4)착복 및 고유문(일반교도는 입관식순에서 올림). 5)상주 대표 고사 및 헌배. 6)설명기도 및 일동경례. 7)성주 3편 및 염불 7편. 8)천도법문. 9)독경(서원문) 및 축원문. 10)설법. 11)성가(44장). 12)일반분향. 13)폐식.[303]

〈표5〉 원불교 발인식 식순

「화장장 독경」은 「입장식」 식순에서 영결사를 약하고, 죽비는 소리가 작으므로, 목탁으로 진행한다. 개식은 목탁을 길게 3회 울리고 '화장 의식을 시작합니다.'라고 하고 진행한다. 독경은 일원상 서원문과 반야심경을 하고 염불을 10~20분 정도 길게 한다. 성가는 149장 '오 법신불 사은이시여!'를 부른다. 폐식도 목탁으로 길게 3회 친다. 화장 시간이 보통 1시간 30분 정도 되므로 여유 있게 진행

303 위의 책, 2012, p.66.

해도 된다. 화장장 열반독경은 논자가 신설해 보았다.

4. 화장장 열반독경 목탁을 3회 길게 울린다. 1)개식. 2)설명기도 및 일동경례. 3)성주 3편. 4) 성가 149장. 5)독경[심경] 및 염불. 6)성가. 7)폐식.

〈표6〉 원불교 화장장 독경 식순

그리고 「입장식」[납골, 매장][304]에 대하여 살펴본다. 화장을 하게 되면 납골당이나 산골 장소에서, 매장은 평토 후에 입장식을 거행한다. 성주 1편에, 독경은 반야심경만 한다. 성가는 148장 '생멸없는 고향으로'를 부른다. 입장식이 끝난 후 영정과 위패를 교당에 안치하고 영위 봉안식을 하도록 공지한다.

5. 입장식 좌종 10타. 1)개식. 2)심고 및 일동경례. 3)성주 1편. 4)독경(서원문, 심경). 5)영결사. 6)성가(148장 추가). 7)폐식.[305]

〈표7〉 원불교 입장식 식순

장례의식의 3일장 마지막 부분으로 「영위봉안식」에 대하여 살펴본다. 상주 분향헌배 후 폐식 전에, 열반 후 5일째에는 묘소에 다녀오도록 삼우제 안내와 함께, 7일째 초재부터 종재까지 공지하며 마친다. 영위봉안식은 문자 그대로 영위를 모시게 됨을 알리는 의식으로 비교적 간단하게 전개되는 형식을 지닌다.

304 입장식은 매장 후에 하는 평토제와 같은 뜻이다.
305 원불교교정원 교화훈련부.『예전 집례집』, 원불교출판사, 2012, p.80.

6. 영위봉안식 좌종 10타. 1)개식. 2)입정. 3)고유문. 4)분향헌배. 5)성가 149장 추가. 6)폐식.[306]

〈표8〉 원불교 영위봉안식 식순

장례의식을 마치고 「천도재」 의식으로서 초재에서 육재까지를 살펴본다.

불경 중에 『시왕경(十王經)』[307]을 보면, 종시최중(終是最重) 즉 마지막 49일이 중요하다고 되어있다.

시왕(十王)은 불교 경전에서 등장하는 지옥의 열 명의 신들을 말하며, 사후 49일 동안 명부에 끌려가 '10명의 명부시왕'에게 생전에 지은 업을 심판받게 된다고 한다.

사람이 죽으면 그날로부터 49일 되는 날까지 7일째마다 차례로 7번[또는 10번] 시왕 앞에 나아가 생전에 지은 죄업의 경중과 선행·악행을 심판받는다.

임사체험에서 보면 영혼[식, 영가]이 3일 정도 육신을 바라보면서 몇 번을 들어가려고 재시도하다가 할 수 없이 떠나간다고 한다. 이때부터 안이비설신의(眼耳鼻舌身意)와 말라식[함장식]의 단계로 심판을 거친다.

육신을 떠난 영혼은 9배 정도 영특해지며 잘못을 참회하여 참

306 위의 책, 2012, p.86.

307 「불설예수시왕생칠경(佛說預修十王生七經)」은 불교의 지장 신앙과 도교(道敎)의 명부관(冥府觀)이 결합하여 예수신앙의례(預修信仰儀禮)로 체계화되고 유포되는데 이론적 배경이 된 경전이다. 당(唐)나라의 장천(藏川)이 지은 것으로 원명은 『염라왕수기사중역수생칠왕생정토경(閻羅王授記四衆逆修生七往生淨土經)』이며, 약칭으로 예수경(豫修經) 또는 시왕경(十王經)이라 부른다.

생명을 얻는 행운을 얻는다. 이것이 마지막 공덕이며 희망의 빛인데 정성을 받지 못하면 빙의가 된다고 한다.

천도 의식은 영혼을 참회하고 각성하고 깨닫게 하여 공덕을 짓도록 하는 영가의 희망 의식이다. 주위 인연들이 영가[신령 靈 멍에 駕]의 멍에 즉 업이 가벼워지도록 도와주며 천도가 되면 1/7은 영가가 6/7은 가족이 좋아진다고 한다. 이름을 부르면 그 사람이 오듯이 독경과 나무아미타불을 연호하면 부처님의 가호를 입어 왕생극락을 이룬다고 한다.

이생과의 인연은 자석처럼 업이 따라오게 되어있다.

①초재가 되면 눈으로 본 것에 대하여 칼산의 도산지옥(刀山地獄)에 가서 진광대왕(秦廣大王)에게 심판을 받는다. 팔정도의 정견(正見)에 보면 불교의 바른 세계관과 인생관으로서의 인연에 관한 지혜이다. 세상을 지혜의 눈으로 바르게 보지 않고 잘생긴 것만 골라 보고, 교묘한 눈속임으로 오해를 불러일으킨 죄로, 육물을 칼로 자르는 것처럼 지은 업의 심판을 받는데, 이때부터 패자부활전의 행운을 얻도록 지인들이 정성을 모은다.

②2재가 되면 귀로 들은 것에 대하여 뜨거운 물이 펄펄 끓는 염산탕[용암]의 화탕지옥(火湯地獄)에 가서 초강대왕(初江大王)에게 심판을 받는다. 팔정도의 정명(正命)은 바른 생활이다. 이것은 바른 직업에 의하여 바르게 생활하는 것이지만 일상생활을 규칙적으로 하는 것이기도 하다. 수면·식사·업무·운동·휴식 등에서 규칙적인 생활을 함으로써 건강이 증진되고 일의 능률도 향상되며, 경제생

활과 가정생활이 건전하게 수행되는 것이다. 그런데 잘못 들은 것을 사실인 양하면서 남의 물건을 훔치고, 부당으로 이익을 보고, 공짜를 좋아한 사람이 이 심판을 받는다. 땅에 흘린 물건도 주워가지 말라는 법문이 있다.

③3재가 되면 코로 맡은 냄새에 대해 한빙지옥(寒氷地獄)에 가서 송제대왕(宋帝大王)의 심판을 받는다. 팔정도의 정사유(正思惟)는 몸과 말에 의한 행위를 하기 전의 바른 의사 또는 결의를 가리키며, 사념사유[思念思惟 : 바르게 기억하고 바르게 생각함]하는 일이다. 일반 사회에서도 자기의 처지를 언제나 바르게 생각하고 의지를 바르게 갖는 것이 정사유이다. 그런데 바른 결정을 하기 전에 좋은 향기와 좋은 냄새만 따라가고, 똥 냄새 거름 냄새 등 싫은 냄새는 멀리하는 업력을 지어서 매서운 추위와 얼음계곡에서 심판을 받는다.

④4재가 되면 말로 지은 죄에 대해 검수지옥(劍樹地獄)에 가서 오관대왕(五官大王)의 심판을 받는다. 팔정도의 정어(正語)는 바른 언어적 행위이다. 망어[妄語: 거짓말]·악구[惡口: 나쁜 말]·양설[兩說: 이간질하는 말]·기어[綺語: 속이는 말]를 하지 않고, 진실하고 남을 사랑하며 융화시키는 유익한 말을 해야 하는데, 남을 비방한 죄, 말로 상처를 입힌 죄, 혀를 잘못 사용한 죄와 맛난 음식만 좋아하는 식탐으로 세상을 살아가는 업력으로 칼이 나무처럼 세워져 있는 곳에서 심판을 받는다.

⑤5재가 되면 몸으로 지은 죄에 대해 발설지옥(拔舌地獄)에 가서 염라대왕(閻羅大王)의 심판을 받는다. 팔정도에 보면 정업(正業)은 바른 신체적 행위이다. 살생·투도·사음을 떠나서 생명의 애호,

시여자선[施與慈善: 자비로 베풂], 성도덕을 지키는 등의 선행을 하지 못한, 살생 등 갖가지 감촉과 몸으로 지은 죄를 심판하는데, 생전의 모습이 업경대에 비치므로 거짓말을 할 수 없다. 금강경을 머리에 이고 있으며, 금강경 등 법문을 독송하면 +α의 복전이 열린다.

⑥6재가 되면 생각만으로 또는 무의식으로 지은 죄에 대해 독사지옥(毒蛇地獄)에 가서 변성대왕(變成大王)의 심판을 받는다. 팔정도의 정념(正念)은 바른 의식을 가지고 이상과 목적을 언제나 잊지 않는 일이다. 그리고 일상생활에서도 맑은 정신으로 세상을 살아가되 무상[無常: 모든 것은 항상 하지 않고 변화함]·고[苦: 모든 것은 불완전하여 괴로움]·무아[無我: 나라는 실체가 없음] 등을 언제나 염두에 두고 잊지 않아야 하는데, 무의식으로 탐하고 화내고 어리석음을 모르는 싸움질만 했던 업력을 독사 구덩이에 가서 삼독심에 대한 심판을 받는다.

⑦7재가 되면 함장되어 있는 죄에 대하여 거해지옥(鋸骸地獄)에 가서 태산대왕(泰山大王)의 심판을 받는다. 팔정도의 정정진(正精進)은 이상을 향하여 노력하는 것이며, 그것은 종교·윤리·정치·경제·육체 건강상의 모든 면에서 이상으로서의 선(善)을 낳고 증대시키되, 이에 어긋나는 악을 줄이고 제거하도록 노력하는 것을 가리킨다. 정정(正定)은 정신 통일을 말하며 선정(禪定)을 가리킨다. 깊은 선정은 일반인으로서는 얻을 수 없는 것이라고 하더라도 일상생활에서도 마음을 안정시키고 정신을 집중하는 것은 바른 지혜를 얻거나 지혜를 적절하게 활용하기 위해 필요하다. 명경지수(明鏡止水)와 같이 흐림이 없는 마음과 무념무상과 같은 마음의 상태는 정

정이 진전된 것이다. 정정진과 정정이 없이 지은 업이 발동되어 이 생과의 인연을 체념하고 자석처럼 업력에 따라 가게 된다. 극히 선하면 빛을 따라 극락으로 가게 되고, 극히 악하면 무명의 구덩이에 풍덩 빠져서 거해지옥으로 가게 되어, 돈을 받고 나쁜 음식을 대접했다든가, 거짓말이나 속임수로 물건을 팔았다든가 했다면 산채로 톱질을 당하게 된다.

그러나 정성으로 6재까지 정성을 모아서 영혼을 맑혀 놓았다면 극락으로 인도하게 되며, 죄업의 경중을 심판하여 중음에서 육도로 윤회하도록 도와준다.

즉, 중음으로 있는 49일 동안의 중요한 일은 부처님의 법문과 독경[염불]과 헌공[노잣돈]이다. 이 공덕으로 밝은 빛을 따라서 왕생극락을 이루게 된다. 열반은 새로운 세상의 만남이요. 새로운 세상의 시작이다.

참고로,

⑧49재까지 천도가 되지 못했다면, 100재가 되었을 때 철상지옥(鐵床地獄)에 가서 평등대왕(平等大王)의 심판을 받는다. 속임수와 사기죄의 심판을 못 침상과 압사의 철상지옥에서 받는다.

⑨1주기[소상]가 되면 풍도지옥(風途地獄)에 가서 도시대왕(都市大王)의 심판을 받는다. 부적절한 관계로 사랑이 없는 사랑을 했다면, 옷을 벗기고 칼바람 속의 얼음산에 들어간다.

⑩3주기[대상]가 되면 흑암지옥(黑闇地獄)에 가서 전륜대왕(轉輪大王)에게 심판을 받는다. 밑도 끝도 없는 영원한 어둠만 있는

곳으로 남녀 구별을 못 하고, 인면수심의 죄를 지었던 부모나 자식의 죄를 심판한다. 이 시왕경(十王經)이 3년 제사의 유래로 보는 설(說)이 많다.

초재에서 육재의 시작 성가는 법공의 노래 성가 46장[청정법계 둘 아니니]이며, 뒷 부분 성가는 148장[생멸 없는 고향으로] 또는 149장[오 법신불 사은이시여!]으로 하며, 재 때마다 바꾸어 가면서 부른다. 6재까지 성주 3편 후에, 염불 7편을 추가한다. 분향헌배는 부모[생존 시에 하며 4배], 부군[부인], 자녀, 손자녀, 조카, 일가친척, 친지, 지인[일반교도] 순으로 진행한다. 독경은 서원문, 반야심경, 참회게를 하는데 금강경을 부탁하는 교도들이 많다. 축원문 후에 종법사님 법문을 봉독하고, 법어봉독은 『대종경』 천도품, 『정산종사법어』 생사편, 『대산종사법어』 거래편 등에서 법문을 1쪽 정도씩 봉독한 후에 설교하면서 유족들에게 전달 사항이 있으면 설교에 이어서 한다.

7. 초재에서 육재 좌종 10타. 1)개식. 2)입정. 3)법공의 노래(46장). 4)재주헌공 및 분향헌배. 5)설명기도 및 일동경례. 6)성주 3편[및 염불 7편]. 7)천도법문. 8)독경[서원문, 심경, 참회게, 금강경] 및 축원문. 9)법어봉독 및 설교. 10)일반분향. 11)성가(148장). 12)폐식.[308]

〈표9〉 원불교 초재에서 육재 식순

308 『예전 집례집』, 위의 책 p.90.

「종재식」의 경우를 살펴본다. 종재의 시작 성가는 법공의 노래 성가 46장[청정법계 둘 아니니]이며, 뒷부분의 성가는 44장[풍랑이 그치었으니]이다. 교역자들은 성가 52장[가신들 아주 가심]을 부른다. 재주 헌공 및 고사는 앞부분과 같이 한다.

독경은 서원문, 반야심경, 참회문, 금강경을 한다. 일반분향은 순서를 정해주면 좋다. 탈복 및 고유문은 탈복 후에도 1년 후 열반 기념제까지 추모의 정성 속에 고인을 보내 드리는 것이 효임을 강조한다. 헌공 보고는 헌공금이 고인을 위하여 교화·교육·자선사업 등에 고인의 이름으로 선용 됨을 보고하고 유족인사를 추가한다.

8. 종재식 좌종 10타. 1)개식. 2)입정. 3)약력보고. 4)법공의 노래(46장). 5)재주헌공 및 고사. 6)설명기도 및 일동경례. 7)성주 3편 및 염불 7편. 8)천도법문. 9)독경[서원문, 심경, 참회문, 금강경] 및 축원문. 10)설법. 11)일반분향. 12)탈복 및 고유문. 13)헌공보고. 14)유족인사. 15)성가(44장). 16)폐식.309

〈표10〉 원불교 종재식 식순

그리고 「특별천도재」가 있는데 이는 보통 7일을 모시도록 한다. 하루 또는 1~6일까지는 위 식순으로 한다. 조상천도재는 선조와 유자[낙태아] 영가들까지 천도 되도록[예, 전주 이씨 일체 선조 영가, 조부·조모·부친·모친·형제, 모 가정 유자 영가, 업연 따라 주위 배회하는 인연 영가 등] 세심한 배려가 필요하다. 특별천도재의

309 위의 책 p.102.

시작 성가는 법공의 노래 성가 46장[청정법계 둘 아니니]이며, 뒷부분의 성가는 148장[생멸 없는 고향으로] 또는 149장[오 법신불 사은이시여!]을 재식 때마다 바꾸어 가면서 부른다. 1재에서 6재까지 성주 3편 후에, 염불 7편을 추가한다. 법어봉독은 『대종경』 천도품, 『정산종사법어』 생사편, 『대산종사법어』 거래편 등에서 법문을 1~2장씩 봉독한다. 독경으로는 서원문, 반야심경, 참회게, 금강경을 한다. 이는 불교 독경과 유사한[310] 측면이 있다.

9. 특별천도재(1~6재) 좌종 10타. 1)개식. 2)입정. 3)법공의 노래 46장. 4)재주 불전헌공. 5)설명기도 및 일동경례. 6)성주 3편 및 염불 7편. 7)천도법문. 8)독경[서원문, 심경, 참회게, 금강경] 및 축원문. 9)법어봉독[하루 할 때는 헌공보고] 및 설교. 10)성가(149장). 11)폐식.[311]

〈표11〉 원불교 특별천도재(1~6재) 식순

특별천도재 종재 식순의 시작 성가는 법공의 노래 성가 46장[청정법계 둘 아니니]이며, 뒷부분의 성가는 44장[풍랑이 그치었으니]이다. 독경은 서원문, 반야심경, 참회문, 금강경으로 한다. 헌공 보고는 헌공금이 공익사업에 고인의 이름으로 선용 됨을 어느 재식이든 보고해야 한다. 특별천도재 동안 참회문을 매일 한 번씩 사경하도록

310 불교에서 천도는 불보살에게 재를 올리고 독경·시식(施食) 등을 함으로써 망령으로 하여금 정토나 천상에 태어나도록 기원하는 의식이다(서경전, 「원불교 천도의식과 사회윤리」, 『원불교사상』 20집, 원광대 원불교사상연구원, 1996, p.49).

311 『예전 집례집』, 위의 책, p.120.

권장[312]하고, 사경한 참회문은 종재 후에 한적한 곳에서 불에 사르도록 한다. 특별천도재 종재 식순도 논자가 신설했음을 밝힌다.

---

10. 특별천도재 종재
좌종 10타. 1)개식. 2)입정. 3)법공의 노래 46장. 4)재주 불전헌공 및 고사. 5)설명기도 및 일동경례. 6)성주 3편 및 염불 7편. 7)천도법문. 8)독경[서원문, 심경, 참회문, 금강경] 및 축원문. 9)설법. 10)헌공보고. 11)성가 44장. 12)폐식.

〈표12〉 원불교 특별천도재 종재식 식순

「위령재」는 어떠한가를 소개해 본다. 죽은 사람의 혼령을 위로하는 뜻으로 지내는 제사로 순직장병 위령재, 6·25희생자 합동위령재, 세월호참사 합동위령재 등이 있으며, 특별천도재와 열반기념제 식순을 가감한다. 시작 성가는 법공의 노래 성가 46장[청정법계 둘 아니니]이며, 뒷부분의 성가는 44장[풍랑이 그치었으니]이다. 독경은 서원문, 반야심경, 참회게로 한다. 헌공 보고 순에 위령재의 목적사업을 설명한다.

---

11. 위령재
좌종 10타. 1)개식. 2)입정. 3)법공의 노래 46장. 4)재주 고사 및 헌배. 5)설명기도 및 일동경례. 6)성주 3편 및 염불 7편. 7)천도법문. 8)독경[서원문, 심경, 참회게] 및 축원문. 9)설법[종법사 법문]. 10)일반분향. 11)성가 44장. 12)헌공보고. 13)폐식.[313]

〈표13〉 원불교 위령재 식순

312 만덕산 교령 이양신 교무님의 특별 실천 사항임. 2019.4.15.(월) 대담한 내용임.
313 원불교전북교구, 『예문집』, 자료집, 2013, p.82.

「열반기념제」의 시작 성가는 법공의 노래 성가 46장[청정법계 둘 아니니]이며, 뒷부분 성가는 47장[임 가신 뒤 세월은]이다. 기념문은 가족들의 1년 생활상을 정리하여 보고하는 내용으로 하고, 존영께 지켜봐 주시고 하감하여 주시기를 축원한다. 독경은 서원문, 반야심경, 참회게, 금강경으로 한다. 법어봉독은 『대종경』 천도품, 『정산종사법어』 생사편, 『대산종사법어』 거래편 등에서 법문을 1쪽씩 봉독하고, 가족이 많이 모이면 교화의 방편으로 설교를 추가한다.

---

12. 열반기념제
좌종 10타. 1)개식. 2)입정. 3)약력보고. 4)법공의 노래 46장. 5)제주 헌공 및 기념문. 6)설명기도 및 일동경례. 7)성주 3편 및 염불 7편. 8)독경[서원문, 심경, 참회게, 금강경] 및 축원문. 9)법어봉독 후 설교. 10)일반분향. 11)헌공보고. 12)성가 47장. 13)폐식.[314]

〈표14〉 원불교 열반기념제 식순

앞서 언급한 것처럼 교당의 현장교화에서의 상·장·재·제사 의식은 열반식, 입관식, 발인식, 입장식, 영위 봉안식, 초재~육재, 종재식, 특별천도재, 위령재, 열반기념제가 있다. 상례로부터 장례에 이어서 천도재와 제사를 지내는 형식으로 영가의 열반에서부터 추모의 제사에 올리기까지는 오직 영가를 위한 천도 및 왕생극락의 인도를 위한 의식이다.

여기에는 하나같이 현장에 맞는 의례 식순이 있어서 비교적 체

314 『예전 집례집』, 위의 책, p.132.

계적인 원불교 상·장례문화의 특징을 볼 수 있다. 같은 식순의 의식을 계속 진행하면 유가족이 지루하게 생각하므로 고려해야 한다. 다만 이러한 상·장례의례가 고인 유가족의 의식 비용에 부담을 크게 주어서는 안 되며, 검소하게 해야 하는 과제가 부여되어 있음을 꼭 명심해야 한다. 또한 비교도의 경우 장례의식에 익숙하지 않은 관계로 그에 합당하게 융통성 있는 의식집행이 요구된다.

3. 원불교 염습 매뉴얼

우리 사회의 장례 초상집 분위기를 살펴보면 지금도 시비가 분분함이 보인다. 대부분의 사람은 상장의례와 관련하여 그 내용과 절차에 있어서 정통성 시비는 물론 끊임없는 혼돈과 구구함에 시달리고 있다.[315] 상장 의례와 관련된 많은 자료가 소개되었음에도 이러한 문제가 끊임없이 지속됨으로 인하여, 본 장에서는 전통장례와 일반 장례식장과 상조회에서 시행하는 염습의 복잡한 것은 극복하고, '원불교 염습 매뉴얼'이라고 명명하여 핵심적인 내용에 한정하여 논하고자 한다.[316] 그간의 원광대병원 장례식장 장례지도사[염사]들의 경험을 정리하여 자료적 가치를 공유하려는 것이다. 장례의 상황

315 정식, 「전통 염습문화와 현대 염습사」, 한양대학교 석사논문, 2001, p.27.

316 논자가 원광대병원 장례식장에서 근무한 경험(원기95년 1월~103년 12월)을 살리고, 또 원불교 중앙총부의 의식에 참관한 것에 한정하고자 한다.

이 발생하였을 때 다음의 염습 매뉴얼대로 진행하면 큰 무리가 없을 것이다.

염습 매뉴얼을 진행하며 시신을 다루는 일을 하는 사람을 일컬어 '염습사' 혹은 '염사'라고 부른다. 최근에는 상장의례와 관련하여 대학에 신설된 학과가 등장한 이후 이들 대학을 졸업한 학생들에게 '장례지도사' 혹은 '장례사'란 자격이 조건에 따라 부여된다.[317] 장례지도사란 1993년 이전에는 일정한 교육과정 이수가 요구되었으나 자율화 이후 일정한 자격요건에 대한 기준이 없어 현재에는 누구라도 장례식장에 취업할 수 있다.

장례지도사의 명칭은 1999년 대학에 장례지도과[318]가 개설되면서 공식적으로 사용되기 시작하였다. 또한 장례지도사 민간자격증 제도는 2003년 사단법인 한국장례업협회와 장례 관련 대학과 대학원[319]에서 협의를 통해 '장례지도사 자격검정원'을 발족하여 민간자격증 제도를 2011년까지 시행하였다. 지금까지 가정에서 진행되었던 장례가 오늘날 대부분 장례식장이라는 시설을 이용하여 장례를 치르게 됨으로써 장례식장을 구성하는 인적자원인 장례지도사의 역할 또한 장례식장 시설 못지않게 중요한 요소로 등장하고 있다.[320] 그 이유는 염습과 장례 과정의 대부분을 장례지도사가 담

317 정식, 위의 논문, 2001, p.112.

318 1998년 서울보건대학(현 을지대학교)에서 장례지도과를 교육부로부터 승인받아 전문교육기관에서 최초로 장례업 종사자를 양성하기 위한 교육이 시작되었다.

319 서울보건대학(현 을지대학교, 1999), 대전보건대학(2002), 창원전문대학(2003), 서라벌대학(2004), 동부산대학(2006)과 동국대학교 불교문화대학원(2000, 서울).

320 박원진, 「장례지도사의 직무스트레스요인이 이직의도에 미치는 영향 연구 -직무만족의 매개효과를 중심으로-」, 한성대학교 박사논문, 2014, p7.

당하고 있기 때문이다.

이들을 장례 종사자라고도 지칭하는데 시신을 중환자실 혹은 수술실로부터 안치실로 이동하고, 장례식장의 관리를 맡고 있으며 그리고 장례 상담과 염습 등의 업무 전반을 진행한다. 이에 염습실 및 안치실 종사자는 불가피하게 일상적으로 시신과 접촉하게 되며, 시신을 처리하는 주된 장소인 안치실과 염습실은 사람의 출입은 적지만 시신으로부터 발생하는 각종 감염질환에 쉽게 노출될 수 있어 주의가 필요한 공간이므로 청결한 위생 상태 및 철저한 소독이 필수적이다.[321] 시신의 처리와 보관 등에 있어서 세심한 주의를 요구하며 염습 매뉴얼을 시작한다.

열반 1일 차로 사망자 발생의 연락을 받으면 병사인가 변사인가 사망원인이 미상인가를 먼저 확인해야 한다. 병으로 임종[病死]하면 바로 병원응급실로 이송하고, 사고로 임종[變死]하면 즉시 경찰에 신고해야 하는 법규 때문이며, 미상이면 보험금의 수령도 어렵고 장례를 치르기에도 또한 어려움이 많다. 초동 조치는 자택, 변사 사고지, 요양시설, 병의원 등 현장에서 하는 순서로 눈을 감겨 드리고, 몸을 가지런히 한 다음[묶지 말고]에 흰 수세포로 덮고 감싸면서 2인 1조가 되어 들것으로 운구 앰뷸런스에 옮긴다. 이후 사망진단서의 발급이 가능한 요양병원 사망자는 장례식장으로 바로 이송하고, 그 외의 경우 병원응급실 검안을 거쳐야 한다. 전문장례식장은

321 황규성 외, 「안치실 및 염습실 종사자의 주요 감염질병 조사 및 근무시간에 따른 개인위생용품 작용실태에 대한 연구」, 『The Journal of the Convergence on Culture Technology』 제3권, 국제문화기술진흥원, 2017, pp.1-2.

검안의사가 별도로 지정되어 있다. 변사자, 사고사의 경우에는 현장에서 옮기지 말고 즉시 경찰의 도움을 받아 검안을 거쳐야 한다.

우리나라는 1990년대 초반까지만 하더라도 장례의례를 가정집에서 하는 것이 일반적이었으나, 현재는 대부분 장례식장에서 의례를 진행하고 있다. 장례식장은 현재 병원 장례식장과 전문장례식장이 전국에 800여 개소가 있으므로 경제 여건, 이동 거리, 예상하는 문상객 수 등을 고려해 장례식장을 미리 점검해 둔다.[322] 가정이 아닌 병원에서 임종할 경우, 그 병원에 장례식장이 있으면 그 장례식장을 이용하는 것이 편리하다. 이때 가족들은 맨 처음에 사망진단서 또는 사체검안서 5장[3장은 필수]과 영정사진을 준비한다. 그리고 필요시에 고인의 깨끗한 옷이나 수의, 교복, 제단 꽃 등을 준비하면 된다.

장례식장 안치실로 이동해서는 사망의 종류를 진단서에 정확히 기록해 두어야 하며, 고인의 유품 인수인계 또한 각별히 주의하여 상주에게 전해 주어야 한다. 초동 조치를 보완하거나 위생, 공중보건에 전이·전염을 차단하는 수습을 한다.[323] 수습을 하기 전에 전체적인 외상의 상태를 살펴보고, 이목구비, 찰과 화상, 배뇨기관 배출물, 부패나 수포 등에 의한 적·노출물, 욕창, 파상탈골 등 외상성의 상태에 따라서 수습한다. 유족이 고인을 대면할 때, 염습으로 인한 미관 및 공중보건의 안전조치[코로나 등 감염병]를 마감한 상태를 유지하여 마음이 상하지 않도록 하며, 부득이 미흡한 조치가 발생할

322 한국죽음학회, 『한국인의 웰다잉 가이드라인』, 대화 출판사, 1976, pp.91-95 참조.
323 다만, 사고사의 경우 시신의 상태를 그대로 유지하고 검찰의 검사지휘 후 보완 수습한다.

때에는 바로 양해를 구한 후 대기상태로 점검 확인하여 대면하도록 해야 한다.

일반 병사자나 노쇠사로 특별히 공중보건상에 해로운 요소가 없는 고인의 경우는 수습을 청결한 상태로 하는데, 수족 및 체형만을 보정하여 약 10분 내외의 범위 내에서 간소화한다. 그 방법은 정(正)장례지도사[324]의 수습 방법에 따라 수세 후에 안치한다. 사체의 관리지침에 따라 고인의 인적 사항과 특기할 내용을 잘 인지하여 타 근무자가 고인 관리업무에 차질이 없도록 함께 공유한다. 수습이 끝나면 입관[대렴]준비를 하는 초렴을 하는데 초동 조치 및 수습 상황을 유념하며, 입관 50분 전부터 미리 준비한다. 유족과 사전 협의하여 맞춤형 입관이 되도록 하는데, 입관 시간 10분 전까지 준비를 마쳐야 한다.

집도하는 정(正)장례지도사의 판단과 수습에 기초하여 진행하되, 유족의 슬픔을 살피며 그 마음이 상하는 일이 없도록 살핀다. 돌발 사고[고인이 바뀐 경우, 고인의 상태가 변화된 경우, 착의할 수의의 상태가 불량한 경우, 정서상 돌발 사고가 우려되는 경우 등]가 발생하면 유족에게 심리적 안정감이 유지되도록 하면서 사전 동의 및 양해를 반드시 구해야 한다. 초렴이 끝나면 냉장 온도를 3~4℃는 유지하여 보관하여야 한다.

2일 차는 대렴[입관]으로 유족을 참관실에 인솔·안내하고, 입관 및 안치 시간은 50~60분 이내에서 진행한다. 수의는 착의하기 전

---

324 입관식은 장례지도사(염사)가 2인 1조가 이어야 하므로 그 구분을 선임(正)장례지도사와 보조(副)장례지도사로 한다.

에 필요한 물품과 함께 반듯하게 정렬하여 둔다. 입관이 시작되기 전에 정(正)장례지도사는 유족 참관실의 유족대표를 인솔하여 고인의 인적 사항을 묻고, 얼굴을 보여주면서 이상 유무를 확인한다. 이상 없음이 확인되면 부장례지도사는 정위치하고, 유족과 지인들은 참관실에 위치하도록 하며, 휴대전화는 통화 일시 중단 또는 진동으로 하고, 지루하지 않도록 입관 진행 예상 시간을 안내한다. 이어서 참관실의 유리 벽으로 차단된 커튼을 걷고서 일반적으로 '지금부터 고인이 되신 ○○○님의 입관을 시작하겠습니다.'라고 복창한다.[325] 시작 안내 멘트 내용은 일부 상황에 따라 변경할 수 있다.

유족의 심리적 안정과 편안함을 위하여 착석 안내를 한 후, 고인을 향하여 기도, 묵상심고, 또는 고인에 대한 인사로 약 7초 내외의 시간을 할애한다. 유족의 요청에 따라 대렴 즉 입관하는 과정을 관람하고자 하는 유족이 있는 경우에는 고인의 염습대 좌우 향을 상황에 맞게 조정하고, 고인의 머리 부분을 북쪽 또는 동쪽으로 한다. 정(正)장례지도사는 고인의 머리 부분 위치나 왼쪽에서 진행하되, 부(副)장례지도사는 고인의 발 부분 또는 고인의 오른쪽에서 주관하는 장례지도사의 지시에 따라 보조를 맞추며 진행한다. 이때 시체 노출이 혐오스러울 때는 관람을 금하고 차단막을 설치해야 한다. 수의를 착의하기 전에 시체의 노출이 염려스러운 곳의 상처 및 찰과상, 생식 부위, 욕창 등은 미리 깨끗한 알코올 탈지면으로 조치해두고 시체포를 덮어둔다. 위생 소독 탈지면은 사체의 상(上)과 하

325 예: '장산 ○○○ 교도님의 입관을 시작하겠습니다.' '영면에 드신 ○○○ 고인의 입관을 시작하겠습니다.'라고 하면서 유족을 향하여 45°로 약 3초 정도 허리를 굽힌다.

(下)에 적당량을 미리 준비하여 둔다.

대렴은 1·2차로 나누어 진행하면 좋은데, 1차는 자연스럽게 보조를 맞춰 덮어둔 시체포를 걷어 올리며 사체의 발과 다리, 대퇴의 순서로 하체를 닦아 올리면서 하반신에 시체포를 다시 덮는다. 2차는 상체의 손과 팔, 흉곽부 등의 순서로 고인의 상반신을 닦아 내리면서 다시 덮는다. 이때 부장례지도사는 고인이 노출되지 않도록 한지 또는 습지 싸개를 하는데 발부터 시작하여 다리, 대퇴, 골반부를 먼저하고 이어서 손, 팔, 흉곽부, 머리, 얼굴 등의 순으로 한다. 가능한 한 지메[종이 끈]로 하되 묶지 않아도 풀리지 않는 방법으로 휘감고 틀어서 자연스러운 묶임이 되도록 한다. 필요시에 흰색 종이 접착테이프를 사용하기도 한다.

수의를 착의할 때는 하의[+고쟁이]–상의–버선–손싸개–두개부 순으로 진행한다. 배면[등]의 수의 착의는 먼저 고인의 오른팔[부장례지도사 쪽]을 먼저 착의하고 살짝 들면서 밀어 넣은 후, 왼쪽 팔과 배면을 들면서 빼낸 후에 왼쪽[정(正)장례지도사 쪽]에서 최종 마무리한다. 정(正)장례지도사는 사체의 상(上)[머리 정수리 쪽]에 자리하여 고인의 안면 처리[세안, 이목구비 정돈, 보습, 메이크업 등]를 하고, 동시에 부(副)장례지도사는 고인의 하(下) 발끝 쪽에 위치하여 사체의 착의상태, 구김 등 미비한 부분을 마무리하며 정(正)장례지도사에게 필요한 용품이나 요구되는 도구들을 보좌한다. 얼굴과 머리부, 모발부 등을 2회 정도 닦고, 다시 한번 착의상태 등을 최종적으로 정리한다. 이어서 참관하고 있는 유족들을 향하여 '고인과의 고별 시간을 마지막으로 갖겠습니다.'라고 하며, 고인의 가까운 곳에 근접하여 마지막 고별 시간을 갖도록 안내한다.

고별의 시간은 너무 길지 않도록 유의하며, 유족이 자연스럽게 5분 정도의 시간 안에서 이루어지도록 한다. 교회에서는 "지금도 우리를 보고 계시는 살아 계신 하나님 아버지, 오늘 하나님의 부르심으로 주님 오른편으로 돌아가신 故 ○○○님의 장례식 예배를 드립니다."326라고 기도한다. 이처럼 이승에서 마지막으로 하늘의 신과 고인의 혼령이 보고 있으므로, 고인의 얼굴에서 귓볼, 손부분이나 팔, 어깨 부분에서 마지막 인사를 하도록 안내한다. 이후 유족은 참관실에 자리 잡게 하되, 유족대표는 경우에 따라 고인의 아래쪽에서 약간 떨어진 거리에서 대기하고 참관하여 조력이 필요할 때를 준비하게 한다.

이미 준비된 내관보-장메[긴줄]-지금[요]-베개-고인의 정배치 후-천금[이불]-장메 순으로 하고, 마무리에서 3매 또는 7매를 한다. 매장에 사용되는 멧베나 고깔은 상황에 따라 주관지도사의 지시에 따라 진행한다. 고인을 입관할 시 유족이 합력하여 모시도록 한다. 결관은 종메의 경우 상·중·하부로 나누어 묶으며, 횡메의 경우에는 관의 아래에서 10㎝ 정도 올려서 묶도록 미리 엮어서 준비하여 둔다.

입관 순서를 보면, 화장의 경우에는 명정을 관 뚜껑을 덮기 전에 안으로 하여 고인의 전면에 올려 덮어두고, 매장의 경우에는 관 뚜껑 위에 공포, 명정, 관보 등을 올려놓되, 고인의 생전 부속물을

326 신성호, 『교회가 꼭 알아야 할 장례지침서』, 요단출판사, 2018, p.166.

유족이 요청하면 첨가할 수 있다. 고인의 성명, 이용 호실을 기록하고, 지인들이 원하면 추모의 메시지 등을 관에 쓸 수 있도록 배려하며, 발인 출관 시에 관이 바뀌지 않도록 꼭 확인하도록 하며, 천주교는 출관 방향이 반대이므로 유의하여야 한다.

입관이 끝나면 안치 냉장고에 정성스럽게 안치를 한 후, 일동은 고인을 향한 예[묵념]를 잠시 3~5초 올린 후에, '이상으로 영면에 드신 故 ○○○님의 입관을 모두 마치겠습니다. 이제 빈소에 가셔서 상주 의복[성복]을 갖추시고 입관식[독경, 예배, 성복제] 후에 조문 접객을 하시면 됩니다.'라고 안내한다. 최근에는 입관 전에 예절복으로 옷을 갈아입고 조문 접객을 하기도 한다.[327]

3일 차는 발인식을 시작하기 전에, 장례식장에서 화장장까지 소요되는 시간을 미리 적용하여 여유 있게 진행해야 한다. 화장은 화장이 시작될 때 열반독경을 한다. 화장은 납골당 또는 자연장지에 도착 후, 매장은 평토 후에 입장식과 장사의 의례를 갖추어 진행하고, 마치고 돌아와서는 전통 장례의 영실 대신에 법당에서 영위 안치식을 올린다. 유교식의 삼우제는 원불교 예법에는 없으나 발인 후 3일째에 납골 장소, 자연장 장소 또는 매장한 곳에서 납골당의 환경이나 자연의 상태, 묘지의 상태 등을 살피면서 다녀오도록 한다. 삼우재는 유족의 뜻에 맡긴 후에 초재에서 49종재까지 정성을 모으면 된다. 혹 과도한 슬픔으로 잊거나 소홀히 할 수 있는 장례 후에 할 일은 별도로 체크해야 한다. 사망 후 30일 이내 매장지에 속하는

---

327 이상의 「원불교 염습 매뉴얼」은 박현대, 신인철, 박천택, 최승옥, 한민숙, 문기봉, 최인수 등 장례지도사의 의견이 반영되었음을 밝혀둔다.

시장, 군수, 구청장 등에게 매장신고서를 제출해야 한다. 단 외국에서의 사망은 별도로 관할구에 문의해야 한다. 사망 후 1개월 이내에 사망진단서나 사체검안서 원본[복사본은 안 됨]과 고인의 주민등록증, 신고자 도장을 준비해 관할구에 사망신고를 한다.[328] 실수로 사망 후 30일이 지나면 범칙금이 부과됨을 유족에게 상기시켜 준다.

오늘날 상장의례의 전반적인 절차는 종교에 따라 다양하게 치러지고 있다. 그러나 우리나라의 경우 종교별 상장의례 절차가 다양함에도 불구하고 염습에 관하여서는 그 절차나 내용 면에 있어서 유교적 전통 방식을 그대로 적용하고 있는 상황이다.[329] 특히 전통문화와 대체로 거리를 두려고 하는 천주교의 애령회나 개신교의 안수회에서 조차도 염습에 관해서만큼은 유교적 방식을 대부분 그대로 따르고 있음을 볼 수 있다. 하지만, 천주교나 개신교는 교회 전문 염사를 임명하고 있다. 교당 현장에서 장례 독경반의 구성에 따른 염습 교육과 예비교역자들에게 현장교화의 실습으로 원불교 염습과 다음 장의 상·장례 진행 서비스 매뉴얼 교육은 현장교화의 필수 조건이다. 원불교의 염습 매뉴얼은 이러한 점에서 전통의 염습을 수렴하면서도 앞으로 세련되고 편안한 방식으로 전개되어야 할 필요가 있다.

---

328 한국죽음학회, 『한국인의 웰다잉 가이드라인』, 대화출판사, 1976, p.101.
329 정식, 위의 논문, p.131.

4. 상·장례 진행 서비스와 매뉴얼

1) 상·장례 서비스

장례식장 서비스는 좁은 의미로 시설 서비스와 인적 서비스로 구분되는데, 시설 서비스는 시체 처리와 장례를 치르기 위한 기본적인 시설로 상주와 문상객을 위한 다양한 시설을 갖추어 가는 서비스이며, 편의성을 도모하면서 상주를 고객으로 보는 장례식장을 자본주의 방식으로 경영하는 상업 서비스이다.[330] 인적 서비스는 염습과 상·장례의례를 진행하며 상담해 주는 장례 진행 서비스를 제공하는 것을 말한다.

상·장례 서비스는 장례 상담을 통하여 정해진 시간 내의 장례에 대한 일정, 절차, 방법을 안내하고 장례 장소와 용품을 공급하여 동시에 시설 서비스와 인적 서비스가 이루어지는 것이 중심이다. 이어서 위생적인 시신 처리와 정성스러운 염습, 바른 조문 예절에 이르기까지 장례 절차를 진행하고 그 외 필요한 부대 서비스를 제공해 주는 것으로 정의할 수 있다. 장례 서비스는 밖으로 시신의 관리와 위생적 처리, 안으로 장례의식에 참여하는 구성원 사이에서 가족 및 소속집단의 정신적 수단과 물질적 수단을 통한 친밀한 유대관계를 확인시키는데 그 중요성이 부각된다.[331] 장례 일정과 절차, 그리고

330 김시덕, 「장례식장의 의례민속과 장례서비스」, 『실천민속학연구』, 제12호, 실천민속학회, 2008, pp.91-92.

331 이필도, 「장례서비스 산업의 현황과 발전방안」, 『한국장례문화학회지』 제1권 제1호, 한국장례문화학회, 2002, pp.77-78.

방법 등의 효율성을 위해서 제례까지 안내한다.

장례 상담은 크게 보면 상·장례 서비스의 일종이라 할 수 있겠다. 즉 장례식장을 경영함에 있어서 중요한 기본적인 절차이며 사람과 사람 사이[Man to Man]의 의사소통을 통해 장례에 관한 모든 일을 전담하고 상담사에 의하여 믿고 신뢰할 수 있도록 장례 정보 서비스를 제공하는 것이라고 할 수 있다. 상·장례 서비스는 죽음이라는 특별한 상황에서 고인을 비롯하여 유족과 조문객을 위한 서비스로 서비스 종사자와 유족 및 조문객들의 상호작용이 연결됨으로써 나타나는 인간적 활동으로 본다. 따라서 장례 서비스는 서비스 종사자가 서비스 대상자[유족, 조문객]에게 제공하는 인간적 서비스 활동으로 이해할 수 있다.[332] 이처럼 장례식장 상담 서비스가 장례사업의 성공을 좌우한다고 보아도 지나치지 않는다.

2) 장례 상담 매뉴얼

(1) 응대 매뉴얼

현장에서 구체적으로 활용될 수 있는 장례 응대의 매뉴얼을 언급하고자 한다. 본 책자에서는 원광대병원 천도장례식장에서 현재 실행하고 있는 내용을 중심으로 접근해 보았다. 상담자[사무장]는 '유족께서 경황이 없으시겠지만, 장례식장 이용에 필요한 사항들을

332 조태형, 『장례상담의 이론과 실무』, 에듀컨텐츠, 2007. p.52 참조.

안내해 드리겠습니다.'라고 안내한다. 고인이나 유족의 인적 사항을 기재하며 장례 방법 및 절차에 대해서 상담을 시작한다. 장법[매장, 화장], 장일[2일장, 3일장, 4일장, 5일장] 등을 논의해서 결정한 후, 고인의 종교 또는 유족들의 종교에 따라 상담 형태가 조금씩 달라진다.

장례식장 시설의 사용료 및 기타 이용료 등을 안내해서 설명한 후 희망에 따라 결정하도록 하며, 입관일시 및 발인일시를 정하도록 한다. 제단 장식, 남·녀 상복, 도우미 근무 시간 및 인건비 설명, 장의차량, 주차 관련 운영사항 등을 설명한 후 장례식장에서 제공할 수 있는 식음료 메뉴와 이용에 따른 제반 사항을 안내한 후 장례식장 이용 계약서와 약관을 설명해 드리고 사업자와 이용자의 상호계약체결에 서명한다.[333] 장례는 변경이 많은 의례이므로 계약 체결 후에 더 필요한 사항이 있으면 연락해 달라고 하면서 계약을 언제든지 변경할 수 있음을 암시해 준다.

장례식장 이용 상담을 크게 「장례 일반상담」, 「장례 비용상담」, 「주차 안내 및 기타 상담」으로 나누어 설명해 본다. 첫째, 장례 일반상담은 타 병원 및 자택 또는 다른 지역에서 임종하신 경우 본 장례식장 이용 가능함을 물어 오는 경우가 많다. 이때는 타 병원이나 자택에서 사망하신 경우라도 본 장례식장을 이용할 수 있음을 알려주고, 임종 후 본 장례식장으로 연락하신 후 빈소가 가득 찰 경우도 있으므로, 빈소 사용 가능 여부를 문의해 달라고 해야 한다. 접수할 때

333 대전보건대학 장례지도과, 『메멘토모리 자료집』 제2호, 대전보건대학, 2004, p.47 참조.

주소와 위치, 고인명, 상주명, 연락처를 알려주면 본 장례식장 직원이 직접 고인을 모시러 간다고 안내한다. 보통 인접 시내권은 무료 운구를 한다.

그리고 타 병원 및 자택에서 운명한 경우, 사망을 증명하는 사망진단서를 발급받아오거나 부득이한 경우 본 병원 내 응급실을 경유하여 의사의 검안을 받은 후 사망진단서를 발급받을 수 있다. 이때 정확한 인적 사항을 기재해야 하므로 사전에 고인의 주민등록등본을 발급받아 두면 장례 진행에 용이함을 알려준다. 타 병원에서 임종한 경우 진단서는 바로 가지고 가야 할 것인가의 질문을 받을 수 있다. 사망진단서 발급이 가능하면 함께 지참해도 좋지만, 진단서 발급이 부득이 어려우면 입관하시기 전까지 받아와도 된다.

최근의 화장률은 거의 90%에 육박하고 있는 실정에서 사망진단서 발급이 지연되는 경우에는 〈사망자정보 제공동의서〉를 작성하여야 하며, 고인의 정확한 인적 사항[이름, 주민등록번호, 최근 주민등록지 주소, 사망일, 시간, 병명 등]을 충분히 제공 받아야 화장장 예약을 할 수 있다. 이때 주소가 틀린다든지 병명이 잘못되면 화장접수가 안 되며, 참고로 사망진단서는 화장접수 및 사망신고 때 필요하고, 각종 보험 관련 청구 등에 필요하므로 3~5부 정도 여유 있게 준비하도록 한다.

장례식장 운영시간과 간단한 오락[화투 등]을 해도 되는가의 질문을 받을 때는, 모든 장례식장은 거의 24시간 운영하고 있으며, 당 장례식장 이용 규정에 반하지 않는 범위 내에서만 조문객 접대 및 타인에게 피해를 주지 않는 행위로서 도가 넘치는 오락은 불가능함[고스톱, 카드]을 알려주지 않으면 생각지 못한 사고로 연결될 수 있음을 주의시켜야 한다.

'부모님이 위독하신데 응급실로 가야 할까요? 아니면 어떻게 해야 합니까?'라는 질문을 받을 때는 굉장히 심사숙고해야 한다. 응급실에 가도 되겠지만, 평소 병원에 다니며 지병을 가족들이 알고 있으면서 위독하고 임종 직전에 있다면 병원으로 옮기는 것보다는 자택에서 부모님의 임종을 지켜보는 것도 좋다. 병원은 치료하는 곳이며 임종을 기다리는 곳이 아니므로 추후 병원비 부담을 해야 하기 때문에 옮기지 않는 것이 좋을 수도 있으므로, 아직은 운명한 경우가 아니므로 임종을 지켜보다가 본 장례식장으로 연락하면 검안의사[334]를 불러서 적의한 절차를 밟을 수 있는 사항을 안내하는 것도 좋다.

시골에서 홀로 주민등록이 되어 있는데 불의의 사고로 열반한 경우에는 사건이나 사고사의 경우, 주민등록이 홀로 되어 있는 망자의 수습은 다소 어려운 부분이 있다. 유족으로서 놀랄만한 일이지만 경위 조사가 원만이 이뤄지도록 유족이 유족 조서를 협조하는 일과 시체검안서 또는 사망진단서를 속히 발급받아서 과학수사반에 필히 제공해 줘야 한다. 이때 주민등록이 혼자 되어 있는 경우에는 사법경찰관[335]의 도움을 받는 방법으로써 주민등록등본과 같이 인정받는 〈주민조회확인〉을 받아서, 응급의학 검안의사와 연결해 주면

334 변사사건 관련 전문의사로 경찰에 대한 국민의 신뢰도를 회복시키기 위해 검안의사를 지역에서 위촉한다.

335 사법 경찰은 범죄의 수사와 범인의 체포 등의 일을 하는 경찰인데 사고사의 경우 사법 경찰의 도움을 받아야 한다.

사망진단서[또는 시체검안서]를 발급받아서 경찰서 자료용으로 제출할 수 있다.

사망의 경위가 확실할 경우 무엇을 준비해 가지고 가야 하는지에 대한 질문이 가장 많다. 접수에 필요한 신분증[주민등록등본이나 주민등록증 또는 의료보험증], 사망진단서와 빈소 제단 마련에 필요한 영정사진을 준비하면 된다. 영정사진이 준비되지 않으면 증명사진 또는 일반사진을 가져오면 확대해서 영정사진을 마련할 수 있는데, 지정업체 사진관에서 전문적으로 영정사진을 제작한다. 소요 시간은 약 1시간 정도 걸리고, 그 외 장례 절차 및 준비사항[장의용품]은 추후 상담 후 안내하면 된다.

장례식장 예약이 가능하냐는 질문도 많다. 장례식장의 특성상 예약은 되지 않지만, 다만 예상되는 사망자의 경우 사전 연락을 통해 진행에 도움이 되도록 하는 창구는 있다. 보호자도 정확히 언제 임종하실 줄 모르고, 먼저 온 상가(喪家)에서 비어있는 빈소가 있는데 왜 주지 않느냐고 하면 곤란한 경우가 발생 되므로, 장례식장에서는 사전 예약보다는 사전 접수를 하고 있음을 안내한다.

빈소가 비어있는 곳이 없을 시에는 빈소의 이용이 만원이 되어 현재 장례식장에는 빈소 입실이 어렵다는 것을 안내한 후, 당장 빈소를 마련하기는 곤란하지만, 일단 고인을 안치실에 모신 후 다음 발인 상가가 발생하는 빈소를 예약할 수 있음을 안내한다. 예를 들면 '120평 201호 특실 빈소가 내일 아침 ○○시 ○○분에 발인하는데 그 이후에는 빈소 사용이 가능합니다. 그렇게 하면 어떻겠습니까?'라고 한다. 다만 유족의 대기 공간이 필요한 경우, 장례 휴게텔을 제공하거나 다목적실에서 충분한 휴식이 되도록 공간을 제공하여 줄 수 있음을 안내한다.

부고를 낼 때 어떻게 해야 하느냐는 질문을 하면, 준비된 부고 양식의 견본을 참고해서 작성할 수 있도록 도와준다. 최근에는 휴대전화를 이용한 간단한 문자로 대신하는 부고[336]를 선호하고 있다. 빈소를 추가로 사용하고자 할 경우는, 다른 접객실이 비어있는 경우 추가사용이 가능함을 알려주고, 사용요금은 시간별로 산출하며 정상 요금의 50%를 적용하면 서로 불편함이 없다.

임종을 보지 못한 가족이 있으면 입관할 때 고인을 뵐 수 있지만, 당장 뵙기를 원하면 상주님과 상의 후 보실 분들이 모이면 그때 다 같이 볼 수 있도록 안내한다. 외국에서 임종했다면, 고인의 국내 도착 일정에 따라 빈소를 마련하고, 본 장례식장으로 고인을 운구할 차량 및 기타 장례에 필요한 행정적인 절차는 상담 후 진행할 수 있도록 안내한다.

장례를 외국에서 거행하려면, 고인을 국제항공운송 규정에 따라 위생 처리한 후 이송이 가능하다. 이송 절차는 대행업체에서 하고 있으며 자세한 절차는 해당업체와 상담 후 결정하면 된다. 이때 대행업체를 연결해 주는 서비스가 필요하다. 외국인의 경우 국내에서 화장 장례를 치를 수 있는 경우는 외국인등록이 되어 있어야 하며 사망진단서를 발급받은 경우에는 가능하다. 여행 목적의 사고나 사건의 경우에는 적법한 경위 조사와 검시 종료 확인을 얻은 후에

336 〈訃告〉 ○○○님의 ○친이신 ○○○님 ○월 ○일 ○시 별세[소천, 열반], 빈소 : 원광대학교병원 장례식장 ○○○호[VIP실], 발인 : ○○○○년 ○월 ○일.

가능하며 국가 또는 지정적·지역적 특성, 대사관, 영사관 번역본 행정적인 절차에 따라 다소의 시간이 걸릴 수 있는 부분이 있다.[337] 외국 또는 외국인의 장례는 실수하면 시일이 많이 소요되므로 주의를 기울이고 거듭 확인을 해야 한다.

둘째, 장례비용 상담이 많다. 빈소 종류 및 가격을 안내할 때는 사회복지 차원에서 무료 빈소를 개설하고, 무료 빈소의 안내를 잊어서는 안 된다. 원광대병원 장례식장의 경우 100평, 120평, 130평, 180평, 200평형이 준비되어 있으며 예상 조문객 인원을 감안해서 희망하는 빈소를 선택하면 된다. 이용가격은 시간당 적용이 되며 24시간을 1일로 하며 12시간 이상 사용 시 1일로 적용되며, 12시간 이하 사용은 시간으로 계산한다. 이때 영세민이나 무연고자[338]들에게는 무료 빈소가 있음을 안내한다.

일반적으로 장례식장에서 3일장을 치르는데 총비용에 있어서 예상 비용이 유동적이므로 정확한 금액은 안내하기가 어려우며 희망하는 빈소의 크기에 따라 사용료가 달라진다. 또 용품[수의, 관]별로 가격대가 다양하고 조문객 수와 음식 메뉴에 따라 음식 접대 비용도 큰 차이가 생긴다. 빈소 사용료+장의용품 및 부대비용+식·음료비용이 소요되어 조문객 1인당 접대 식·음료비용이 보통 8,000[이하는 2015년 기준]원 정도로 장례비용의 60~70% 정도가 식·음료비용으로 조문객 수를 고려하면 예상 비용을 대략 알 수 있다.

---

337 대전보건대학 장례지도과, 위의 자료, 50 참조.
338 여러 방면으로 연고자를 찾는 작업을 진행함에도 불구하고 무연고자로 확인이 되면, 지자체에 연락하여 장례 절차에 대해 문의하고 장례를 진행해야 한다.

유가족들은 〈가족 수×식사 횟수〉를 자세하게 안내해야 한다. 1인당 접대비용을 식·음료 기준으로 7,000~10,000원 정도 예상하는 곳도 있지만, 이것은 가족들이 어떤 음식을 선택하느냐와 가족 숫자에 따라 비용의 차이가 달라지는 것이므로 주의해서 안내해야 한다. 장례식장에서 발생한 비용은, 발인하기 1~2시간 전에 현금이나 카드로 계산하면 된다. 그리고 발인 전날 대략 얼마 정도 계산이 된다는 예상 계산서를 발급하면 된다. 이때 쓰지 않은 품목은 계산에서 제외했음을 안내하면 큰 신뢰를 받는다.

장의용품[수의·관] 및 상복 대여나 판매 용품 안내에 있어서 다양한 종류의 장례용품을 가격대별로 샘플을 전시하여 유족이 희망하는 용품을 직접 보고 선택할 수 있도록 갖추어 한 눈으로 볼 수 있게 한다. 상주들이 입을 남녀의 상복은 대여하고 있지만, 여성 상복은 1회용으로 판매하기도 한다. 상복은 집안에 따라 전통식과 현대식을 선택할 수 있으며 전통식 상복은 굴건제복 또는 삼베·광목 두루마기, 치마저고리를 구매할 수 있고 현대식은 남자 상복으로 검정 양복을 대여해서 입는데, 기간은 5일 동안이다.

도우미 신청[339] 및 요금과 근무 시간은, 일반 빈소의 경우는 도우미 여사 한 명이 들어가고, 100평 이상의 특실인 경우는 두 명이 입실한다. 야간 근무를 할 경우는 요금을 2배로 가산한다. 또 장지에서 일해 줄 도우미가 필요하거나 도우미를 추가로 신청할 때 관련 사무실에 신청하면 되는데, 도우미는 자택에서 오기 때문에 원하

---

339 도우미는 장례 전반을 도와주는 역할을 하도록 교육한다. 이때 장례식장에서는 정식직원인가 아닌가를 구분해 두어야 한다.

는 시간보다 1시간 정도 여유 있게 신청하면 필요한 시간에 차질이 없다.

24시간 현금을 인출할 수 있는 현금인출기가 아주 중요하다. 장례식장 1층 현관에 24시간 이용할 수 있는 현금인출기를 설치하면 되는데, 요즘은 은행과 협조하면 바로 설치가 가능하다. 장의차량 종류는 다양하다. 가격에 있어서 버스형은 25인승, 35인승, 45인승이 있으며, 운구 전용 리무진 승용차가 준비되어 있는데, 요금은 거리에 따라 산정된다는 안내가 필요하다.[340] 요금이 청구되는 모든 청구서는 사전 안내를 하지 않으면 바가지요금이나 폭리의 오해가 따른다.

셋째, 주차 안내 및 기타 상담으로 원광대병원 주차 안내에 있어서 최근 당 사업장은 주차 공간이 동시 주차 1,500대를 할 수 있는 공간이 마련되어 있다. 유족의 주차 비용은 없으며 병원과 장례식장과의 협약에 따라 장례식장에서 부담한다는 무료 주차 안내를 자세히 한다. 대도시와 소도시의 의식이 다르므로 익산은 무료 주차가 되지 않으면 영업에 어려움이 많다.

비상약 구매에 있어서 장례식장 내에는 비상약을 판매하는 곳이 없고 병원 앞에 약국이 있으니 필요한 약을 구매할 수 있다. 급하면 장례식장 사무실에 직원들이 쓰고 있는 간단한 상비 구급약[두통약, 소화제, 밴드, 후시딘, 소독약, 청심환 등]이 있으니, 괜찮으시면 그것이라도 내어드리겠다는 안내를 해야 편의와 약사법을 지킬

---

340 대전보건대학 장례지도과, 위의 자료, pp.50-52 참조.

수 있다.

수의나 관을 외부에서 가지고 갈 수 있느냐는 질문은, 미리 준비한 수의가 있으면 가져와도 되고, 관은 힘들게 가져올 필요 없이 우리 장례식장에서 구매하면 최고의 품질을 저렴하게 선택할 수 있음을 안내한다. 이때 수의나 관을 강매[341]하지 않도록 주의한다.

음료수, 주류, 과일 등을 외부에서 유입해도 되느냐는 질문도 많다. 장례식장에서 외부 잡화 유입을 막아서는 안 된다. 하지만 장례식장 내 매점에서 주류, 음료 및 과일을 저렴한 가격에 공급하고 있으므로 외부에서 힘들게 가져오는 것보다 매점 이용을 안내할 때, 매점 물건값이 외부와 가격 차가 심하지 않도록 하여 가격표를 공개해야 한다.

음식물을 외부에서 만들어서 반입하는 경우도 종종 있다. 장례식장 특성상 음식은 단체급식을 하는 관계로 보건위생상 외부에서 음식을 가져오면 식중독 및 위생 관리상 어려운 점이 있으므로 음식 반입은 곤란하다고 해야 하지만, 반입을 막아서는 안 된다. 그러므로 상주님들의 협조를 부탁한다고 하며 양해를 구한다.

발인상가 상주의 연락처를 물어 올 때는 상당히 주의를 기울여야 한다. 개인정보이므로 안내는 어려우니 연락처를 알려주면 상주께 전달해 드리겠다고 해야 한다. 그리고 공원묘지 및 납골당 소개를 부탁해 오면, 인근 공공 및 사설 공원묘지와 납골당 위치 및 연락

---

341 현행 공정거래위의 '장례식장 표준약관' 제7조에는 '사업자가 제공하는 장례용품의 이용을 이용자에게 강제하거나 웃돈을 요구하지 못하도록 사업자의 의무 사항으로 부과한다.'라고 명시되어 있다.

처를 안내하며, 자세한 안내를 원하면 해당 시설 및 업체의 직원과 연락이 되도록 하여 편의 사항을 직접 설명 들을 수 있도록 안내해 준다.

사망신고342는, 신고 의무자가 사망의 사실을 인지한 날로부터 주민등록지를 관할하는 동사무소에 1개월 이내에 신고하며, 1개월이 경과하면 신고 의무자에게 과태료를 부과하도록 규정하고 있다. 다만 장례 절차가 종료되면 그 직후 사망신고를 해도 되고, 사망신고서에는 사망의 사실을 증명하기 위하여 사망진단서[원본]나 검안서를 첨부한다. 하지만 부득이한 사정으로 진단서[검안서]를 첨부하지 못할 때는 사망증명서를 관할 관공서에서 작성하여 첨부하여야 한다.

상주 측의 자체 입관과 장례식장의 입관 시의 가격 차이에 대하여 설명이 필요하다. 상조회의 자체 입관과 천주교 신자들의 자체 입관 횟수가 많아지기 때문이다. 자체 입관이 가능함을 알려주면서, 가급적 당사에 맡기도록 하여 정성을 다하도록 한다. 다만 고인의 외상 정도나 위생, 공중보건상 긴요함을 요하는 경우, 또는 수습의 난이도가 있는 경우에는 별도의 요금이 추가됨을 알려준다.

빈소에서 담배를 피우는 경우가 많은데, 장례식장은 「국민건강증진법」 제9조 제4항에 의거하여 전 지역이 금연시설로 지정되었으며, 흡연 시 동법 제34조 제3항에 의거하여 10만원의 과태료가

342 사망신고는 친족이 하고, 친족이 없으면 사망 장소 관리자가 1개월 이내에 한다.[가족관계의 등록 등에 관한 법률 제85조 1·2항] 필요 서류는 다음과 같다. 사망진단서, 신고인 신분증명서, 사망자의 가족관계증명서.

부과되므로 조문 오는 손님들로 인하여 왕래가 빈번한 공공장소 건물 내에서는 흡연을 금하고 있음을 홍보하고, 번거롭지만 건물 밖의 흡연 장소를 이용하도록 안내한다.[343] 요즈음은 별도의 안내 없이도 잘 지켜지고 있는 편이다.

지진이나 전염병이나 예상하지 못한 사고에 대비하여 두 가지로 장례식장이 운영되고 있다. 국가재난 대비 지정 장례식장[344]과 일반 장례식장이다. 국가재난 대비 지정 장례식장의 경우에는 질병관리운동본부에서 지휘하는 음압 시설이 되어 있는 장례식장의 경우나 별도의 각종 재난이 발생했을 경우 재난안전관리본부에서 운영하는 시스템에 맞게 운영하는 형태를 말한다. 범국가적으로 위기의 질병, 위생 안전을 요하는 사체의 관리에 적절한 조치가 되도록 관계기관과 네트워크가 이뤄지는 장례식장을 말한다.

이처럼 응대 매뉴얼은 현장에서 직접적으로 활용되어야 한다. 유족들은 경황이 없으므로 작은 실수에도 예민하므로 신경질적일 수가 많다. 이때 토탈장례서비스가 중요하며 장법, 장일, 종교 상담이 우선되어진다. 그 후에 장례식장 이용 상담으로 귀결되는 응대매뉴얼의 중요성을 설명했다.

(2) 인사 매뉴얼

인사하는 법은 쉬운 것 같지만 감정노동자의 노역이 될 수 있

343 대전보건대학 장례지도과, 『메멘토모리 자료집』, 제2호, 대전보건대학, pp.52-54 참조.

344 '국가재난 대비 지정 장례식장' 지정은 코로나19와 같은 국가의 재해·재난에 대비한 효율적이고 신속한 장례지원이 가능하여지도록 하기 위함에 있다. 감염병 예방 및 사망자 장례지원을 한다.

다. 출근하여 한 번씩 연습하여 습관이 익숙해지도록 노력해야 한다. 관·수의 등은 '장의용품 담당 ○○○입니다. 입관은 1시간 정도 소요됩니다. 차질이 없도록 정성을 다하겠습니다.' 사진은 '영정사진 상담원 ○○○입니다. 사진 작업 소요 시간은 1시간 정도입니다. 정성을 다하겠습니다.' 화환은 '꽃[제단장식] 담당 ○○○입니다. 영정사진 장식 가격은 ○○○원입니다. 감사합니다. 정성을 다하겠습니다.' 차량은 '운구 차량 상담원 ○○○입니다. 요금은 정액제로 ○○○원입니다. 불편함이 없도록 최선을 다하겠습니다.' 식당은 '주방 상담원 ○○○입니다. 제사상은 ○○○원이지만, 형편대로 하시면 됩니다. 감사합니다. 정성을 다하겠습니다.' 매점에서는 '어서 오십시오. 상품에 정가가 표시되어 있습니다. 감사합니다.'

안내실에서는 '어서 오십시오. 어느 상가를 찾아오셨습니까? 특실은 3층에 있습니다. 안녕히 가세요.' 상담실에서는 '어서 오십시오. 무엇을 도와 드릴까요?' '상담 후에 안녕히 가세요.' 하는 등 인상에 남는 서비스[345]가 필요하다.

인사 매뉴얼에서 마지막 인사는 최상의 조건이다. 장례식장에서 발인식 등 장례행사를 모두 마치고 떠날 때 고인, 상주 그리고 친인척과 지인들이 타고 떠나는 장의차량을 향하여 배웅하는 마지막 인사는 장례식장 전 직원과 도우미들이 한 줄로 서서 차량 안의 고객들과 눈을 맞추면서 보통 90도 각도의 큰 절로 인사하면서 슬픔과 격려를 아울러 전달한다. 마지막 인사의 반응은 오래오래 기억이 된다.

---

345 조태형, 위의 책, 2007, p.90.

(3) 고객 상담 매뉴얼

고객 상담 매뉴얼은 미리미리 숙지해야 한다. 고인을 직접 모시고 오는 경우, 보호자만 방문하는 경우, 전화접수 및 상담 등 3가지로 분류해 볼 수 있다. '고인을 모시고 오신 경우'에 장례지도사는 고인이 안치실 입구에 도착하면 고인을 모시기 전에 정중히 예의를 표하고 상주와 함께 안치실로 안내한다. 안치 냉장실에 고인을 안치하고 고인의 성명, 성별, 나이, 안치 번호, 안치 일시 등을 기재하고 상주에게 확인받은 다음에, 상주를 상담실로 안내하여 임대차계약서에 고인과 상주의 인적 사항을 자세하게 기재한다.

이어서 계약서를 작성하는데 장례 일정 등 주요 사항[사망 종류, 입관 방법, 장지, 상제란, 참고 사항 등]을 정확하게 기록한다. 계약서 작성 때 안치료, 임대료, 쓰레기 수거료는 계약 일자 별로 기록하고, 염습료 및 예식실[영결식장] 사용 등을 기록한다. 유가족의 종교 등으로 자체적인 입관 결정 시에는 시간 배정 및 입관 비용을 설명하고, 추가 접객실 사용 요청 시에는 빈소 실정, 추가 요금을 자세하게 설명한다.

제단 장식은 꽃집직원의 상담 시 샘플을 확인하고 주문하며, 근조화는 장례식장이 작을 경우에는 규정[통행 불편, 청소 관계, 운영 규정, 미관상 등 규정대로 상세하게 설명한다.]에 의거 몇 개 이내로 진열을 제한하고 초과 시에는 리본만을 벽에 부착함을 설명한다.[346] 화재 예방을 위하여 화기사용 금지와 식중독 사고 예방을 위

346 근조화 제한은 미리 안내해야 하는 조심스러움이 있다. 더군다나 진열할 곳이 부족하여 돌려보내야 할 때는 사전에 동의받아야 한다.

하여 외부 음식 반입을 자제해 줄 것을 적극적으로 설명한다.

장례행사의 대부분이 직접 고인을 모시고 오는 경우이므로, 장례담당자가 나름대로 노력했다고 해도 고객의 눈높이에서 불만을 느꼈다고 보면 각고의 노력을 통해 불만을 해소하도록 해야 한다.[347] 해피콜의 시스템이나 설문지 작성을 안내하면 반응이 달라진다.

'보호자만 방문한 경우'에는 보호자가 편안한 분위기에서 상담할 수 있도록 제2 상담실로 안내한다. 먼저 보호자의 문의 사항을 충분히 들어본 후 문의한 사항들에 대해서 순서대로 설명한다.[이용 방법, 조문객 접대, 장의용품, 사진, 꽃집, 장의차 등] 본 장례식장의 장점인 고품질의 저렴한 장의용품 판매, 촌지 없는 장례식장 등을 거듭 강조하여 설명한다. 분향실 크기에 대해 문의할 경우, 보호자를 모시고 원하는 크기의 분향실을 상담자가 직접 안내하여 설명한다.[348] 조건은 저렴하고, 촌지 없고, 아늑한 분향실을 꾸며야 한다.

'전화접수 및 상담'을 하는 경우는 절대 결정권이 전화 한 통[M·O·T]에 있음을 명심해야 한다. 이를 매뉴얼로 다음과 같이 하나하나 점검해 본다.

첫째, 전화 받는 요령은 벨이 2회 울리기 전에 왼손으로 받는다. 항상 메모지와 필기구를 준비하고 소속과 이름을 먼저 밝힌다. '감사합니다. ○○장례식장 상담원 ○○○입니다.' 또는 '정성을 다하

347 장만석, 『장례연출의 이해』, 하늘문화, 2008, p.314.
348 조태형, 위의 책, p.93.

여 모시는 상담사 ○○○입니다.' 하고서 상대를 확인하며 '김○○ 님이십니까?'하고 인사를 한다. 이어서 '우리 장례식장을 찾아주셔서 감사합니다.' 하면서 용건을 물으며 듣는 내용을 메모한다. 그리고 '네' 또는 '잘 알겠습니다.' 복창[반복]을 한다. 육하원칙[5W 1H]으로 의문점을 확인[요점 반복]하고 반복 복창을 하며 마지막 인사를 한다. '전화 주셔서 감사합니다.' 하면서 전화를 끊는데, 상대가 먼저 끊은 것을 확인한 후 조용히 끊는다. 전화를 어떻게 받는가도 중요하지만, 고객을 대하는 진솔한 마음이 더욱 필요하다.

둘째, 임종 및 위독 사항인지 여부[분향실이 있는 경우]를 확인한다. 임종일 때는 고인 성명과 유가족 성명, 고인이 계신 곳의 연락처를 접수대장에 기재하고 운구 방법과 안치 방법[응급실인 경우 사체검안 및 진단서 발급 등]을 설명한다. 위독할 때는 사망 전에 접수, 예약이 불가능함과 사망 시 운구 방법을 친절하게 설명하고 임종 후 즉시 전화 연락을 취할 것을 설명해 드린다. 예약을 원할 때는 사망 전에 예약은 어렵지만 빈소를 준비하면서 다른 망자가 먼저 오면 받을 수도 있음을 양해해주실 것을 설명하고, 임종 후 당 장례식장으로 전화 연락을 통하여 분향실 사용 여부를 확인하라고 안내한다.

셋째, 비어있는 분향실이 없으면 송구스러운 마음을 전달하고 다음 날 분향실을 준비하는 대기 방법을 원할 경우에 임대차계약서를 작성하고 이후의 일정을 안내하며, 유가족이 타 병원 장례식장 이용을 원하면 그곳의 연락처 및 빈소 유무를 파악하여 성심성의껏 중간 역할을 한다.

넷째, 만약에 외국에서 사망하였을 때는 관심도를 높여서 공항 도착 하루 전에 도착시간 및 비행기편 등 정확한 운구 도착 일정을 파악하고, 가족 중에 장례식장에 찾아와 계약서를 작성하게 하여 분향실을 배정하고, 운구 방법 등을 장의차 상담직원과 상담할 수 있도록 안내한다.[349] 내외국인 사망자 관련 업무는 출입국관리사무소에서 위임받아서 한다. 대행 의뢰 시 필요 서류는 사망진단서, 사망자 신분증, 위임인 신분증, 위임장, 신고인 신분증 등이다.

(4) 조문 예절 매뉴얼

조문객은 입구를 통하여 빈소에서 분향을 마친 후 접객실로 이동하여 머무르게 되며 우리나라 장의 풍습상 잠깐 머물 수도 있고, 밤샘을 할 수도 있는데 큰 소리를 낸다든가 크게 웃는 일은 삼가야 한다.[350] 만약에 밤샘을 할 때는 여유 공간이나 샤워 시설 등을 미리 알아두면 좋다. 이때 실수가 있을 수 있으므로 조문 예절을 미리 연습해 두면 좋다.

종교식 예절과 헌화, 공수, 절의 횟수 등에 대하여 살펴본다. 우선 「종교식 예절」에 대하여 언급하고자 한다. 불교·유교·일반식의 예절은 분향실에 들어서서 상주와 가벼운 목례를 먼저 한 다음에 영정 앞에 바르게 서서 준비된 향[막대 향]을 집어 불을 붙인 다음, 손에 든 향으로 원을 그리고 좌우로 흔들어 불꽃을 끄고[입으로 불

349 조태형, 위의 책, pp.93-95.

350 오영모·박재승, 『전문장례식장 조문공간 구성에 관한 연구』, 『한국실내디자인학회 논문집』 39호, 한국실내디자인학회, 2003, p.124.

어서 끄지 않는다] 향로에 향을 천천히 꽂은 다음에 한걸음 뒤로 물러나 절[재배]을 올린다. 절을 올린 후에 상주와 맞절하고 상중 위로의 말씀을 나눈다. 최근에는 조문객 위주가 아닌 유가족 위주의 조문 예절이 이어지고 있어 유가족의 상황에 맞는 조문 예절[선 채로 하는 대례 등]을 하여야 한다.

기독교식 예절은 문상객을 당황하게 할 수 있으므로 미리 익혀두면 좋다. 분향실에 들어가서 상주와 가볍게 목례하고, 이어서 준비된 국화꽃을 들고 고인 영정 앞에 꽃대가 안으로 가도록 헌화한 후 한걸음 물러서서 15도 각도로 고개 숙여 잠깐 묵념을 드린 후 상주와 맞절하고 상중 위로의 말씀을 나눈다.

천주교식 예절은 분향실에 들어서서 상주와 가볍게 목례하고 준비된 국화꽃을 들고 고인 영정 앞에 헌화한 후 한걸음 물러서서 15도 각도로 고개 숙여 잠깐 묵념을 드린 다음 준비된 향[막대 향]을 잡고서 불을 붙인 다음 향을 좌우로 흔들어 불꽃을 끈다. 가루향으로 만들어진 향은 오른손을 왼손으로 받치고 오른손의 엄지와 검지로 향을 집어서 공손하게 잡고, 왼쪽 무릎을 꿇고 향로에 향을 천천히 뿌리고 일어나 한 걸음 뒤로 물러서 절을 올린다. 절을 올린 후에 상주와 맞절하고 상중 위로의 말씀을 나눈다.

다음으로 「헌화 방법」에 대하여 살펴본다. 헌화 방법은 혼동할 수 있으므로 평소에 익혀두어야 한다. 헌화는 물건을 전할 때처럼 받는 사람이 받기 쉽도록 꽃 부분이 주는 사람을 향하게 하고 꽃대 즉 줄기가 고인 쪽을 향하게 드려야 한다.

「공수법」에 있어서 절을 할 때나 예의를 표할 때 평상시는 남자는 왼손이 위이고 여자는 오른손이 위[男左 女右]로 간다. 그러나 흉사 시에는 평상시와 반대로 남자는 양이고 여자는 음이기 때문에 오른손이 위로 가고 여자는 왼손이 위로 간다.[351] 남녀의 예절을 통해 성의를 다한다.

「절하는 횟수」는 산 사람에게 한 번, 죽은 사람에게 남자는 재배하고, 여자는 4회 절을 하는데 그 이유는 여자는 음[음의 수는 2]이므로, 양[양의 수는 1]인 남자의 갑절 수로 절을 한다. 그러나 현대에는 남녀 공통인 재배로 바뀌어 있다. 불교 사찰에서는 부처님께 3배를 올리고, 원불교에서는 법신불 전에 4배를 올린다.

「고인보다 나이가 많을 때 조문」에 대하여 언급해 본다. 고인보다 나이가 많거나 고인과 안면이 없으면 영정 앞에 절하지 않고 상주에게만 조문한다. 영정 앞에 절하는 것은 조상, 상주에게 인사하는 것은 문상이라 한다. 따라서 조문이란 조상과 문상을 뜻하기 때문에 '조문 간다'라는 말이 옳다.

「조문 시 위로의 인사말」에 대해 언급해 본다. 많은 사람이 조문을 가서 위로의 말을 어떻게 해야 할지 몰라 망설인다. 실제 조문의 인사말은 조문객과 상주의 나이 관계에 따라 다양하다. 일반적으로 '삼가 조의를 표합니다.' '얼마나 슬프십니까?' '얼마나 섭섭하십니까?'를 사용한다. 상주는 상중에는 항상 죄인이므로, '고맙습니다.' '찾아주셔서 감사합니다.' 하고 조문 온 사람에게 정성으로 고마움을 표한다.

---

351 현재는 혼돈이 있으므로 두 손을 가지런히 앞으로 향하는 평배[평상시에 하는 절]로 하는 경우가 대부분이다.

「그 외 인사말」은 다음과 같다. 상주·상제의 부모인 경우 '상사에 얼마나 애통하십니까?' '어려운 일을 당하셔서 어떻게 말씀드릴지 모르겠습니다.' 상제의 아내인 경우 '어려운 일을 당하여 얼마나 섭섭하십니까?' '상사에 어떻게 말씀 여쭐지 모르겠습니다.' 상제의 형제인 경우 '형님의 상을 당하여서 얼마나 애통하고 비감하십니까?' 자녀가 죽었을 때는 '얼마나 상심하십니까?' '참척[352]을 보셔서 얼마나 마음이 아프십니까?'[353] 하는 등 조문의 인사말은 유가족의 슬픈 마음과 함께해야 한다.

누구나 참고해야 할 일은 고인이 연세가 많아 돌아가신 호상이라 해도, 웃고 떠드는 일은 삼가야 한다. 죽음은 호상이라 해도 슬픈 일이기 때문이다. 또 조문을 갔을 때 신봉하는 종교나 집안 풍습이 다르더라도 해당 상가의 가풍에 따라야 한다. 그렇지 않으면 조문 갈 이유가 없다.

3) 제례 발인 매뉴얼

제례 발인 매뉴얼로 「제례 안내」, 「제사의 종류와 매뉴얼」, 「발인 영정 안내」, 「발인 후 제례」에 대하여 설명해 보고자 한다.

첫째, 「제례 안내」 매뉴얼을 살펴본다. 먼저 촛불을 켜고, 향을 피우는 시기를 안내해야 한다. 위패나 영정을 설치한 후에 촛불을

352 자손이 부모나, 조부모에 앞서 죽는 일을 말함.
353 조태형, 위의 책, 2007, pp.95-98 참조.

켜고 향을 피운다. 최근에는 향을 피우고 상주들이 먼저 영전에 재배를 올린 후에 일반인의 조문을 받도록 한다. 헌화는 영정 설치 후에 올리도록 하고 '줄기[자루]'를 영전으로 향하도록 한다. 이것은 전래의 방법으로 받는 사람에게 편하여지도록 하기 위함이다.

전통 제례는 성복 전에는 고인이 운명한 것으로 보지 않기 때문에 상주는 성복 후에 상복을 입고, 완장을 차고서 고인에게 재배를 올린다. 생전에 무루의 보시로 많은 복덕을 쌓았다면, 장례의례와 49재를 지내는 관계인들이 고인을 칭송할 경우 그 기운을 영가가 느끼어 천도의 길을 평안하게 가기도 한다.[354] 이러한 과정은 다음 생에 복덕의 자료가 되기에 충분하다

둘째, 「제사의 종류와 매뉴얼」을 살펴본다. 성복제는 염습 후에 지내는 제사로 상복을 정식으로 착용하고 제수를 올린다. 예전에는 성복 전에는 상주에게만 조문했다. 상식은 성복제 후 조석으로 올리는 음식으로 밥, 탕, 세 가지 나물 등을 올린다. 제사상은 초제상, 성복상, 발인상으로 3회 올리는데 보통 1회만 올리기도 한다. 기독교와 원불교는 제사상을 올리지 않는다.

셋째, 「발인 영정 안내」를 거론하면서 우선 발인식이 진행될 때의 매뉴얼을 살펴본다. 발인식 식순 중에서 발인설교는 교화의 소중한 부분을 차지하며, 불신자에게는 권면의 시간이 되고, 신앙생활을 한 자에게는 그 신앙을 돈독히 하여 권장하는 메시지가 되어야 한다. 시간은 15분 미만이면 적합하고 지루하거나 따분한 느낌을 초

354 김도공, 「원불교의 죽음교육과 생사관」, 『신종교연구』 24집, 한국신종교학회, 2011, pp.49-50.

래하면 안 되고, 한없는 슬픔과 애통의 분위기를 이겨내는 호소력 있는 준비를 해야 한다.[355] 발인의 출발은 이별이라는 슬픈 의식으로서 정제된 마음으로 임하는 것이 바람직하다.

발인식이 진행되기 전에 관리부서, 조리실, 편의점 등 사소한 부분까지 관리와 점검을 철저히 해야 한다. 관리와 점검이 확인되면 유족의 의견에 따라 발인을 진행한다. 어떠한 경우든 영정 안내[장식 포함] 등에 관하여 사무장[행정실장]이 아닌 일반직원 또는 차량 승무원이 임의로 유족에게 직접 안내하는 경우가 발생하지 않도록 한다. 영정은 장손이 모시도록[영정과 위패를 같이 모실 때는 위패가 왼쪽에 위치한다.] 하고, 위패–영정–관–상주–친지 순으로 한다. 「발인 시 관 진행의 방향」은 안치실에서 발인장으로 모실 때 개신교와 불교, 유교는 상[머리 쪽]이 먼저 나간다. 천주교는 하[다리 쪽] 쪽이 먼저 나간다.[356] 영결식장에서 관을 모실 때는 종교에 따라 위치가 다르므로 주의해야 한다. 개신교는 관의 상[上. 머리 쪽]이 안치실에서 영결식장으로 나가서 관을 올려놓는 곳에 제단과 평행하게 모신다. 천주교는 관의 하[下. 다리 쪽]를 영결식장 입구를 향하게 하고, 상[上. 머리 쪽]을 제단 쪽을 향하게 한다. 불교·유교·일반은 제물을 차릴 때 관의 상[上. 머리 쪽]이 안치실에서 영결식장으로 나가서 제단 뒤의 관 올려놓는 곳에 제단과 평행하게 하고 제물을 진상하고, 제물이 없을 때는 기독교와 같은 방향으로 모신다.[357] 영

355 이승진, 『발인예배와 하관 예배 설교 1』, 헤르메니아 투데이, 2010, pp.153-154 참조.
356 천주교는 망자를 산 사람으로 간주하여 두 발로 걸어 나가는 것을 뜻하기 때문이다.
357 조태형, 위의 책, pp.104-105 참조.

결식장 즉 예식실은 개신교와 천주교에서만 주로 사용한다.

넷째, 「발인 후 제례」에 대하여 알아본다. 이는 앞에서 살펴본 전통의례에 근거하였음을 밝혀 둔다. 초우제는 발인 후에 당일 저녁에 지내는 제사를 말하며, 재우제는 발인 후 익일 식전에 지내는 제사이다.[358] 전통 상례에서 재우는 유일(柔日)에 지냈는데, 날짜의 천간이 을, 정, 기, 신, 계(乙, 丁, 己, 辛, 癸)에 해당하는 날을 말한다. 유일은 서수의 날로서 음을 의미한다. 그래서 재우는 음수이기 때문에 유일에 지내는 것이다. 묘지에서 집으로 오는 도중에 재우를 만나게 되면 묵는 곳에서 재우를 지내기도 했다.

삼우제는 발인일로부터 이틀째 되는 날 세 번째 지내는 제사가 삼우제이다. 기수의 날로 양을 의미하는 강일에 해당하는 날짜에 모신다. 강일(剛日)은 천간이 갑, 병, 무, 경, 임(甲, 丙, 戊, 庚, 壬)에 해당하는 날을 말한다. 삼우는 묘지가 먼 곳에 있어 집으로 돌아오는 도중에 삼우를 만나더라도 머물던 장소에서 지내지 않고 집에 도착해서 지내게 된다. 우제란 돌아가신 영혼을 위로하는 제사로 묘소에 고인을 모셔 놓게 되어 홀로 외롭고 놀라지 않을까 걱정되어 예를 올리는 제사이므로 삼우제를 올리고 묘소를 살피러 다녀온다.

49재는 임종에서 49일이 되는 날 지내는 제사이다. 49재의 의미는 불교적으로 육체를 이탈한 영혼이 바로 극락으로 가지 못하고 세상에서 저지른 죄[업]를 정화하는 기간이며, 어디로 갈 것인지 정해지지 않아 중음에서 심판의 결과를 기다리는 기간이다. 불교에서

---

358 최근에는 초우제와 재우제를 생략하는 경우가 대부분이다.

말하는 천도재는 죽은 사람을 극락세계로 왕생시켜 생사윤회의 고통을 면하게 하고자 하는 죽은 자에 대한 산 자의 선행 공덕이라 말할 수 있다.[359] 이런 이유로 가족들은 영혼이 좋은 곳으로 가기를 기원하는 마음에서 지내는 재이다.

백일제는 임종한 날로부터 백일 되는 날 지내는 제사이다. 백일제사를 모시고 모든 상복을 벗고 돌아오는 첫 주기에 기제사를 지낸다. 5·16혁명 이전에는 3년 탈상으로 모시던 것을, 5·16혁명 이후 건전 가정의례준칙이 간소화되면서 백일 탈상으로 정부에서 정해 놓았다.

한식성묘는 동지로부터 105일째 되는 날[매년 양력 4월 5일 또는 6일] 지내는 제사이다. 한식날 종묘와 능원에서는 제향을 올리고 일반인은 조상에게 제사를 지내고 성묘하러 간다. 기제사는 고인이 임종하신 날 해마다 한 번씩 지내는 제사이며, 지내는 시간은 자정[24:00]에 지내는 것이 원칙이다. 위령제는 대체로 천재지변, 대형사고 또는 전쟁 등으로 인해 많은 생명이 희생되었을 때 죽은 자의 영혼을 위로하기 위해 합동으로 지내는 제사이다.[360] 한식성묘, 기제사, 위령제는 필요에 따라 안내하면 된다.

발인 제례는 5·16혁명을 기해서 엄청난 변화가 이루어졌다. 3년 탈상이 백일 탈상이 되었고, 이어서 3일 탈상, 5일 탈상, 49일 탈상과 100일 탈상이 있다. 또 임종 전날 자정에 지내던 제사가 현재는 임종 당일에 적당한 시간을 택하여 모시는 것이 상례이다.

---

359 조용길·백성, 『불교천도재와 사찰학춤 작법』, 한지디자인, 2007, p.9.
360 조태형, 위의 책, pp.105-107 참조.

4) 상례 예절 매뉴얼

사람이 태어나면 곧 죽음을 준비한다. 상·장례는 고인과 마지막으로 이별하는 예절이다. 전통유교에서 상주는 굵은 삼베로 지은 옷을 입고, 지팡이를 짚고, 짚신을 신었다. 상복을 거친 옷감인 굵은 삼베로 짓는 까닭은 부모님을 돌아가시게 한 죄인이므로 좋은 옷을 입으면 안 된다고 생각했기 때문이었다.

묘지를 둥글게 만든 이유는 태아를 임신한 산모의 배 모양이나, 알의 형상으로 탄생을 기원하는 의미로 무덤 속의 사람도 언젠가는 소생하리라는 염원과 사람이 죽어서 하늘로 돌아가기 때문에 하늘처럼 둥글게 만들었고, 지팡이를 짚는 것은 상주들이 상을 당하여 슬픔으로 쇠잔한 몸을 부축하기 위한 것이었고, 상주의 신분을 나타내기 위함이기도 하였다. 부친은 대나무 아랫부분을 둥글게 만들어 사용했는데 성품이 곧고 둥글다는 뜻으로 둥근 원은 하늘[남자]을 상징하기 때문이었고, 모친은 오동나무를 네모 모양으로 깎아서 사용했다.[361] 네모는 땅을 나타내고 여성적이며 부드러움을 상징한다.

태극기를 관보로 사용하기도 했는데, 관의 상[上, 머리 쪽]을 왼쪽에서부터 건괘, 이괘, 곤괘, 감괘의 순으로 관을 덮는다. 묘지를 합장할 경우는 묘지 정면에서 보았을 때 좌측은 남자, 우측은 여자를 모신다. 봉분을 따로따로 하였을 때도 위치는 같다.

수의를 삼베로 하는 또 다른 이유는 삼베의 특수한 성분인 항

---

361 상원하방(上圓下方)의 의미로 하늘은 둥글고 땅은 네모라는 의미이다.

바이오 작용으로 고인의 사체가 유탈되면서 잡균이나 벌레가 침범하지 못하도록 하는 역할을 해주기 때문이다. 그러나 수의로 '삼베'라는 특정 소재를 선호하는 경향이 강하게 나타나면서 경제적 상도덕의 문제를 야기하였다.[362] 하지만 수의 삼베는 산에 강하기 때문에 시신이 유탈되는 동안 뼈가 흐트러지지 않고 긴 세월 동안 바르게 잡아주는 역할을 한다. 재료로는 명주나 면 등 천연소재를 사용했다. 남자 수의 19종은 도포, 도포띠, 행전, 두루마기, 두루마기띠, 복건[모자], 멱목[얼굴싸개], 악수[장갑], 퇴침, 버선, 조발랑[손, 발톱, 머리카락], 턱받이, 저고리, 바지, 속바지, 속적삼, 천금[이불], 지금[요], 장메 등이며, 여자 수의 18종은 원삼, 원삼띠, 멱목, 복건, 악수, 버선, 퇴침, 턱받이, 조발랑, 저고리, 적삼, 겹치마, 홑치마, 속바지, 단속곳[팬티], 천금, 지금, 장메 등이다.

현훈[玄纁, 예단]은 청실홍실을 말한다. 입관 후 관 위에 함께 놓았다가 장지에서는 그대로 관 위에 분리하여 청색은 위, 홍색은 아래쪽[上玄下纁][363]에 놓는다. 상주는 가정의 가장이 원칙적으로 상주가 되는데, 장자가 상주가 되고, 장자가 없으면 장손이 상주가 된다. 아들이 죽으면 장성한 손자가 있더라도 부친이 상주가 되고, 아내가 죽으면 남편이 상주가 된다. 처가나 친정 식구는 상주가 못 된다.

완장은 굴건제복을 대신하여 검정 양복을 입는 경우 염습 후 베

---

362 곽명숙, 「한국 상장례 변천에 따른 현대 수의문화연구」, 세종대학교 박사논문, 2009, p.2.

363 놓는 사람 기준으로 청색을 우측, 홍색을 좌측에 놓는 방법으로서 「좌현우훈(左玄右纁)」의 방법도 있다.

로 만든 완장을 착용하여 상주 표시를 한다. 고인이 남자인 경우에는 왼쪽에 착용하고, 고인이 여자인 경우에는 오른쪽에 착용한다. 상주를 포함한 아들은 두 줄 완장을 착용하고, 그 외에 상제들[손자, 사위 등 결혼한 사람]은 한 줄을 착용하고, 결혼을 하지 않은 사람은 무 줄을 착용한다.[364] 완장 착용은 새로운 문화로 자리 잡았다.

칠성판은 직사각형 판자에 칠성은 곧 나쁜 잡귀의 근접을 막고, 북두는 북망산천을 일컫는데 저승이 그곳에 있다고 믿어 북두칠성을 그리어 저승으로 바로 갈 수 있도록 길잡이의 역할을 한다고 믿었다. 현실적인 의미로는 고인의 손발이 곧고 바르게 되게 하려고 사용되는 지지대의 역할과 바닥에 시신이 직접 닿지 않게 하려고 사용하고 있다.

반함은 입관 시 시신의 입안에 쌀과 진주 혹은 엽전[365]을 넣어주는 것을 말하는데 상주는 고인의 입 오른쪽에 쌀을 떠 넣으며 '백 석이요' 왼쪽에 넣으며 '천 석이요' 마지막으로 중앙에 넣으며 '만 석이요'를 반복한다. 쌀을 넣는 수저는 버드나무를 사용하였고, 엽전도 고인의 입 오른쪽에 넣으며 '백 냥이요' 왼쪽에 넣으며 '천 냥이요' 마지막으로 중앙에 넣으며 '만 냥이요'를 반복한다. 진주는 입술에 살짝 물려준다. 경우에 따라서는 상례사가 선창하고 상주가 복창하기도 한다.

향을 피우는 것은 고인의 몸에서 나오는 악취를 중화시켜 막아

---

364 조태형, 위의 책, pp.108-109 참조.

365 쌀, 진주, 엽전을 넣는 이유는 고인의 입을 비워 둘 수가 없어 허하게 하지 않으려는 효심에서 비롯되었다고 한다.

주고 공기를 정화해 주는 것 외에 영혼을 초청하기 위하여 피운다. 향안(香案)은 향상이라고도 하는데 향로와 향합 그리고 모삿그릇을 올려놓는 작은 상을 말한다.

우리 조상들은 짚신도 두 가지로 준비하고, 묘지와 지팡이의 모양, 완장 착용 방법과 반함의 정성, 향을 피우는 내용에 이르기까지 이처럼 다양하게 상례 예절을 준비했으며, 장례를 치르는 기간은 다른 어떤 날보다 엄숙하고 경건한 마음으로 상주나 조문객들이 예의를 갖추도록 했다.

V

원불교 상·장례문화의 방향과 과제

1. 원불교 상·장례문화의 방향

1) 의례간소화

각종 의례는 전통과 인륜으로 전해 내려오면서 인류의 필요에 따라 만들어진다. 오랜 시간이 흘러도 한번 만들어진 의례 형식이 굳어져서 관례로 남는 경우가 많다. 그렇게 하여 형성된 관습적 의례에 대해 전통이라는 권위가 부여된다. 각종 의례는 나름의 의미를 부여하면서 종교적 전통으로 계승된다. 불교의 전통이 그렇고, 유교의 주자학에 의한 전통이 그렇다. 오랜 종교에서 의례는 기본적으로 관습적 의례와 같은 속성들을 지니고 있으며, 또한 번다한 형식으로 남는 성향이 있다. 1910년에 발간된 『조선불교유신론』[366]에서 만해 한용운은 당시 조선불교의 번잡한 의례와 재의식에 대하여 '잡박한 도깨비 연극'이라고 신랄하게 비판하며 번거롭고 복잡한 모든 의례는 폐지하고 간결하게 바꿔야 한다고 주장하였다.

구한말 번다한 의례의 폐단을 인지한 소태산은 정신개벽을 위한 구체적인 방안으로 예법의 개혁을 꾸준히 구상하였다. 당시의 예법이 너무나 복잡하고 번거로워 사람들의 생활에 많은 지장을 주고, 경제 방면에도 상당한 낭비가 되어 사회의 발전에 걸림돌이 된다고 개탄하면서, 1926년(원기11) 2월에 '신정의례'를 발표하여 혁신 예법의 내용을 구체적으로 제시하였다.

혁신된 예법 가운데 상장의 예와 제사의 예를 간략히 살펴본다. 상장의 예는 간단한 복표로 최고 49일 착복하는 법, 새 식순에 의하여 출상하는 법, 절약된 금액으로 공익사업을 하는 법, 풍수 명당설을 타파하고 공원과 묘각을 건설하는 법 등이 있다. 제사의 예는 장차 자녀와 은법 자녀가 동일한 기념주 되는 법, 새 식순으로 기념하는 법, 절약된 금액으로 공익 사업하는 법 등과 같이 실천 조항이 상세하게 제시되어 있음을 확인할 수 있다. 소태산이 혁신한 신정의례는 사람의 출생으로부터 사후 제례에 이르기까지 인간 생활의 전반에 걸쳐 번거롭고 미신적인 풍속을 탈피하고, 실질과 공익에 주된 이념으로 삼았다.

소태산의 신정예법이 나오기까지 조선조 의례는 형식적인 것이

---

366 한용운, 「조선불교유신론」, 회동서관, 1910년, 1913년(간행).

주류를 이루어왔다. 조선시대의 대표적인 예서인 『주자가례』와 『사례편람』 그리고 『상례비요』 어느 것을 보아도 형식이 관례가 되기 전에는 수의가 반드시 새 옷이어야 한다고 말하는 곳은 없다. 우리 조상은 죽음을 끝이 아닌 새로운 출발로 여겨 죽은 후에 입히는 의복 즉 수의를 살아생전에 입던 옷 가운데에서 가장 좋은 것을 그대로 사용하는 것이 보통이었다. 양반 관리 중에는 생전에 예복인 관복을 입기도 했고, 서민들은 화려한 혼례복을 그대로 사용하기도 하였다.[367] 조선시대 출토 복식을 통해 그 모습을 알 수 있는데 수의라는 말은 일제 강점기부터 강권되었다.

조선조의 형식적 의례에 대한 원불교의 혁신 예법에서는 수의를 "굳이 고급스럽게 새로 만들 것이 아니라, 열반인의 의복 가운데 정결하고 깨끗한 옷을 가려서 입히되, 생전의 예복이나 외출 시의 복식과 같이 하여 착의한다."[368]라고 되어 있는데 평소에 입던 추억이 깃든 옷이나 교복[법복]과 법락으로 수의를 정해도 무방하다. 원불교의 혁신 예법 정신이 여기에서 나타난다.

원기11년(1926)에 발표된 소태산의 신정의례로 예법에 바탕을 둔 4기념례법(四紀念禮法)을 좀 더 자세하게 살펴보도록 한다. 원불교의 4기념례법의 내용을 보면 다음과 같다. ①공동생일기념은 회상의 생일과 교도들의 공동 생일을 한날로 합동 기념하고, ②명절기념은 재래의 수많은 명절을 한날로 교당에서 합동 기념하고, ③공동선조기념은 부모 이상 선대의 모든 제사를 한날로 공동 기념

367 박태호, 『장례의 역사』, 서해역사문고 09, 2006, p.145.
368 『원불교 예전』, 위의 경전, p.617.

하고, ④환세기념은 새해를 교당에서 공동 기념하는 것이었다. 실질과 공익, 공동과 합동을 골자로 하는 신정의례와 4기념예법을 실행함으로써 각자의 생활에 도움을 얻을 뿐만 아니라, 새로운 이상향을 일구어 갈 수 있도록 절약된 금액으로 공익사업을 하라고 권장하였다. 허례허식을 규제하자는 현실적 개혁에 머무르지 않고 혁신 예법으로 절약된 금액을 공익사업에 사용하도록 권장함으로써 사회개조, 생활 개혁, 인간개조 등을 가능케 하는 정신개벽을 실천[369]한 것이라 볼 수 있다.

정신개벽이라는 슬로건 아래, 전개된 수천 년의 전통적인 예법이 생활습성이 되어온 구사상과 구습을 타파하고 새로운 생각과 새로운 행동의 규범으로써 획기적인 예법이며, 원불교 교리의 생활화라는 의미에서 매우 소중한 의례 혁신이며 간소화였다. 현재 2,520여 명의 전무출신 중[퇴임자 500여 명]에 열반 숫자가 최근 전무출신 열반 20여 분, 전무출신 부모 열반 40여 명[370] 등으로 많아지고 있으므로 혁신 예법에 따른 의례 집행이 바람직한 방향으로 자리하고 있다.

사실 전무출신의 부모 열반까지 고지해야 할 의무 때문에 교정원 업무가 마비된다는 여론이 적지 않다. 이에 의례 진행 전담 업무부서 또는 의례 진행 전담 업무과의 신설로 전무출신들의 장례식은 전담하고, 전무출신들의 부모 장례식은 지원하는 것도 바람직하다.

이러한 맥락에서 원불교 장례 의절에 대하여 다시 자세하게 들

---

369 고원국, 「예법혁신으로 은혜로운 개벽세상을!」『월간원광』, 월간원광사, 2013년 5월호.
370 중앙총부 교정원 총무부, 최근 3년 통계, 원기103. 9. 30.

여다볼 필요가 있다.

①원불교전체장은 원성적 정특등 중 특별유공인에 대한 장례의례이니 중앙총부의 중심으로 주례 교당이 되고 중앙총부·교구·교당·기관의 모든 간부와 교도 대표가 분상하며 일반교도는 장례 당일 그 지방 기관이나 교당에 모여 추도 및 착복식을 거행하고 사십구일에는 종재식을 거행할 것이요.

②원불교교단장은 원성적 정특등 유공인에 대한 장례이며 특별 유공인과 구별이 된다. 이때는 중앙총부와 소속 교구가 주례 교당이 되고 중앙총부, 소속 교구, 교당·기관 대표가 분상하며 소속 교구 내 유연 교당, 기관에서는 적당한 날을 선정하여 추도 및 착복식을 거행하고 49일에는 주례 교당에서 종재식을 거행할 것이요.

③교당연합장은 원성적 1등·2등 유공인에 대한 장례의례이다. 중앙총부나 연관이 있는 교당·기관이 주례 교당이 되고 소속 교구, 유연 교당·기관 대표가 분상하며 유연 교당·기관에서는 적당한 날을 선정하여 추도 및 착복식을 거행하고 49일에는 주례 교당에서 종재식을 거행할 것이요.

④원불교교당장은 원성적 3·4·5등 유공인과 기간 전무출신으로 재임 중 열반한 보통 출가 교도에 대한 장례의례이다. 열반지 교당이 주례 교당이 되고, 열반자의 소속 교당에서 추도식 및 착복식과 종재식을 거행할 것이요.[371]

---

371 『원불교 예전』, 위의 경전, p.651.

위의 내용을 보면 또 다른 면이 보인다. 이제 교역자 2천여 명 시대에 원불교 장의 의절도 간소화할 필요성이 있다. 종법사를 역임한 경우는 교회 전체장, 그 외는 '모두 원불교장'으로 하면 좋으리라 본다. 이는 교단장과 연합장, 교당장을 하나로 줄이는 효과가 있기 때문이다. 유마 거사는 중생이 병들매 보살도 병이라고 했는데, 원불교장에서의 원성적 구분부터 낮춰야 할 것이다.

또한 간소화와 혁신의 의미로서 『원불교 예전』에서 수의는 새로 만들 것이 아니라, 고인의 살아생전 정결한 옷이나 외출 복식과 같이 하여 입혀도 되는데, 현재는 삼베 수의나 명정 수의를 그대로 쓰고 있는 현실에서 전무출신들은 과감하게 '교복과 법락의 착용'을 권해본다. 교복의 가격은 15만 원, 명정 수의는 35만 원, 삼베 수의는 50~800만 원 정도의 가격이 형성되어 있다.

장의 형태에 대한 상·장례의 간소화 차원에서 원불교장의 행사 주관은 전체적으로 공가를 우선순위로 하고 있다. 그동안 전무출신은 불문율로 중앙총부에서 장례를 진행해 오다가, 원기100년(2015) 3월 6일부터는 전무출신도 일반 장례식장이나 원광대병원 천도장례식장에서 장례를 진행할 수도 있다. 이때 꼭 필요한 것은 해당 장의위원회의 의결을 거쳐 교단의 명의로 소속된 해당 주례교당의 주관으로 장례행사를 한다고 명시되어 있는데, 이 또한 장의위원회의 의결을 '유가족의 의견으로 대체'하는 변화가 필요하다.

장의위원회 담당 업무는 총무위원회, 의식위원회, 재무위원회, 운상위원회, 공보위원회의 다섯 가지가 있다. 이 중에 의식위원회가 하는 일 중에서 전문적인 지식이 턱없이 부족하여 여자 고인만을 위한 담당[염사가 하는 일]이 있지만, 절대적으로 장례식장에 의존하고 있는 것이 현실이다. 염습에 관한 내용부터 장례 토탈서비스를 위하여 장의위원회 분과에서 앞으로 '의례진행[염습]전문위원회'가 필요하다는 점이다. 시신을 처리할 때의 간소화는 장례 전문종사자에 대한 의존도가 높기 때문이다. 참고로 천주교와 개신교는 신도 중심으로 의례 담당 염사를 임명하고 있다. '의례진행전문위원회'에서는 전무출신 부모에 대한 열반 업무까지 총괄하는 것으로 구상해 본다.

그동안 우리 사회에서 벌어지고 있는 상·장례의 분위기는 상장의례와 관련하여 정통성 시비는 물론 끊임없는 혼돈에 시달리고 있다. 하지만 전통문화와 대체로 거리를 두려고 하는 천주교나 기독교에서도 염습에 관해서는 유교적 방식을 대부분 그대로 따르고 있음을 볼 수 있다. 그 모습을 보면서 원광대병원 장례식장 염사들의 20여 년간 경험을 논자가 함께 근무하며 핵심적으로 정리하여 '원불교 염습 매뉴얼'이라고 하였다. 보통 염습의 시간은 90분 정도, 상조회 염습은 2시간 정도 소요되는데 '원불교 염습 매뉴얼' 절차대로 진행하면 40~50분 정도로 간소화된다.

장례 진행 서비스와 매뉴얼에서는 죽음이라는 특별한 상황에서 고인을 비롯하여 유족과 조문객을 위한 서비스로, 이는 인간적인 서비스 활동이면서 장례사업의 성공을 좌우한다고 보아도 지나치지 않을 것이다. 장례는 유족의 입장에서는 '고인의 영면을 축원하는 기도'이므로 장례식장은 '기도의 공간'이 되어야 한다. 이러한 매뉴얼은 체험을 바탕에 두지 않으면 안 된다. 특히 장례 상담 서비스는 결정적인 역할을 할 때가 많다. 그러므로 꼭 필요하면서도 지루함을 주지 않는, 간결하면서도 간소화된 매뉴얼을 필요로 한다.

다음은 장의비용 절감을 위한 '작은 장례식'[372]의 준비는 아주 좋은 장례의 한 방편으로 인식되고 있다. 우선으로 핵가족이나 1인 가구[종교인 포함]의 증가[373]는 장례비용의 절약을 의미하는 '작은 장례식'으로 장례 소비의 프리니드(Pre-need)를 유발할 것으로 본다. 일본에서는 자신이 직접 본인의 장례의식을 준비하는 '생전 장례식'과 '종활(終活)·슈가츠'[374]가 새로운 장례문화로 자리 잡고 있다. 국내에서도 작은 장례식으로서의 장례 소비의 프리니드 현상은 '웰다잉(Well-dying) 문화트랜드' 중 한 요소로 자리잡을 것으로 보인다.

여기에서 장사시설 전문회사의 자료에 의하면 프리니드로 인한 장례 소비의 구매 시점이 변화되고 있다는 것이다. 앳니드(At-need)가 대부분인 현재의 장례 소비와 비교해 보면 장례 및 시설의 서비스가 질적인 향상을 가져올 것으로 보인다. 장례가 발생하여 시작된 후부터 소비가 시작되는 앳니드 방식보다는 프리니드로 미리 구매하면[375] 장례시설과 서비스의 품질을 비교하면서 선택할 시간이 충분하기 때문이다.

---

372 일본의 〈유니크에스토〉라는 상조회사는 최저 14만 엔[약 140만 원]부터 이용할 수 있는 〈작은 장례식(小さな葬式)〉 상품을 선보여 새롭게 인기를 받고 있다.

373 2015년 일본의 1인 가구는 34.5%의 비중이며, 한국도 비중이 2015년 27.5%에서, 2017년 28.6% 수준으로 늘어가고 있다.

374 終活 : 종활은 일본에서 새롭게 생겨난 장례 풍토로 평균 연령이 늘어남에 따라 장례식을 본인이 미리 준비하는 인생의 마지막 활동을 가리키는 신조어이다.

375 장사시설 전문회사 '메모리얼 소싸이어티'의 자료(http://www.e-memo.co.kr/)에서 인용.

앞으로 2일장 연구도 검토할 필요가 있다. '예전 가례편 상장 제5절 발인식 및 운상'에서 발인식은 특별한 경우를 제외하고는 임종 후 제3일에 하는데, 사망 후 24시간이 지나면 화장이 가능하므로 자정 이후 이른 시간에 임종하면 다음 날 오전에 화장을 할 수 있기 때문이다. 2일장의 장례 진행 순서는 다음과 같이 한다. 1일 차의 경우 ①초종[열반식], ②습[정결한 옷], ③치장[호상소], ④소렴[대렴의 준비], ⑤성복[상복과 복표], ⑥조[조문, 문상]이다. 2일 차의 경우는 ⑦대렴[입관], ⑧발인, ⑨급묘[입장식], ⑩반곡[안치식]이다.

또한 '생전 장례식'도 있다. 2017년 11월 20일 니혼게이자이신문 사회면의 작은 광고에는 일본 건설기계 분야 대기업의 전 사장인 코마츠사의 안자키 사토루의 '생전 장례식'을 치르겠다는 내용이 실렸다. 니혼게이자이신문에 게재되었는데 암으로 죽음을 앞둔 사토루 전 사장은 소중한 사람들을 한 호텔에 초대하여 직접 감사 편지도 전하는 시간을 가졌다. 일본에서는 죽음을 준비하는 일을 '슈카츠'라 부르며, 생전 장례식을 하는 사람들이 점점 많아질 것이다.

새로운 상·장례가 부상하고 있는 이때 한국의 '나의 판타스틱 장례식'이 조명을 받았다. 즉 2018년 8월[조선일보]에 서울 한 병원에서 '나의 판타스틱 장례식'이라는 이름으로 생전 장례식이 열렸다. "죽고 나서 장례 지내면 뭐 하나, 살아있을 때 작별 인사해야지."[376]라는 의도에서 말기 암으로 죽음을 앞둔 김병국 할아버지의 생전 장례식이 주목받았다. 검은 옷이 아닌 평소의 옷을 입고 소중

---

376 황지윤, 「어느 말기 암환자의 생전 장례식」, 〈조선일보〉, 2018. 8. 15.

한 사람들과 웃으며 인사하는 시간을 보냈고, 부의금은 일절 받지 않으면서 「내 생애 마지막 기념일」 생전 장례식에 대하여 오히려 노자와 기념품까지 준비하여 전했다고 한다.

번다한 의례를 성찰하는 뜻에서 불교의 3~4시간 정도의 제례나, 주자학에 근거한 번다한 유교의례[3년상, 명절 차례, 열반 제사, 회갑, 7순, 8순 등]의 간소화로서의 신정의례는 시작[377]은 어려웠지만 생활 개혁과 정신개벽의 실천이었고, 전무출신 장례의 간소화, 작은 장례식, 2일장의 실행, 생전 장례식 등으로 연계됐으면 한다. 원불교가 전통 종교를 섭렵하면서도 혁신한 의도는 시대화·생활화된 종교로서 대중성을 도모하기 위함일 것이다.

2) 복지사업화

'복지사업'이라는 용어는 빈곤이나 장애로 인하여 생활이 곤란한 사람들에 대한 여러 가지 도움 활동을 통틀어 이르는 말이다. 이와 관련된 사회복지사업법[378]은 사회복지의 사업에 관한 규정으로는 이를 필요로 하는 사람들의 인간적인 생활을 할 권리를 보장하는 것이 골자이다. 또한 사회복지의 전문성과 공정·투명·적정을 기함으로써 사회복지 증진과 발전을 도모하기 위하여 제정된 법률이다.

---

377 서동풍(1868~1925)의 장례식에 신정의례를 시행하여 종친들에게 비판을 많이 받았다고 하지만, 서동풍의 상장례는 교단 최초의 예법 시행이었다.

378 1970년 1월에 제정하고 1983년 5월에 개정되었는데, 이후 여러 차례 개정을 통하여 2014년 7월에 최종 개정 법률이 시행되었다.

사회복지사업은「생활보호법」,「영유아보건법」,「아동복지법」,「모자복지법」,「노인복지법」,「장애인복지법」,「윤락행위 등 방지법」,「정신보건법」 등에 의한 복지·선도·보호에 관한 사업을 말하며, 사회복지상담·재해구호·부랑인보호·직업 보도 사업 등 각종 복지사업으로 이와 관련된 시설의 운영 및 지원과 자원봉사활동을 목적으로 하는 사업을 말한다.[379] 사회를 위한 복지사업은 말 그대로 인간적인 삶을 편안하게 하는 것이다.

그러나 복지국가의 정책은 자칫 수혜자들의 도덕성을 훼손하여, 스스로 자립할 수 있지만 이러한 정책에 의존하여 살아가려고 하는 의존성을 키워가기 쉽다. 결국 복지국가가 확대될수록 의존자들의 숫자는 늘어날 수밖에 없다는 견해가 많다. 스스로 자립과 '먹을 수 있는 힘만 있어도 하느님의 축복'이라는 말과 연관이 있다. 이 의존성이 어디서 오는가 생각해 보니 나태이다. 많은 사람이 서울역에서 노숙자들을 데려다가 일을 시켜보니 가히 지켜볼 수가 없다고 했다. 나태해서 일을 시킬 수가 없다는 것이다. 이것을 수혜자들의 도덕성 결여라고 할 수 있을 것이다.

여기에 대하여 홍익대 김종석 교수는 부유세처럼 인위적으로 격차를 줄이려고 하면, 나누어주는 쪽은 의욕을 잃고 분배를 받는 계층은 의존성이 만들어져서 생산성의 악화를 피할 수 없다고 했다.[380] 따라서 복지정책은 경제의 성장 잠재력을 훼손하지 않는 범위 안에서 이뤄져야 한다는 것이다. 복지국가 정책이 성장 잠재력을

379 한국학중앙연구원,「한국민족문화대백과사전」, /encykorea.aks.ac.kr 검색일: 2020.02.25.
380 〈동아일보〉, 홍익대 김종석 교수 '칼럼'. 2005. 02. 16.

방해하지 않는 범주 안에서 이루어져야 함을 강조하고 있다. 그렇다면 복지 의존성을 피하는 방법의 하나는 복지국가의 확대에 맞추어 수혜자들의 선별이나 도덕성 교육도 함께 이루어져야 할 것이다.

핵가족 형태와 전문적인 사회제도가 가족제도의 변화에도 일조하는 것이라고 본다. 근래 가족구조의 변화가 오고 있다. 부모를 모시지 않고 또는 자녀들이 월급을 적게 받으면 부모들이 수급자의 혜택을 보기 때문에 노인을 살피지 않는 때도 있지만, 우리가 살피지 않아도 복지정책의 수혜를 볼 수 있으므로 부담을 느끼지 않는다는 것이다. 그렇다면 도덕성의 교육과정이 중요함이 또다시 강조된다.

이러한 맥락에서 상도덕의 새로운 문화 창출의 한 방향인 '복지사업화'로서의 장례문화가 필요하다. 이때 고인의 시신을 수습하는 복지도 대두된다. 유교문화권이 붕괴한 일제 강점기와 한국전쟁을 겪으면서 사람들은 계속 죽었으며, 이때 염사[염쟁이]들은 가족을 대신해서 죽은 사람을 처리하는 중요한 봉사역할을 담당해 왔다. 일제 강점기 시기에 일본인들이 자국의 장의사를 도입하여 영업을 시작하자 위기를 느낀 '상여도가'[381]는 이름을 '장의사'로 같이 바꾸어 달고 상여 대신 영구차를 도입하는 등 현대화된 장례서비스가 시행되었다.

이러한 복지로서의 장례서비스는 개인적으로 피하는 직업에서 봉사 성격의 장의사가 본격적으로 활성화되기 시작하였다.[382] 마을

---

381 상여도가(喪輿都家)는 '상엿집'을 이르는 말.

382 박원진, 「장례지도사의 직무스트레스요인이 이직의도에 미치는 영향 연구 -직무만족의

공동체나 가족 단위로 살았던 시대를 생각하면 상·장례의 일은 그리 어려운 일이 아니었지만, 현대에 들어와서는 병원에서 모든 일들을 감당해야 하므로, 복잡하지 않은 간단한 상·장례를 치르게 되어 염사[장례지도사]들의 높은 질은 각각 경쟁력 향상과 그들의 직업 만족도를 높이게 된다.[383] 이에 이 분야의 복지사업화로서의 장례 산업 문화 발전은 중요한 요소가 되었다.

인간의 죽음에 대한 존엄의 가치는 높고 낮음이 없이 실천되어야 한다. 자칫 영리의 목적에만 치우쳐 있는 상조 산업의 폐해 속에서도 그렇지 않은 상도덕 문화를 견지해가며, 최선의 장례문화를 선도하여 공익사업에 기여를 해야 할 것이다. 쉬운 예는 노잣돈이나 헌공금을 공익사업에 활용하여 고인의 명복을 빌어주고 사회의 발전을 도와주는 것이다.[384] 그렇다면 천도[천당, 극락]와 상장은 종교에서 책임으로 실행하여 복지사업의 한 분야를 담당하여야 할 것이다.

일선에 있는 지자체에서는 소외계층인 영세민의 장례를 도와주는 '공영장례제'를 운영하고 있다. 무연고자나 혹 연고가 있더라도 장례를 처리할 능력이 없는 이들에게 소정의 지원[2018년 현재 75만 원]을 하는 제도이다. 안치실에 장기간 시신을 보관해야 하는 부담을 지우고, 이익이 되지 않기 때문에 장례식장에서는 쉬운 일은 아니라 해도 원불교 내세관에 바탕을 두어 이 일을 망설이지 않고

매개효과를 중심으로」, 한성대학교 박사논문, 2014, p.8.

383 이정은, 「장례지도사의 직업에 대한 자기효능감 향상을 위한 연구」, 『사회복지경영연구』 제8권 1호, 한국사회복지경영학회, 2021, p.283.

384 『원불교 예전』, 위의 경전, p.625.

실행하면 복지사업화로서 사회적 기여도가 자리를 잡을 것이다.

익산의 원광대병원 장례식장에서는 형편을 고려하여 시청에서 주는 지원비만 받고 장례행사를 하는 평균 건수가 많은 편이다. 이는 고객에 대한 무한 신뢰로 공익성과 투명성, 사회에 대한 마지막 책임으로 알고 제생의세의 상도를 실천함으로서 자부심을 기르고 있다. 그러므로 원불교 소속의 장례식장에서는 각각 무료 장례지원센터를 운영할 필요가 있다.

2018년도에 논자가 근무하는 익산 원광대병원 장례식장으로 한 고인이 왔다. 자녀가 한 명 있는데 정신이상자와 같았다. 시신을 보고도 기도하면 곧 일어날 것이라고 하면서 기도만 드리고 갔다. 병원비도 지급하지 않고 그렇게 6개월이 지나도 감감무소식이었다. 할 수 없이 병원비 무료 신청을 하고, 시청 민원실을 통하여 복지과로 연락을 취했다. 자녀가 있으므로 공영장례제도가 무용지물이 되어서 관, 수의, 납골함, 차량 운행까지 무료로 장례를 치러 주니 시청 직원을 비롯하여 많은 사람이 고마워했다.

다른 예는 2005년에 경기도 군포 원광대병원 산본장례식장[385]에서 변사자를 모셔 왔는데 무연고로 이름을 알 수 없어 망연자실한 적이 있었다. 남녀 두 분이었는데, 남자 망자는 '이미상'[1월경]이라고 이름을 지어주고 제사를 모셔 드렸는데 이씨 성을 가진 직원이 수습하여 왔기 때문에 이미상이라고 하였다. 여자 망자는 '여반월'[6월경]이라고 이름을 지어주고 제사를 모셨다. 이는 반월저수

385 논자의 원광대 산본병원 장례식장 근무 기간은 서기 2004.1~2007.1이다.

지에서 수습하여 왔기 때문이었다. 장례를 치르고 사십구재에 이어 1년 후 열반기념제까지 모셔드렸더니, 그 이후에 원광대산본병원은 복지부에서 좋은 평가를 받게 되었고 장례식장은 점점 크게 발전이 되었다.

또 같은 연도의 10월에는 쪽방에 사는 남녀가 어린 자녀가 망자가 되었다고 데리고 와서 화장비도 없다고 하면서 울고 있기에 화장비까지 빌려줬더니 1개월 후에 갚겠다고 하면서 고맙다는 인사를 거듭 거듭하고 갔지만 그 이후로 연락이 끊어졌다. 하지만 장례식장이 영리만 추구하면서 영업을 경쟁적으로 하기보다는 사회사업의 한 부분을 공익에 활용한다는 목적을 세우고 장례사업도 복지 사업화 되어야 할 것이다.

복지사업이란 원불교 3대 사업 가운데 자선에 해당한다. 소태산 대종사는 "우리의 사업 목표는 3가지로 교화·교육·자선이니, 앞으로 이를 늘 병진해야 우리의 사업에 결함이 없으리라"[386]고 하였다. 정산 종사도 "자신이 교육을 받은 후에는 후진을 가르치고 이웃을 교화하고, 자비와 선행을 널리 베풀어 교육 교화 자선을 아울러 실천하라"[387]고 하였다. 종교 지도자의 언급은 자선사업의 일환으로 그것은 장례식장의 운영에도 해당한다고 본다.

장례식장을 운영하면서 무연고사라든지 고독사로 칭해지는 이른바 '버려진 죽음'을 접했을 때, 상주의 편의를 봐주다가 상주들의 의존심으로 오히려 의욕이 떨어지는 예도 있다. 이때 원불교의 사업

386 『대종경』, 부촉품 16장.
387 『정산종사법어』, 공도편 47장.

목표를 고려하여 교화, 교육, 자선 중에서 자비와 선행을 자선으로 연결할 필요가 있다. 그래서 재정산업부의 교금 중에서 공익복지부와 연계하여 이름 없는 영가를 위한 자선 복지 계정의 추가를 검토할 필요가 있다.

장례문화의 복지사업화는 의존성 없는 상도덕의 문화 창출, 공영장례제[지방 지자체], 무료 장례 지원센터[자선 복지], 절약된 금액으로서 일정 부분 공익·공도 사업을 시행하는 문화가 기초로 확립되어야 하겠다. 종교 본연의 목적이 사회의 무의탁자를 향한 공익사업이 포함된다는 점과 사회취약계층 중에서 복지 사각지대인 차상위 계층에 대한 지원활동이 가능해질 수 있다는 면에서 장례서비스는 복지사업화의 중심으로 부각될 수 있다.

3) 경제자립화

장례식장의 역할이란 일반적으로 상을 당했을 때 장례를 치를 수 있도록 장례 절차를 행하는 장소, 장례 물품, 장례 음식, 장례 관련 모든 서비스를 제공하는 영리시설이다. 사회 구성원의 한 사람이 생을 마치고 떠나는 과정과 관련하여 여러 다양한 사회문화, 종교적 의식과 의례를 치르는 과정의 모든 절차를 공급하는 공급처이기도 하다. 또한 사전적 의미로서 시신 안치실을 비롯한 빈소, 화장실, 가족 편의시설 등을 갖추고 「장사 등에 관한 법률」에 근거하여 임대료 및 수수료를 받고 장례 장소를 제공하여 영업하는 업소이다.[388] 따라서 어느 단체나 기관이든 경제자립화에 일익을 담당할 수 있다고 본다.

원불교 교단은 조상들의 상장과 제례의 전통의례를 이어받아 새롭게 원불교 장례사업의 역사를 만들고 있다. 2022년 현재 교정원 재정산업부에서 운영하는 장례식장으로서 신축하여 개원한 장례식장은 산본[영산대]·온고을·화성[원광종합병원]·원광대학교 천도장례식장이 있으며, 또한 광주에 신세계 장례식장, 안산에 군자장례식장이 있다. 종교가에서 부담 없이 해야 할 사업으로 가장 우선시해도 되는 것이 바로 장례사업일 것이다. 그 이유는 이름도 없는 이웃에 도움을 주고, 고인의 마지막 가는 길에 부처님의 법문을 들려줌으로써 열반과 해탈을 자연스럽게 유도할 수 있기 때문이다.

원불교 장례식장의 운영에서 간과할 수 없는 것으로 기관과 교당의 '경제자립화'를 꼽을 수 있다. 이를테면 학교법인에서의 장례업이 그것이며, 이는 경제자립을 통한 장학사업과 같은 건설적인 면에서 권장 사항이다. 일반적으로 장례 후에 열반자의 이름으로 교화, 교육, 자선의 교단 3대 사업에 헌공하는 것도 경제자립화의 한 축이 된다. 그중에 교육 부분에서 장학사업으로 학교 운영에 큰 기여를 하는데 학교법인 영산학원은 2004년부터 산본장례식장을 운영하며 학교 운영[운영내용 비공개]에 큰 힘이 되고 있다. 똑같은 장례사업이라도 일반인은 면세사업자이고, 학교법인은 법인세까지 면세가 되는 점은 주목할 만한 일이다.

---

388 조진연, 「장례식장의 장례산업으로서 문제점과 발전 방향에 관한 연구」, 명지대학교 석사논문, 2006, p.13.

장례의 경제적인 측면에서 고려해야 할 것으로 연간 사망률과 관련이 있다. 아래 연간 사망자 현황 〈표15〉을 보면 2016년 총 사망자 수는 280,827명으로 전년 대비 1.8% 증가하였는데 총인구의 0.54%이다. 전체 사망률 중에서 72.5%가 80세 이상의 사망자이다. 이는 10년 전과 비교하여 보면 11.8% 증가하였다. 그동안 평균수명을 65세로 정했다가 85세로 상향되어 사망자의 수가 정체되었다. 아무리 최고의 의료시설이 개발되어도 수명연장은 한계가 있으므로 현재 인구밀도가 가장 높은 1954~1963년 출생자들의 사망자 숫자만 증가할 것으로 본다.

(명)

연도	1983	1986	1996	2006	2008
사망자수	254,563	239,256	241,149	242,266	246,113
연도	2010	2012	2014	2016	
사망자수	255,405	267,221	267,692	280,827	

〈표15〉 연간 사망자 현황[389]

이때 중요한 것은 종교 본연의 목적으로 원불교에서 장례사업을 장기 계획 속에 확장해 간다면 경제자립화는 자연스럽게 될 것이다. 종교의 역할론으로 가난한 자와 버려진 자와 외로운 자들에 대한 손은 내밀어야 한다. 그러므로 교화의 저변이 확대될 것이다. 그리고 장례식장을 혐오시설이 아닌 문화센터의 체험학교를 인가받아서, 청소년을 대상으로 삶과 죽음의 가치를 가르치는 교육의 장

389 보건복지부·한국장례문화원, 위의 자료, 2017, p.40.

으로 검토해 볼 가치가 있다. 교육의 장으로 운영하면서 보편화된다면 경제자립이라는 말이 어색하지 않을 것이다.

현대인들은 죽음을 갑작스럽게 당하는 사건으로 생각해 자연스러운 것이 아니라고 믿으며 터부시하려고 한다. 암이나 노환이나 돌연적인 사고로 건강을 찾기 어려운 상태에도 의학의 힘으로 삶을 연장하는 쪽으로 생각하고 있다.[390] 그러므로 웰다잉 프로그램이 필요한 것이다. 중장년층을 대상으로 인생무상과 웰다잉 교육프로그램을 개발하고, 이미 고령화된 노년층에는 윤회의 새 출발과 생전천도의 희망을 넣어주는 분위기와 교육의 장이 필요하다.

원불교의 상·장례문화 체제는 아직도 초창기의 출발에 불과하다. 장례식장의 현장에서는 출발 시점부터 이익집단의 이미지보다는 친절 봉사, 형편 고려, 이소성대라는 3원칙의 목표를 가지고 임해야 한다. 본교에서 운영하는 장례사업은 일반인들이 운영하는 장례사업과 차별화를 통해서 조건 없는 영리를 목적으로 운영하는 것이 아닌 간소화된 장례의례로 문화사업, 복지사업을 통하여 부수적으로 경제자립의 수익 창출이 되는 방안이 요구된다.

원불교 장례식장의 운영은 종교의 큰 틀에서 교단적 철학이 있어야 성공할 수 있다. 물론 교법에 바탕해야 함은 두말할 필요가 없다. 장례식장의 성공철학은 창립 정신에 기반하여 이익까지 추구하자는 것이다. '이소성대'로 시작하며, '박리다매'로 수익을 창출하고, 이타행으로 단골손님을 확보해야 한다. 그리고 전문지식 습득에

---

390 한국죽음학회, 『한국인의 웰다잉 가이드라인』, 대화출판사, 1976, pp.12-13 참조.

정성을 다하고, 정보를 소중히 소통하며 작은 이익은 포기하고 거래 이후까지도 길게 서비스한다. 일반인의 장례식장은 눈앞의 이익만 좇기 쉬우며, 돈 되는 일이라면 무조건 덤비고, 남의 이익은 신경 쓰지 않고, 작은 이익부터 챙김과 더불어 거래 이후에는 모른 체한다는 것이 아쉬운 점이다.

거듭 강조하지만, 장례식장은 학교법인에서 운영하면 면세업에 법인세까지도 면제받게 되어 있다. 그러므로 학교법인의 장례식장 운영은 필수이고, 교단과 법인의 경제자립을 위하여 장례식장의 운영은 아주 중요할 것이다. 어떻게 보면 생로병사의 이치 따라서 장례사업은 변화되는 관습으로 계속 될 수밖에 없다.

이때 시장에 팽배해 있는 불합리한 가격구조는 넘어야 할 과제이다. 따라서 장례용품의 경우에 각 장례식장이나 장의사 또는 인터넷상에서 거래되는 가격이 같은 상품임에도 불구하고 3배 이상 차이가 나는 경우도 있다. 이는 장례 분야의 폐쇄성과 소비자의 무관심도 크게 작용한다. 특히 고인이 가는 마지막 길이기에 소비자인 유족들은 이승에서 서운함이 없도록 장의비용을 할인하지 않으면서, 자녀 또는 부모의 능력 최대한의 범위까지 상품을 구매하려고 하는 것이 대부분이다. 이러한 욕구를 이용하여 장의업자들은 표준가격을 무시하고 가격을 책정하여 유족에게 큰 부담을 시키지만, 유족들은 이를 아무런 생각 없이 받아들이는 경우가 많다.[391] 교단의 장례사업은 이를 과감히 개혁함으로써 사후 서비스를 철저히 하여

---

391 조진연, 「장례식장의 장례산업으로서 문제점과 발전 방향에 관한 연구」, 명지대학교 석사논문, 2006, p.23.

교도를 만들고, 경제적으로 '가격표 게시'나 '품목별 가격 외의 금품 수수 금지'는 장례식장 운영의 필수 조건이다.

이익 창출에만 몰두하는 것보다 복지사회를 위한 장례사업을 염두에 두면서 교단의 경제도 고려하는 장례식장 운영이 요구된다. 전국적인 장례식장을 구상할 필요가 있으며 익산·전주·광주·경기도에 이어서 서울·대전·부산·대구 등 4곳에 장례식장이 정책적으로 설립될 필요가 있다. 원불교 3대사업 가운데 교육사업이 중요한 만큼 장학사업을 위해서 원광대학교, 영산선학대학교[392], 원불교대학원대학교에 장례식장 사업체가 학교경영에 도움이 될 것이다.

오늘날 전무출신의 기본 용금이 최저임금을 넘어서야 한다는 큰 과제가 생겼다. 이 과제를 해결하기 위한 한 방법으로 전무출신 후원공단에서는 정책적으로 시도별 장례식장을 운영하면 묘안이 될 수 있다. 물론 보화당한의원처럼 개별적인 운영이 아니라 장례용품을 함께 구매하고 함께 소비하는 통합 운영을 전제로 한다.

4) 현장교화의 장

상·장례문화를 교화의 장으로 수용하려면 교역자로서 조상들의 전통 장례의례를 먼저 공부해야 한다. 그 기반으로 사람은 태어나면서부터 죽어가는 것이며, 죽음은 사회의 손실이었고, 무서움과

392 원광대 산본병원 장례식장(학교법인 영산학원)은 2004. 3월에 개원하여 운영 중이다.

두려움의 대상이었다는 것이다. 과거엔 보통 죽음은 격리의 세상이었고 전염병에 걸려 죽은 시신은 장례의례도 별도로 시행되었다. 육체적 활동이 정지된 시신을 큰 돌로 눌러 환생하지 못하도록 하였고, 망자를 잊으려고 사용하던 물건은 동구 밖에서 소각하여 버렸다. 이처럼 불에 태워 소각하지 않으면 망자가 저승에서 다시 사용한다고 하였지만, 그것은 망자의 흔적을 없애려는 방법이었다.

옛날부터 조상들은 망자를 이승과 분리해 저승으로 보내기를 원했고, 살아있는 가족들의 생각 속에서 빨리 잊기를 염원하였다. 망자의 혼령이 이승보다는 저승에서 머물도록 많은 방법을 생각해 내어 장례 절차를 진행하였다. 죽은 자의 이름을 부르는 것조차 멀리했으며, 꿈속에서 나타나는 것도 금기시하였다. 망자가 자녀들의 꿈에 자주 나타나면 거처가 불편하다고 생각하여 풍수를 동원하여 묘를 이장하였다.

그러나 세월이 흐르면서 전통적 장례에 관한 생각은 차츰 바뀌기 시작하였다. 죽음이 이승의 마지막이 아니라는 인식으로 바뀌면서 저승이 새 삶의 시작이 되고 재생의 관념으로 바뀌어 숭배의 대상으로 되었다. 이에 무덤을 생전의 집처럼 호화롭게 짓기 시작하였고, 내세의 생활도 이승처럼 생활할 수 있도록 여러 생활 도구를 함께 부장품으로 넣었다. 오히려 이승에서 못다 이룬 더 나은 삶이 되기를 염원하면서, 이승의 영화로움 그 이상이 되기를 원하였다. 순장의 형태는 시종들을 함께 매장하여 이러한 관념을 초극단적으로 보여주는 사례이기도 하다.

망자의 혼령이 숭배의 대상으로 바뀌기 시작한 것은, 이승과 저승이 연결되는 관점으로 인식되기 시작하면서부터이다. 후손의 번창은 조상의 음덕(陰德)에 기인한다는 된다는 믿음으로 기원하였고, 가족의 출세가 곧 가문의 영광이었다. 육신은 떠났지만, 영혼은 늘 함께 있다고 생각하여 조상의 유품을 대대로 간직하면서, 조상을 받드는 제사가 이어졌으며, 가계도가 족보라는 형태로 전래하였다. 누구의 몇 대 손인 것이 중요하고, 본인의 이름은 중요시하지 않은 것은 그 뿌리를 중시한 것이다.

특히 이러한 현상은 유교의 전통에 나타난다. 사당을 짓고 온갖 풍수지리를 동원하여 묘지를 쓰는 행위 등은 혈연과 집단과 조상을 강조하는 이념으로 승화되었다. 조상의 도움 아래 가문의 영광은 후손의 출세라는 사고체계는 타자녀 교육의 이념보다 종적이며 수직적인 사회 체계를 형성하였다. 이는 윗사람의 말은 옳고 아랫사람은 무시되며, 남자는 여자보다 모든 면에서 우선시하며, 양반은 언제나 대우받는 달갑지 않은 관념체계가 시작된 것이다.

이상의 관점에서 살펴볼 때, 한민족의 상례 제도는 무서움과 두려움에서 숭배의 대상으로 변화됐음을 알 수 있다. 불교의 전래에 따라 무·불이 습합된 숭배 형태도 있었지만 이후 유교의 전래로 인하여 성리학의 '주자가례'가 보급되어 유교식 조상숭배의 형태가 정착되었다.[393] 유교 전통의 사회에서는 혈연과 집단과 조상이 강조되었다. 이에 따른 유교식 조상숭배의 장례의례가 진행되자 조상으로 자리 잡지 못한 어린 영혼은 무시되었고, 또한 아랫사람과 여자

393 한국외국어대학교 외국학종합연구센터 『세계의 장례문화』, 한국외국어대학교 출판부, 1976, pp.29-30 참조.

와 천민도 함께 무시되었다.

고금의 죽음 및 이를 치르는 장례에 대한 인식변화와 더불어 장례문화는 향후 30년[2050년 무렵까지] 정도는 급격하게 변하지 않을 것으로 본다. 하지만 인구의 도시 집중화로 인하여 농촌지역의 장례문화는 그것에 맞게 고려해야 할 것이다. 노인들이 농촌지역에서 임종하면, 자녀들이 거주하는 도시지역으로 옮겨서 장례행사를 진행하고 화장이나 매장을 하여 선산으로 가기 때문이다.

이에 대해 원불교의 상·장례문화는 어느 부분보다 교화의 장으로서 자긍심을 갖게 할 수 있다. 시대에 맞게 새롭게 혁신된 예법으로서 『원불교 예전』 즉 '신정예법'에 준한 상·장례문화는 소홀하지도 번거롭지도 형식에 치우치지도 않기 때문이다. 또한 현대인들의 바쁜 일상과도 적절하여 많은 사람이 시대에 맞는 장례의례 절차에 호감을 느끼게 되었다. 그렇다면 『원불교 예전』을 통한 상·장례문화가 점차 새롭게 인식될 것이다.

원불교 2세기를 맞이하면서 교도 2세 교화의 부진이 큰 현안 문제로 꼽을 수 있다. 하지만 상·장례문화는 장례 기간을 합하여 49일 천도재를 지내는 동안에 고인의 자녀와 일반가족 및 관계인들과 함께하는 기간으로 교화할 수 있는 절호의 기회가 된다. 가족의 열반은 가족에게는 생사 대사이므로, 작은 친절에도 감화를 줄 기회가 주어진다. 상·장례 절차에 대한 시의적절함으로 혁신된 원불교의 예법이 생사에 대한 법문으로 위로받으며 유가족에게 작은 쉼터로 다가선다면 간접교화에 큰 힘이 될 것이다.

이와 같이 세심한 배려와 더불어 장례행사를 치르다 보면 열반식에서 발인을 거쳐 종재에 이르기까지 교화의 기회가 찾아온다. 가족 교화의 실례를 찾아보면, 만덕산 교령 이양신 원로 교무는 원평교당 재직시절[원기68~76년]에 초상집만 보면 무조건 찾아 들어가서 열반독경을 해주었다고 한다. 공자님도 위대한 성인의 덕과 정치인의 자질을 가지고 있지만, 때를 얻지 못해 처량한 신세를 '상가집 개'로 표현하였다고 하는데, 이양신 교무는 정말 '초상집 개' 같다는 소리를 들으면서 교당을 찾아오든지 찾아오지 않든지 상관없이 열반독경에 이어서 49일 천도재를 모셔드렸더니, 고인들이 천도를 잘 받고 가정이 편안해진다고 소문이 나서 1,000여 명 정도 입교를 했으며, 교화의식 수입도 전국 500여 개 교당 중에서 25위 안에 들어갔다.[394]고 한다. 이처럼 상·장례의 의례 곧 발인에서 천도재, 특별천도재, 열반기념제 등 제례의 엄숙한 의식집행을 통하여 현장교화의 장이 마련되는 것은 매우 고무적인 일이다.

원불교의 상·장례를 통한 간접교화에 지침이 되는 것으로 이미 72개의 교당[2012년 기준]에서 설치하고 있는 영모실, 영모당 또는 영모원의 위패 봉안 문화는 교도뿐만 아니라 교도 가족의 의례 동참이 교화의 중요한 계기가 되고 있음을 알 수 있다. 다만, 위패를 봉안만 하고 있으면 별 도움이 안 되고 육일대재, 명절대재, 추석, 설날, 그리고 백중날, 매월 15일에는 창립유공자와 특별유공자를 위하는 보은특별천도재 등을 시행해야 할 것이다.

영모당은 「신정의례」에서 공원과 묘각을 건설하는 법에 근거하

394 2019년 4월 15일(월) 논자는 만덕산농원에서 농타원 이양신 교무를 만나서 장례와 천도에 관한 대화를 했는데, 교무님과의 대화를 녹음자료로 남겨두었다.

고 있으며, 이미 조상신을 모시는 일본불교나 지하실에 공동묘지를 설치한 유럽의 천주교가 그 좋은 예라고 본다. 여기에서 또 다른 모습의 교화 비전을 제시하면, 앞서 밝혔듯이 장례식장에 장례문화원의 기능이 추가되어 문화센터의 체험학교 인가를 득하여, 청소년을 대상으로는 생사의 가치를 가르치는 교육의 장으로서 생후 실시되는 자녀교육은 바로 효제, 우애, 신의를 가르쳐 인륜을 밝히고 중도를 얻는 것이다.[395] 아버지가 되어서는 마땅히 자애하며, 자식이 되어서는 효도하는 장이 곧 관혼상제의 의식과 연결된다.

상·제례의 경우, 청소년을 대상으로 한 상례와 제례의 참여는 매우 필요한 교화의 방편으로 인식되고 있다. 지금까지는 청소년들이 어리고 젊다는 이유로 생사 체험을 말한다는 것이 어렵게 인식되어왔다. 청소년 자신들도 죽음은 아직 자신들의 문제가 아니라는 인식이 강하기 때문에 죽음에 관하여 관심을 갖고 접근하기가 아주 쉽지 않았다. 만약 죽음에 대한 교육이 삶을 위한 교육이라고 인식한다면, 청소년 교화에 한층 다가설 수 있을 것이다.

덧붙여 일선 교당에서의 교도 열반은 출석수에서는 작은 충격이지만 교화에서는 좋은 기회가 될 수 있다. 격에 맞는 법문으로 죽음이 두려움의 대상에서 효[숭배]의 대상으로 바뀌고, 『원불교 예전』은 엄숙하고 경건한 특성이 있으므로 비교도에게 호감을 주며 원불교를 알리는 장으로서 역할을 하게 된다. 또한 원불교도들의 2세 교화의 어려움을 해결하기도 하는 것이 장례의식이다. 장례 기간이 신

---

395 송순, 「유교 원불교사상에 나타난 가족윤리와 아동교육」, 동국대학교 박사논문, 1993, pp.51-52 참조.

입 교도의 좋은 입교 기회가 된다. 이유는 장례 기간에 작은 친절은 큰 감동이 되기 때문이다. 열반식에서 종재에 이르기까지 가족 교화의 성공사례는 앞에서 언급하였다. 이에 교당에서 쉽게 구매할 수 있도록 천주교 '(주)평화누리'처럼 중앙총부 기념품 판매소와 은혜상조회에서 장례용품[관, 수의, 휘장, 배너, 복표 등]을 편리하게 대량 보급하는 것이 현장교화를 위하는 길이다.

2. 원불교 상·장례문화의 과제

1) 상·장례의 새로운 의미 부여

상·장례의 성격을 분명히 하기 위해서는 개념의 이해가 필요하며, 이에 대한 새로운 시각이 필요하다. 상·장례는 단순히 장례용품의 판매나 시신 처리 서비스만 제공하는 것이 아니고 전통적 관습의 이해와 시대적 변화 요구에 따른 국민 정서를 반영한 서비스를 요구하고 있기 때문이다.[396] 상·장례의 개념이 공간적 활용에 머무는 것이 아니라 여기에 따르는 관습이라든가, 새롭게 받아들이는 국민의 감정이 곁들여진다는 것이다.

그렇다면 앞으로의 상·장례문화는 어떻게 변화해 갈 것인가?

---

396 이필도, 「장례서비스 산업의 현황과 발전방안」, 『한국장례문화학회지』 제1권 제1호, 한국장례문화학회, 2002, p.76.

인구구조의 변화, IT기술의 발전, 지역적 국가별 장례문화의 글로벌화에 따라 상·장례문화의 변화를 예측할 수 있을 것이다. 국내 장사시설 전문회사인 메모리얼 소사이어티에서 예측하는 미래 장례문화의 변화상을 참고하여 상·장례문화를 선도할 수 있는 방향을 제시해 보고자 한다.

상장의례의 역할은 삶에서 죽음을 없애는 것이 아니라 죽음에 대해 나름대로 정체성과 죽음의 위치를 부여하는 것이다. 그리고 살아 있는 사람들은 상장의례를 통해서 하나의 문화로 죽음을 완결짓는다. 따라서 상장의례를 통과하지 못한 죽음은 불완전한 죽음이 되어 허공을 맴도는 것으로 간주한다. 과거로부터 한국 사회에서 죽음은 망자와 유족들만의 문제가 아니었다. 죽음은 집단적인 지역 공동체의 큰일로 취급했다. 지역 공동체는 집단적으로 공통된 상장의례 방식과 죽음 인식을 함께하고 있었고, 그러한 집단의식을 통해 죽음의 문제를 해결하려 하였다. 따라서 사람들은 상대적으로 편안한 상황에서 죽음을 준비하고 맞이할 수 있었다.

그러나 현재는 핵가족과 거주문화의 변화와 함께 공동체적 집단의식이 깨지면서 지역 공동체는 더 이상 상장의례에서 중심적인 역할을 담당하지 못하게 되었다. 이러한 변화로 이어지면서 종교집단이 크게 부상하여 병원이나 장례식장과 같은 상장의례 전문기관에서 상장의례를 주도하는 중심체로 자리 잡았다. 물론 전통 유교의식도 종교집단의 한 분야로 볼 수 있지만 억불숭유 정책으로 퇴색되어 있었다.

결과적으로 상·장례를 주관하는 종교집단과 장례식장으로 인하여 상·장례의 공간이 달라지는 것은 당연히 받아들여졌다. 이전에는 객사를 터부시하는 관념으로 병원에서 치료하다가도 임종의 순간이 오면 환자를 집으로 모셔 가기도 했지만, 이제는 외부 공간인 장례식장이나 종교 주관처에서 장례를 치르는 것을 당연하게 여기고 있다.

장례 전통의 변화와 함께 상장의례의 절차와 유형이 변화를 거듭하고 있다. 물론 현재까지도 일반사회의 기본적인 틀은 유교식 전통 상·장례 절차로 진행하고 있는 것은 사실이다. 전통 상·장례는 망자의 시신을 처리하는 절차와 망자의 혼을 처리하는 절차의 두 가지로 구성된다. 현재 행해지는 상·장례는 시신의 처리에 영리적으로 접근하고, 망자의 혼을 처리하는 절차를 소홀히 다루고 있다. 그로 인해 통과의례의 기능이 상당히 약화하는 모습을 직면할 수 있다.

이러한 장례 변화에서 나타나는 경향은 생과 사의 분리 즉 산 자와 죽은 자의 분리이다. 전통적인 상·장례는 삶에서 죽음을 없애고, 망자를 살아 있는 사람들과 나누어 분리하려고 하지 않았다. 오히려 고인의 존재를 변화시켜 조상으로 새로운 위치를 정하여, 가족들과 새로운 관계를 맺도록 하였다. 그러나 현재의 상·장례는 바쁘다는 일상의 핑계로 삶의 자리에서 죽음을 떼어내려는 모습들이다. 그것은 공간의 변화로 인한 현실적 조건에서 아파트의 주거 공간에서는 장례를 치르기 쉽지 않다는 것에서 시작되었다.

현대인들의 인식 속에서 상·장례는 그것이 상(喪)이든 장(葬)이든 제(祭)이든지 간에 죽음을 받아들이고, 시신을 바루고 영혼을 마음에 담는 과정으로 비추어진다. 즉 상·장례는 존재하는 갖가지 현실을 의미 있는 어떤 상징으로 수용하는 절차라 할 수 있다. 그러므로 상·장례는 죽음에서 나타나는 주검은 물론 죽음이라는 일을 겪는 개인 및 집단과의 해당 문화 전체의 죽음 의미를 모아놓은 하나의 틀이라 할 수 있다.[397] 상장의례가 없는 죽음은 무의미한 죽음으로 믿어지기 때문에 그 무의미에 대해 거부를 하려고 한다. 나아가 삶이 의미가 없는 것으로 비추어지면서 상·장례의 무의미는 바로 '삶의 의미 상실'이라고 간주한다. 전통 유교사회에서 대를 이어간다는 의미에는 자기 죽음이 상실되지 않아야 한다는 소망이 담겨 있다고 본다.

그러나 죽음은 그것 자체로 완결성을 갖는 하나의 현상 내지 사건으로 보는 것은 아니다. 그것은 삶의 마지막에 이르는 결정체이고 엄밀한 의미에서 '새로운 삶의 실현'이다. 상·장례는 죽음의 의미를 부여하거나 죽음의 인식을 위한 것만이 아니다. 그것은 삶을 인식하여 온전하게 생활하기 위한 절실한 것이며, 구체적이고 직접적인 동기가 된다. 따라서 상장의례는 삶의 의미를 되찾기 위해 꼭 필요한 의례라 할 수 있겠다. 근래 새로운 상·장례가 등장하고 있는데, 불교의 사찰에서 행해지고 있는 낙태수자령 천도 등[398]이 좋은 예이다. 전통적인 관념에서 낙태아는 그동안 상·장례의 대상으로 인식

---

397 정진홍, 「죽음 의례와 죽음」, 이용범 엮음, 『죽음 의례 죽음 한국사회』, 모시는사람들, 2015, pp.14-15.

398 낙태수자령 천도재란 무엇인가? 임신 중에 범한 낙태의 죄업을 참회하며 낙태아들의 극락왕생 발원을 발원하는 천도재이다. 낙태아를 위한 기도를 하는 천주교에서도 시행하고 있다.

되지 않았었다.

이러한 의례를 통해 죽음은 무의미에서 의미를 찾게 되고, 그렇게 됨으로써 산 사람들은 자신이 간직하고 싶은 의미를 죽음을 통해 발견해 낸다.

현대 의학의 발전으로 수명 연장이 현실화되고 있지만, 그래도 어떻게 잘 죽을 것인가 하는 존엄사의 문제나 어떻게 잘 죽게 할 것이냐는 안락사의 문제는 현대의 새로운 죽음관이 되었다. 어려운 삶을 살아가는 사람들에게는 각박하고 절박한 삶 때문에 죽음을 주변적인 것으로 생각하여 죽음이라는 현상을 무지한 모습으로 대하기도 한다. 그러한 사람들에게 상장의례는 의미 없는 것으로 보일 것이다. 상·장례가 삶을 더 힘들게 할 수 있다는 판단이 들 때 그 죽음의례를 간소화하는 대신에 뜻은 살려서 효율적으로 처리하는 데에 의미를 둔다. 곧 의미를 상실한 상장의례는 무의미한 일이 되기 때문에 적어도 상장의례의 진행 과정에서라도 '죽음의 의미'를 되새겨 보아야 할 것이다.[399] 죽음의 의미가 죽음으로 끝나는 것이 아니라, 죽음을 위로하고 시간을 기억하며 영생토록 무의미가 의미가 되도록 해야 한다.

사람들은 뉴스나 생활 주위에서 매일 죽음을 대하면서도 죽음에 관심이 없는 인상을 주려고 한다. 그러나 육체적 죽음만으로 죽음이 완결되지 않고, 살아있는 사람들은 쿠데타나 전쟁터에서도 나름대로 상·장례를 통해 죽음을 매듭짓는다. 현대는 언제부터인가

---

399 한성열, 「한국 상장례의 변화와 친환경적 장묘산업」, 『원불교사상과 종교문화』 79집, 원광대 원불교사상연구원, 2019, pp.340-343 참조.

육신의 처리에 한정하고 망자의 혼을 처리하는 절차를 그냥 넘어가려는 경향이 짙다. 하지만 새롭게 낙태아 천도도 등장하고 있는 현실에서, 상장의례는 삶의 의미를 찾아주기 위해 어쩌면 필연적으로 요구되는 의례이어야 한다. 산 자와 죽은 자를 구분하는 인식은 통과의례의 의미를 상실케 하므로 망자와의 정(情)으로 인하여 슬픔이 오고 그 슬픔을 위로하고, 기리고, 축복하는 것에서 현대의 상·장례에 대한 새로운 의미를 부여한다.

2) 장례식장의 대형화, 전문화

장례식장의 이용자 현황을 살펴보면 병원 장례식장 이용자가 전문장례식장 이용자보다 많다. 이는 병원 치료 중에 사망하는 경우가 많으며 병원의 인지도가 높고 도심에 위치하여 접근이 편리하기 때문이다.[400] 전문장례식장은 혐오시설로 생각되어 도시 주변이나 교외에 있으므로 인지도가 낮은 상태에서 상대적으로 이용자가 적은 것도 그 원인의 하나이다.

그러므로 장례식장은 중대형 기관, 일반업체를 중심으로 전문화, 대형화의 경쟁 심화가 예상된다. 현재까지는 국내 상위 상조회사, 종교단체 등이 5~10개소의 장례식장을 보유하고 운영하는 실정이다. 증권회사, 보험회사 등 재무적 투자자나 해외 장례회사의

400 시장조사국 거래조사팀, 「장례식장 이용실태 및 문제점」, 한국소비원, 2017, p.9.

국내 투자 등도 가능성이 큰 편이며, 장례식장의 대형화와 전문화로 인한 경쟁은 심화할 것으로 예상한다. 최근 상조 서비스 분야 1~2위 업체인 P라이프와 B상조에서는 각각 6~7개의 직영 장례식장을 전국에 설치 운영 개시하였으며, 가톨릭에서는 2018년 9월 장례용품 제조업과 장례식장 6개소를 통합하여 운영하는 종합장례 전문기업인 (주)평화누리를 공식적으로 출범시킨 바 있다.

장례식장의 규모를 설정, 확대하면서 일반적으로 전문장례식장이란 무엇인가를 알아야 한다. 그것은 다른 시설에 부속되지 않고 종합 장례서비스를 제공하며 장례만을 전문으로 취급하는 장례식장을 말한다.[401] 이러한 맥락에서 원불교의 장례식장은 중소업체와 같다. 교단의 장례식장은 앞으로 대형화, 전문화된 장례식장과 경쟁을 해야 한다. 특히 광주지역은 대형화와 전문화 그리고 빈소 무료화가 급속하게 진행되었다. 예컨대 신세계장례식장은 상조회사와의 관계를 돈독히 하고, 전남광주교구와 협약을 맺어 공동투자를 유도하며, 종교의 색채를 없애고, 광주지역 최저가의 장례비로 성공을 거두고 있다.

부산 지역도 예외는 아니다. 2014년 3월 1일 부산 부산진구 당감 2동에서 개원한 '온종합병원'의 장례식장은 동년 동월 22일부터 운영했다. 이 장례식장은 413㎡[125평] 규모의 초대형 접객실[분향실]을 비롯해 265㎡[80평] 규모의 대형 접객실 2개 등 9개의 대·중·소 접객실을 갖추고 있다. 특히 접객실마다 유족휴게실에 샤워

401 오영모·박재승, 「전문장례식장 조문공간 구성에 관한 연구」, 『한국실내 디자인학회 논문집』 39호, 한국실내디자인학회, 2003, p.125.

시설을 갖추었고, 유족 대기실에 유족들이 편안히 쉴 수 있도록 침대와 화장대, 옷장 등을 갖춘 유족휴게실을 확보했다. 방바닥이 아닌 침대에 누워 쉴 수 있도록 한 것은 장례식장 가운데 선구적으로 도입된 예이다. 분향소 옆에는 조문객이 없을 때 상주가 잠시 앉을 수 있는 장의자까지 마련돼 있다.

부산 지역의 '온종합병원'의 담당자는 조문객들에게 대접하는 음식도 종류를 다양하게 추가해 천편일률적이고 식상한 장례식장 음식 메뉴의 틀을 벗기 위해 노력하였다. 서비스 고급화를 장례예식장에 접목하는 데 주력하고 있는 것이다. 부산의 중심인 서면에 초대형 장례식장을 마련한 것은 조문객들의 교통과 생활편의 등을 고려한 지정학적 서비스라는 것이 장례식장 측의 배려이다.

부산의 대표격인 장례식장 중 하나인 부산의료원 장례식장도 대대적인 리모델링에 착수하였다. 이를테면 기존의 14개 접객실을 10개로 줄이는 대신 접객실에 개별 유족휴게실을 만들어 샤워실, 화장실 등 편의시설을 확충하게 된 것이다. 특히 각 접객실 입구에 출입문을 달아 다른 조문객들이 지나가면서 각 접객실 안을 볼 수 없도록 하였다. 조문객 수가 적은 상주나 유족의 경우 지나가는 사람들이 접객실 안을 볼 때 마음이 상하는 경우가 많다는 점에서 유족의 사생활 보호를 고려하여 이 서비스가 필요하다는 것이다.

그리하여 부산의료원 측은 접객실을 대형화, 고급화하면서도 영세민, 행려자, 무연고자 등에게 제공하는 접객실을 계속 운영하는 한편 안치실, 입관실료 면제 등의 혜택을 확대하도록 하였다. 부산 서구 아미동 부산대병원 장례식장은 리모델링 공사를 시작하였다.

본 공사는 기존에 9개인 접객실을 4개로 대폭 줄여 그 크기를 키움으로써 샤워실 등 각종 편의시설을 넓히기 위한 것이다. 또 최신 바뀐 사체 냉동실과 염습실 등의 각종 시설 확충도 포함돼 있다. 공사담당자에 의하면 전국적으로 보편화된 장례식장의 고급화 경향이 부산 지역에도 최근 확산하는 추세[402]라는 것이다.

전북지역인 전주나 군산의 경우도 예외가 아니다. 시류에 발맞추어 2018년 2월에 개원한 원광대병원 장례식장은 상주실을 3곳 만들고 응접실, 화장대, 샤워실, 화장실, 좌탁과 입탁을 5:5로 설치하였다. 또한 기초생활수급자·행려환자·무연고자 등에게 제공하는 무료 분향실을 운영하고, 각 분향실 입구에 문을 달아 사생활 보호를 하여 대형화와 전문화에 일조하고 있다.

장례식장의 규모 확대가 고려되어야 하는 것은 장례행사란 어느 사회인의 사망 시부터 장례 진행과 탈상까지 전체적으로 진행하는 전문업이기 때문이다. 이러한 일련의 과정에서 최근 장례식장들이 경영의 합리화 및 마케팅 강화 노력에 초점을 두는 추세가 되면서 대형화·전문화라는 방향으로 나가고 있다.[403] 특히 대형화와 전문화의 플러스 요인은 원가 절약과 다양한 제품의 표준화로 토탈서비스가 가능하다. 원불교 제품을 생산하고 공급할 수 있다는 점에서 교단적인 종합장례 전문기업 설립의 과제가 남았다.

---

402 〈한국 장례신문〉, www.kfn1004.co.kr/ 2014년 3월 4일자 참조.

403 박병익, 「장례식장 이용자의 만족도에 관한 연구 -s장례식장을 중심으로-」, 연세대학교 석사논문, 2000, p.13.

3) 자연장의 보급 및 확대

국토의 부족으로 인한 자연장의 보급 및 확대는 미래의 바람직한 장례문화가 될 것이다. 자연장 보급에 대한 서울시민 의식조사에 의하면, 본인의 장사 형태는 자연장 선호가 가장 높았으며 다음으로 수목형의 자연장 선호가 높았다.[404] 그리고 고인의 표식은 개별표지 희망이 높은 것으로 나타났는데, 그 이유로는 자연장의 장점으로는 친환경적이기에 산림훼손 예방에 더하여, 묘지 등에 비해 유지관리가 편리하기 때문이다.

보건복지부는 자연장 제도의 도입, 장사시설의 확충, 봉안묘의 규격 제한 등을 주요 내용으로 하는 '장사 등에 관한 법률' 시행령 개정안을 2015년 1월 28일에 공포하였다.[405] 그동안 음성적으로 장사하던 불교 수림장, 종중 자연장, 개인적인 수목장 등이 제도화된 셈이다. 장사법이 개정된 이유는 장사시설 부족으로 인한 불편과 묘지, 납골 등 장사시설이 자연을 훼손하는 문제점 해결의 방안으로 장사 방법에 자연 친화적인 자연장 제도를 도입하기 위한 것이다.

따라서 장묘문화의 획기적인 변화가 예상되는 이번 장사법의 개정은 늦은 감이 있지만 바람직한 미래형의 장묘문화를 도입하게 됐다고 본다. 일반인들에게 생소한 용어인 자연장이란 화장한 유골을 수목·잔디·화초 밑에 묻거나 주변에 뿌려 장사하는 것이다. 그것

---

404 김연화·윤경화·김경희, 「장사문화에 대한 서울시민의 의식조사 -자연장을 중심으로-」, 『학술대회논문집』 1권, 한국가족자원경영학회, 2010, p.236.

405 「장사 등에 관한 법률」 '시행령 개정안' 2015년 1월 28일 공포.

은 봉분식 매장 방법이나 납골당을 지어 안치하는 납골 방법이 아닌 유럽에서 시행되는 수목장처럼 자연으로 돌아간다는 의미로 죽은 자와 산 자가 함께 공유할 수 있는 공원식의 아름다운 정원형으로 만들 수도 있다.

이를 위해 산림청과 중앙행정기관의 장은 국유지의 국유림에 수목장림이나 자연장지를 조성할 수 있게 하였다. 이로써 다양하게 장사방식을 선택하여 묘지나 납골당 등 장사시설 부족의 민원을 해소하고 장사시설의 무조건적인 설치로 인한 자연환경이 훼손되는 문제점도 개선되게 됐다. 자연장을 하려면 반드시 화장해야 하는데, 아직은 화장장 시설이 부족하다. 이제 지자체별로 화장 시설을 갖추게 했으니 주민의 수요에 맞도록 시·군의 자족형과 소규모이거나 고품격의 명품화된 화장 시설이 설치된다면 주민의 거부감도 줄어들 것이며, 인접한 시·군들이 공동의 화장장을 건립하면 예산도 절감할 수 있을 것이다.

아울러 자연장의 조성도 지자체별로 특색 있게 서구풍의 다양한 공원화로 변모될 것이다. 그 예로 산림청은 경기도 양평군 국유림에 55ha의 모델 수목장림을 조성했으며, 추모 대상목 2,000그루에 10만ha의 수목장을 조성하고 있다. 수원시도 정원 형태의 공설 자연장을 조성하였고, 의왕시는 잔디장을 비롯해 화초장·수목장 등을 위해 2008년 8월 오전동 산2번지 일대에 기존 공동묘지 구역의 일부이지만 공설 자연장을 착공했으며, 광주시도 중대동 50-1 일원의 공동묘지 중 290㎡에 대해 동년 6월부터 자연장을 착공해서 공동묘지 전체에 대해 묘지 이장 후 도시공원으로 조성한다고 했다.

개인이나 가족 자연장의 경우 100㎡ 이내의 소규모 자연장을 조성한 후 30일 이내에 위치도와 토지소유증명서를 갖추어 시장·군수에게 신고하면 된다. 앞으로 자연 친화적인 장묘문화가 정착되어 자연경관도 살리고 산림훼손이 안 되는 자연장이 널리 보급되어 정착되어야 할 것이다.[406] 자연장의 조성이 현재 장사법의 대안이 되어, 자연장이 보급 및 확대가 절실하게 필요하지만 새로운 문화로의 성립은 상당한 시간이 필요하다.

한때 들풀처럼 번진 가족 봉안묘는 가공된 많은 석재를 이용하여 제작하기에 새로운 환경파괴와 아름다운 산에 이것저것 들어선 모양이 미관상 좋지 않을뿐더러 유골함 내부의 결로현상의 문제는 사람들의 선호도를 낮게 하였다.[407] 시기에 맞추어 공영방송에서는 '수목장'이 가장 좋은 대안이라는 식으로 방영을 계속하였고, 국민의 생각은 '수목장'과 '자연장'을 동일시하게 되었다.

1961년 12월 '매장 등 묘지 등에 관한 법률'이 제정된 후 몇 차례의 내용과 법률명이 개정되었다가 2000년 1월 12일 '장사 등에 관한 법률[이후 장사법]'로 개정되었고, 2008년 5월 26일 장사법에 처음으로 '자연장'이란 공식 명칭이 나타나기 시작했다. 장사법 제2조 3항에서 '자연장'이란 화장한 유골의 골분을 수습하여 수목, 잔디, 화초 등의 아래나 주변에 묻어 장사하는 것을 말한다. 한국 장사

406 〈현대일보〉 (http://www.hyundaiilbo.com) 참조. 2008. 5. 28.

407 일정온도의 공기가 그보다 차가운 표면에 접촉하여 기온이 내려가면 상대습도가 증가하여 기온이 이슬점에 이르면 수증기는 물방울이 되어 벽면에 부착하게 되는 현상을 말하며, 항온항습 장치가 없는 봉안당이나 가족납골묘, 봉안담 등 도자기로 만든 유골함 내부에서 많이 나타나는 현상이다.

법에서 '자연장'은 두 가지를 전제조건으로 하고 있다. 하나는 '화장한 유골의 골분[가루]'이어야 한다는 것과 또 하나는 방법에 있어서 '묻어야' 한다[408]는 것이다.

앞으로 장묘부문에서는 IT 기술의 발전과 더불어 친환경 장법인 자연장의 보급이 확대되고 증가하면서 '추모'와 '안치'가 분리되는 장묘문화가 예측된다. 기존의 매장묘나 봉안시설은 장기간 안치가 용이하나, 자연장의 경우에는 일정 기간 이후에는 고인의 흔적이 없어지기 때문에 접근이 용이한 도시지역 내에 별도의 추모시설이 설치되고, 비도시지역에 봉안시설, 수목장, 자연장의 형태로 안치시설이 분리되어 조성될 것으로 예상된다. 도시지역의 추모시설에는 고인의 DNA, 유품, 사진 또는 영상기록, 전자기록 등을 반영구적으로 보관할 수 있고, 비도시지역의 안치 시설에는 고인의 화장 분골을 일정기간 보관하는 기능이다.

원불교의 묘지 문화는 선도적으로 나가고 있다. 이를테면 익산 왕궁영모묘원에 공원묘지와 대원전[봉안당]이 이와 관련된다.[409] 그리고 충남 논산에 무궁화 공원랜드도 납골당이 완성되었다.[410] 앞으로 지역적인 균형을 위해서 경상도에도 영모묘원을 준비하면 좋을 듯하다. 공원묘지의 추모와 안치가 분리될 때를 준비하여 정책적으로 전 교당에 추모 공간으로 영모실과 영모당을 준비해야 할 것이다. 이곳에 창립유공자와 특별유공자의 기록, 고인의 위패, 유

---

408 최영훈, 위의 논문, 2017, pp.71-72.
409 「왕궁영모묘원 대원전」, 1999년에 12,000기를 허가받아 7,000기를 완공하여 운영 중이다.
410 「무궁화 공원랜드」, 2020년에 19,000기를 허가받아 4,500기를 완공하여 운영 중이다.

품, 사진, 영상기록 등을 반영구적으로 보관하는 것이 일선 교화의 과제로 등장한다.

4) 정보통신서비스 활용

정보통신서비스 즉 IT 기술에 의한 스마트폰을 활용함으로써 폰에서 제공하는 묘지를 구상하는 것이다. 증강현실[AR] 기술을 활용해 가상묘지를 스마트폰으로 보여주는 것이 '스마보'[료신세키자이 홈페이지 참조]이며, 매년 제사를 지내줄 사람도 없으므로 자신이나 가족의 묘를 아예 이 세상에 남기고 싶지 않다는 사람들이 선호한다. 이러한 부류의 사람들을 위해 일본에서는 실제 토지가 아닌 스마트폰 안에 AR 기술을 활용해 묘지를 조성하는 정보통신서비스도 등장했다.

비석 제작회사로서 '료신세키자이(良心石材)'가 시작한 스마트폰 서비스의 이름은 '스마보(スマ墓)'이다. 서비스 내용은 "증강현실 게임인 '포켓몬고(GO)'를 떠올리게 한다. 이용자들은 프로그램을 다운받은 후 고인이 좋아했던 장소나 유골을 뿌린 장소 등을 GPS에 등록하면 된다. GPS를 이용하여 장소를 찾아가도록 앱을 켜면 고인의 동영상이나 사진이 배경 위로 흘러나오며 죽은 이와의 추억을 되새길 수 있다."[411]는 점에서 여간 유용한 방법이 아닐 수

411 〈중앙일보〉 '스마트폰 속 묘지', joongang.joins.com/ 2018. 9. 23.

없다.

이처럼 일본에서는 추모시설을 IT 기술을 이용해 현실 공간이 아닌 증강현실의 '스마보'[412]라는 앱으로 구현하는 상품을 출시하였다. IT 기술을 이용한 증강현실 장례서비스에서는 세계화의 영향에 따라 각국의 독특한 장례문화를 중심으로 하기보다는 표준적인 추모 기능과 다국어를 이용한 고인의 색인기능 등이 주요 기능으로 자리잡을 것으로 보인다.

전 세계적으로 과연 '스마보'라는 정보통신서비스가 가능해 질 것인가는 아직 속단하기 쉽지 않다. 다만 인간의 생활이 물질 개벽으로 인하여 1차원을 지나서 2차원, 3차원, 4차원의 세계에 진입하고 있다는 점을 고려할 일이다. '스마보'라는 앱으로 히말라야의 깊은 눈 속이나 태평양 깊은 바닷속에 가상의 묘지를 쓰는 날이 다가올 것이다. 이를테면 2011년에 세상을 떠난 고인들의 가상의 추억이 머무는 장소인 '세계 가상 공동묘지'[413]가 인류 역사상 사상 처음으로 선보였다.

이때 장례서비스와 관련하여 원불교 교단에서는 무엇을 준비해야 할 것인가? 원불교의 출발 정신에 맞게 정신개벽으로써 생전 천도의 장으로 나아가야 할 것이다. 원불교에는 악도에 빠진 영이 선도수생을 하도록 도와주는 사후 천도와, 생전에 자기 자신을 제도하

412 「스마트폰 묘지 서비스」: 〈료신세키자이(良心石材)〉가 〈스마보(スマ墓)〉라는 서비스이며, 실제 토지가 아닌 스마트폰 안에 증강현실(AR) 기술을 활용해 묘지를 조성하는 것으로 이용자들은 프로그램을 다운받은 후 고인이 좋아했던 장소를 GPS에 등록하면 된다. 이후 그 장소를 찾아가 애플리케이션을 켜면 배경 위로 음악이 흘러나오며 죽은 이와의 추억을 되새길 수 있다. 한 달에 500엔[약 5,000원] 정도로 이용할 수 있다.

413 www.i-tomb.net 은 '세계의 가상 공동묘지(The World Virtual Cemetery)'이다.

여 욕심과 집착의 고통 속에서 한마음 돌려 해탈 극락 생활을 하는 생전 천도와, 나아가 내 이웃과 전 인류를 대도 정법으로 인도하여 고해에서 낙원으로 구제하는 타인 천도가 있다. 여기에서 스마트폰 묘지 정보통신서비스는 사후 천도와 타인 천도 보다는 생전 천도로 본인이 본인의 장례를 치르고 본인의 묘지도 쓰는 날을 구상해 보자는 것이다.

'가상의 묘지'에서 필수의 스마트폰 앱 개발은 프로그래밍 기술에 의존하면서도 참신한 툭 튀는 아이디어와 그래픽 감각을 갖춰야 한다. 스마트폰 자체의 기능이 향상된 만큼, 고객은 그에 부합하는 고도의 화려하고 감각적인 그래픽을 계속 요구할 경향이 있기 때문이다. 아직은 창의력이 필요하지만, 정보통신서비스의 스마트폰 앱의 개발은 해결해야 할 과제로 되어 있다.

5) 공존의 장례문화

불교의 스님들이 열반하면 봉행 되는 다비 의식은 불교만의 장례문화로, 화장을 대표하는 장례의식이기도 하다. 이 같은 불교가 전파한 화장은 우리나라의 장례문화를 개선하는 데 큰 역할을 담당해 왔다. 20년 전 20%를 겨우 넘었던 화장률은 2018년 기준 86.8%에 이르렀다. 이 과정에서 화장을 거부감 없이 수용했던 불자들이 변화의 주요 변수였음은 분명하다. 최근 조사에 따르면, 불교 신자들은 타 종교 신자들보다 자연장과 산골 등 친자연적 장례문화에 대해서도 훨씬 더 높은 비율로 참여하고 있다.

세계 최고의 저출산·고령화 국가인 우리나라는 2043년에 노년 부양비[생산가능인구 100명당 고령자 비율]가 현재의 19.7%에서 63.0%로 높아지고, 연간 사망자 수도 30만 명에서 60만 명으로 늘어나리라 예상된다. 장례를 치르고 묘역을 관리할 후손이 턱없이 부족해지는 것이다.

우리나라는 국토의 64%가 산지로서 개발할 수 있는 토지가 극히 부족하다. 그런데도 묘지가 약 1,500만 기로 서울시 인구보다 많고, 면적도 서울의 1.2배에 달할 만큼 묘지의 국토 잠식과 자연훼손도 큰 문제이다. 지방의 어떤 면은 거주인구보다 묘지가 3.84배나 많다. 이러한 후손 부담 및 자연훼손의 문제점을 해소하기 위해 정부는 1990년대 말부터 화장문화 확산을 위해 다각적인 노력을 기울여 왔고, 2008년부터는 잔디장, 수목장, 화초장 등 자연장을 권장하고, 58개소의 공설자연장지를 조성하여 국민의 자연장 선호율이 45%까지 상승했으며 이용률도 25% 수준에 이르렀다. 화장 및 자연장 이용이 대세가 됨에 따라 정부는 체계적인 대국민 지원을 위하여 2013년에 한국장례문화진흥원[보건복지부 장사지원센터]을 설립하고 화장·자연장 확대 및 장례서비스 질 제고를 위해서 노력하고 있다.

장례서비스의 여러 노력 가운데 'e하늘 장사정보시스템'을[414] 운영하며 365일 24시간 장사 상담, 장사 정책 및 콘텐츠 개발, 장사

---

414 보건복지부 'e하늘 정보시스템' https://sky.15774129.go.kr/intro.do으로 화장예약 시스템, 장사 방법, 장사 시설 등의 안내 서비스이다.

시설 종사 인력 교육, 친자연적 장례문화 홍보 및 지역순회 설명회, 국가재난 사망자 장례지원 등을 통해 서비스의 양질을 제공하고 있다. 이것은 구태의연한 장례문화와 공급자의 상술 속에 방치되어 오던 장례서비스를 국민의 눈높이에 맞게 공정하고 편리한 것으로 변모시키고 있다는 증거이다.

불교가 공존과 화합의 종교인 것처럼, 바람직한 장례문화도 '공존'에 답이 있다. 자연의 공존, 사람과 자연의 공존, 삶과 죽음의 공존, 그리고 모든 계층과 세대의 공존을 위한 장례문화 개선은 계속되어야 한다. 지금까지 시도했던 것처럼 불교와 장사 정책 당국은 장례문화 개선과 취약계층 장례지원 등 장사 정책을 노인복지정책의 중심부로 끌어들이기 위하여 손을 맞잡고 함께 노력해야 할 것이다.[415] 공존의 장례문화는 특정 종교의 교리라는 오해에서 탈피하여 화목이 우선시 되는 정책이 되어야 하기 때문이다.

앞으로 산 자와 죽은 자가 공존하는 친화적인 장례문화가 조성되어야 할 것이다. 장례식장을 생활공간 일부로 인식하고 검소하고 품위 있는 장례식장이 환영받을 것이다. 장례식장은 부정적 인식이 개선되어 추모 공간인 동시에 휴식·문화·역사가 공존하는 공간으로 활용되고, 생활공간 일부로서 공간의 재구성·디자인 연출 및 테마 설정으로 새로운 장례문화의 지평이 열릴 것이다. 국민인식 개선으로 멀리 떨어진 장지보다 생활공간 가까이에 공원 같은 자연장지를 명소화하여 조성하는 지역 친화적 소규모 자연장지가 검토되고

415 권명길, 한국장례문화원장, 〈현대불교신문〉(http://www.hyunbulnews.com) 2019. 10. 28.

있다.[416] 장례식장의 무료 휴식 공간과 자연장지 명소화는 공존하는 장례문화의 첫걸음이다.

현재 원광대학병원 천도장례식장은 휴식 공간을 넓혀 다수의 화분을 진열하고 카페도 설치하였다. 장례식장의 공간은 어느 정도 휴식 공간을 준비하였으므로 디자인 연출 및 지역문화의 접목 등 테마 설정은 여전히 과제로 남았다. 이러한 과제 해결에 있어서 중요한 것은 장례문화가 양질의 서비스 외에 산 자와 죽은 자·인간과 자연·계층과 세대·남녀노소·빈부격차·유무식을 넘어서서 공존이 되어야 한다. 그러므로 자연과 지역의 친화적 공간이 필요하고, 재난 사망자 장례지원이나 취약계층 장례지원 등 장사 정책을 노인복지정책의 중심부로 공존의 상·장례문화를 끌어들여야 할 것이다.

416 보건복지부·한국장례문화원, 위의 자료, 2018, p.26.

VI

글을 맺으며

인간이 동물과 다른 이유는 여러 가지가 있다. 이성적 존재, 언어의 사용, 도구의 활용 등이 이에 해당한다. 특히 생명체로서 인간은 탄생을 맞이하면 기쁨을 표하고 죽음을 영접할 경우 슬픔을 표하며, 후자로서 유가족은 존경의 의례로서 생사를 바라본다.

세계의 장례문화는 아주 다양하다. 매장의 종류도 많고, 화장도 여러 가지의 방식이 있다. 풍장도 있으며, 날 짐승을 뜻하는 조장도 있고, 수장을 하는 풍습도 지금까지 있으며, 급속 냉동하는 빙장의 문화도 있다. 요즘 들어서 인기를 얻고 있는 자연장의 수목장·잔디장·화초장 등도 사실은 오래전부터 있었던 장례문화의 양태이다.

장례문화는 종교의 기원과도 밀접한 연관성을 갖고 있다. 왜냐하면 종교는 인간이 초자연적 변화와 형이상학을 겪으면서 느끼게 되는 두려움과 경외감과 공경심으로부터 기원이 시작되기 때문이다. 사람이 일생을 살아가는 동안 스스로 경험하게 되는 가장 두렵고 갑작스러운 변화는 죽음이라는 일일 것이다. 인간은 공동체 의식을 통해 초자연적 힘과 교류를 추구함으로써 그러한 공포스러운 두려움의 감정을 이겨내고자 노력해왔다.

이러한 점에서 장례문화는 세계 각 종교가 주장해 왔던 윤리관·인간관·세계관 등을 모두 내재하고 있는 중요한 통과의례이다. 망자의 죽음은 산 자와의 이별을 뜻함이 아니고, '생사일여'로 산 자와 죽은 자가 함께 살아가는 의미가 함축되어 있음을 알 수 있다. 함께 살아가기 때문에 앞으로는 고인의 상·장례 절차로 인하여 빚을 지고 부담을 느끼는 일보다는 비용 절감의 프로그램이 환영받을 것이다.

현재 우리나라는 신생아 수가 감소하면서 급속도로 고령화 사회에 접어들고 있다. 과거에 비해 먹거리가 풍성해지고 사람의 수명이 길어지면서 '웰빙[well-being]'에 대한 관심이 높아지고 더 나아가 안락한 죽음을 맞이하기 위한 '웰다잉[well-dying]'까지 주목받기 시작했다. 사람은 누구나 태어나서 죽기 마련이다. 따라서 인간은 오랜 세월 동안 죽음과 영혼의 존재에 대해 많은 사람의 관심의 대상이 되었다. 미국과 유럽을 살펴보면 개인적인 삶을 평가받기 위해서 죽음에 대한 준비가 상당히 잘 되어 있다. 하지만 우리나라는 정서상 예부터 죽음이나 성(性)에 관한 이야기를 나눌 수 있는 문화가 아니다.

죽음에 관한 이야기를 하면 '재수 없다', '내가 죽으면 끝이야!' 하면서 대부분 터부시하곤 했다. 그러므로 이런 이야기는 점점 더하기 힘들고 죽음과 관련한 학습을 할 기회도 어려웠다. 하지만 우리가 인간에 대해 바로 이해하기 위해서 죽음에 대한 문제를 연구하는 것은 필수적이다. 이러한 죽음에 대한 교육과 준비가 필요한 분야가 바로 '프리니드[Pre-need]'다. 프리니드[원하는 죽음]는 장례 산업에서 유일한 분야임에도 업계나 학계에서 주목받지 못하고 있다. 그러나 임종을 맞이하는 입장에서 당인은 원하는 죽음을 맞이할 수 있으며, 누구나 존엄하게 임종을 맞이할 권리가 있고 장례 방법을 선택할 수 있는 자기의 죽음이 설계 가능하다고 본다.

죽음의 준비가 필요한 이유가 있다. 프리니드의 정의는 인생 주기에서 자기 자신이나 사랑하는 가족의 가장 위급한 상황인 '죽음'을 대비하여 미리 준비하는 모든 행위나 제도를 총칭한다. 죽음을 각오하라는 것이 아니고, 죽음을 피할 수 있는 사람은 아무도 없기에 남녀노소 관계없이 알게 모르게 죽음을 맞이하게 된다. 임종이 다가와 죽음에 대하여 고민하고 결정할 수 있는 마음에 여유가 없는 상황이라면 건강한 죽음[Good death]을 맞이할 수가 없다.

또한 죽음을 준비하지 않은 상황에서 투병 중에 임종을 맞을 때 더 이상의 치료를 거부한다든지, 사랑하는 지인들에게 편지를 쓰고, 애장품을 누구에게 선물할 것인지, 유언을 남긴다든지, 죽은 뒤 화장할 것인지 봉안당으로 갈지, 매장은 어디에다 준비할 것인지, 종합병원에 시신을 기증할 것인지 등을 본인의 죽음과 관련하여 유가족에게 의사를 전달할 수 없다면 건강하고 떳떳한 죽음을 맞이할 수 없을 것이다. 그래서 정신이 맑을 때 죽음과 관련한 본인의 분명한 의사를 가족들이 알 수 있게 해야만 한다. 이렇게 죽음에 대하여 미리 준비한 사람은 자기 인생을 보다 적극적이고 긍정적으로 삶을 설계할 것이다.

죽음을 미리 준비하는 원불교 장례의례 간소화는 다음과 같다. 첫째, 교단 중앙에 의례 진행 전담 업무 부서 또는 의례 진행 전담업무과의 신설이며, 둘째, 교회전체장 그 외는 모두 원불교장으로 진행하며, 셋째, 장례비용을 절감하는 '작은 장례식'과 더불어 원하는 죽음의 프리니드[Pre-need]를 촉발하는 것이다. 넷째, 2일장을 검토하고, 다섯째, 생전 장례식 등을 과제로 제시할 수 있다. 그 외에 향후 종교가 중심이 되어 시행하는 장례문화와 연계되는 장례식 체험 프로그램, 무연고 사망자 및 가난하고 어렵고 소외된 이웃들에게 장례복지사업화, 무료 장례의례지원센터 운영, 생사 체험 교육 등은 바람직한 방향이다. 이를 통해 인간의 존엄을 유지하면서도 본인의 선택으로 삶을 정리하고 자연스럽게 죽음을 맞이하는 웰다잉 장례문화사업은 앞으로 그 의미가 재조명될 것이다.

아울러 원불교 상·장례문화의 방향은 복지사업화에서, 나아가 교단 본연의 교화업무로서 현장교화의 장으로 활용될 수 있는 다양한 방안 마련도 필요하다. 그리고 생사 연마의 마음공부라든가, 한국에서 원불교의 상·장례의식이 선구적 역할을 할 수 있는 방향이 무엇인가를 살펴봐야 할 것이다. 원불교 상·장례문화의 과제는 장례의 의미를 새롭게 부여하고, 자연장 보급 및 확대에 더하여 환경과 친숙해지는 장례문화를 선도해야 할 종교로서의 의무를 지고 있다. 보건복지부[뉴시스 기사, 2022. 06. 22]는 땅에 묻는 매장이 아닌 산이나 바다 등에 유골을 뿌리는 '산분장'을 제도화하는 방안을 추진 중이다. 2002년 3월에 여자 정화단 정화인의 날 기념대회에서 860여 명의 정화인은 '화장 유언 서약식'에서 장묘문화 개선을 위해 정화단 소속 여자 교무들이 서약하여 한국 사회에서 조명을 받게 되었다. 어떻든 고인의 마지막 가는 길에서 종교 본연의 뜻으로 열반과 해탈을 축원한다. 더불어 정성을 다하는데 이 장례사업이 면세업종으로 되어 있으니, 자연스럽게 경제자립화의 일익이 되면서 육영재단의 장학사업으로 새로운 정착을 시도해야 할 것이다.

가톨릭의 종합장례 전문기업인 ㈜평화누리처럼 교단의 공식적인 종합장례기업의 창업과 교당 현장에서 장례 독경반의 구성에 따른 염습 교육 및 예비교역자들에게 현장교화의 실습으로 원불교 염습과 장례 진행 매뉴얼의 교육이나, 각 교당에 영모당[사당의 개념]을 봉안하여 교당 창립유공자와 특별유공자의 위패와 함께 역사와 영정을 봉안하고 인연이 닿는 열반 교도들까지 매월 15일에 유공인 보은기념제의 시행을 과제로 제안해 본다.

소태산 대종사는 『대종경』 부촉품 18장에서 "이 법을 몸으로 실행하고 마음으로 증득하여 만고 후세에 이 법통이 길이 끊어지지 않게 하는 것은 더욱 중한 일"이라고 하였다. 현장교화에서 상·장례문화는 연결 교화의 역할을 하여 왔다고 본다. 생사 연마의 마음공부 실행은 두려움과 무서움의 대상이 숭배와 존경의 대상이 되어 한량없는 복전으로 유전될 것이다. 정(情)으로 오는 슬픔을 위로하고, 기리고, 기억하고, 축복하는 삶의 실현으로 장례문화에 새로운 의미를 부여한다. 장사 정책이 삶과 죽음, 인간과 자연, 계층과 세대, 남녀노소, 빈부격차, 유·무식을 넘어서는 공존으로 공존의 장례문화가 바람직하다.

하지만 원불교 장례문화의 정착에는 많은 과제를 남기고 있다.

구체화한 매뉴얼의 정착을 위해서 교단에서는 법제화를 시도할 필요가 있다. 그리고 교단의 장례식장들의 연동성을 통해 이러한 법제화된 장례서비스 제공이 요구된다. 또한 원불교적 장례식장의 정착화를 위해서는 일반 장례예식장의 장례에 관한 연구도 부단히 할 필요가 있다. 원불교 장례문화의 정착화라는 과도기에 있는 상황에서 이와 관련한 자료적 확보가 되어 있지 않다는 점이 본 연구에서 아쉬움으로 남는다.

| 참고문헌 |

※ 원전

『예전 집례집』(원불교출판사, 2012).

『원불교 전서』(원불교정화사, 1977).

『원불교 교사』(원불교교화부, 1975).

『원불교 교전』(원불교출판사, 1962).

『원불교 대사전』(원불교출판사, 2013).

『원불교 예전』(원불교교화부, 1968).

『예전』(불법연구회, 1935).

『정산종사법어』(원불교출판사, 1977).

『대산종사법어』(원불교출판사, 2014).

『華嚴經』(대각출판부, 2002).

『雜阿含經』(『大正藏』 2, 150b).

『瑜伽師地論』(『大正藏』 30, 282a-b).

『論語』(서울대학교출판문화원, 2017).

『新譯 孟子』 下(서문문고, 1978).

『莊子』(藝文印書館, 1972).

『신구약성서』.

(신역)『抱朴子』(서림문화사, 1995).

(국역)『朱子家禮』(성균관, 2005).

『三國史記』(장락, 2004).

부록

별첨1

삼베 수의(또는 갖은 수의) 장의용품

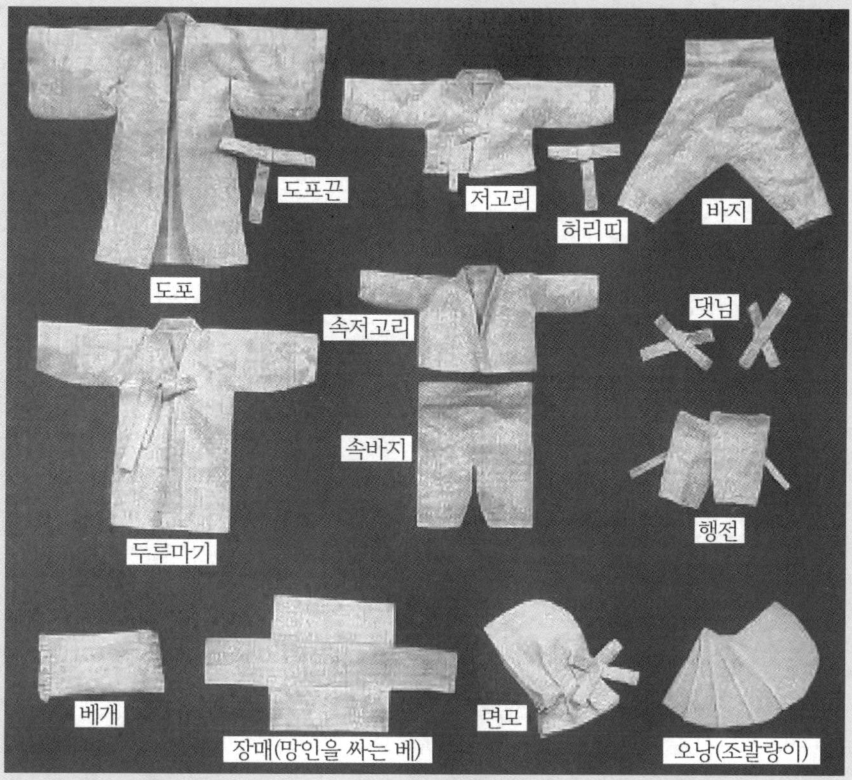

(출처)경향신문 2019.9.7일 자

별첨2

전통(유교식) 장례문화 : 전통장례의 19가지 절차

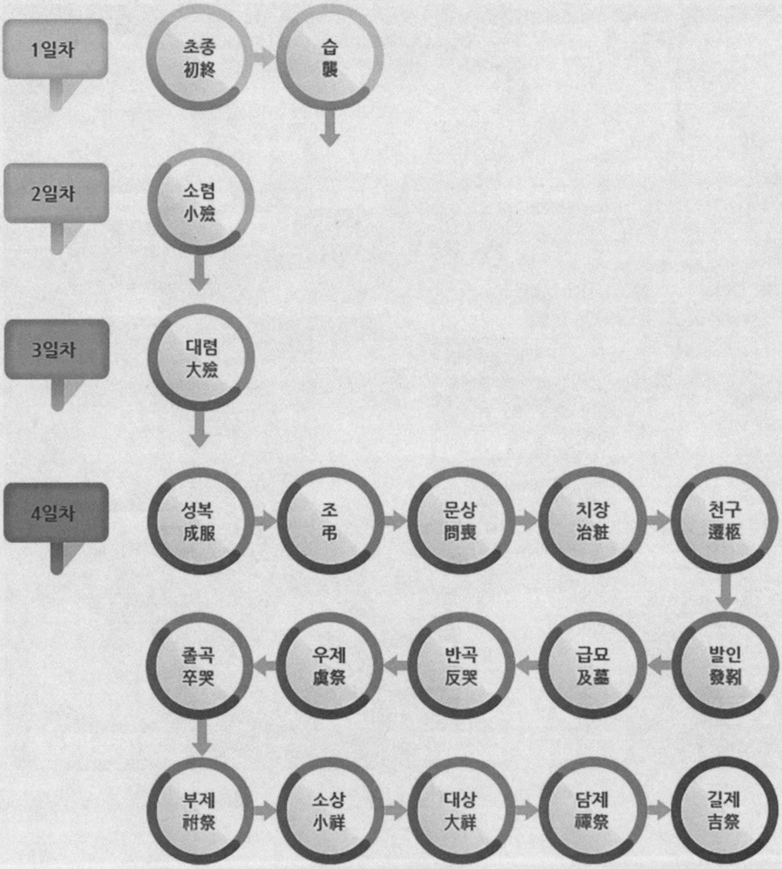

별첨3

원불교 장의 형태별 의식 진행 식순

1. 원불교전체장 발인·종재 식순

발인 식순(원불교전체장은 대산 종사 장례 시의 식순을 기재함)	
사회: 의식위원장 주악: 원광여정보고 관악부 좌종 10타. 종법사 입장. 1)개식. 2)개식사. 3)입정. 4)약력보고: 수위단 중앙단원.	5)고사: 가. 교단 대표 고사(대산 상사님 발인 시 좌산 종법사님이 하셨음). 나. 출가 교도 대표 고사. 다. 재가 교도 대표 고사. 라. 유족·친척분향. 6)심고. 7)성주 3편. 8)독경 및 축원문. 9)일반분향. 10)조가. 11)폐식. * 의식의 개식사는 상황에 따라 시행한다.

종재 식순	
사회: 의식위원장 주악: 원광여정보고 관악부 좌종 10타. 종법사 입장. 1)개식. 2)개식사. 3)입정. 4)약력보고. 5)고사: 가. 종법사 분향. 나. 출가 대표 고사. 다. 재가 대표 고사. 라. 유족 대표 고사.	6)심고. 7)성주. 8)독경 및 축원문. 9)설법. 10)분향. 11)탈복 및 고유문. 12)조가. 13)폐식.

2. 원불교교단장 발인·종재 식순

발인 식순

사회: 교화훈련부 차장

좌종 10타.
1)개식.
2)입정.
3)약력보고(총무위원장).
4)고사:
  가. 대표고사.
  나. 유족 및 친척분향.
5)심고.
6)성주 1편.
7)독경(서원문, 반야심경) 및 축원문.
8)설법(종법사 입장).
9)일반분향
  (장의위원장은 불단에서 시행, 기타는 단상 아래 분향대에서 시행, 유연기관 및 교당에서 오신 분들 배려 필요).
10)조가
  (공지사항이 있을 경우 조가 전에 한다).
11)폐식.
* 의식의 개식사는 상황에 따라 시행한다.

종재 식순

사회: 교화훈련부 차장

좌종 10타.
1)개식.
2)입정.
3)약력보고(총무위원장).
4)고사:
  가.대표고사.
  나.유족 및 친척분향.
5)심고.
6)성주 3편 및 염불 7편.
7)독경(서원문, 반야심경) 및 축원문.
8)설법.
9)일반분향
  (장의위원장은 불단에서 시행, 기타는 단상 아래 분향대에서 시행, 유연 기관 및 교당에서 오신 분들 배려 필요).
10)탈복 및 고유문(예감 주례).
11)조가.
12)폐식.

3. 원불교 추도 식순(재가 교도)

추도 식순(재가 교도 교단장일 경우 총부 예회 후 진행함)	
사회: 중앙상주선원 교무 좌종 10타. 1)개식. 2)입정. 3)약력보고(총무위원장). 4)분향헌배 (유족 및 친척 분향 –참석했을 경우). 5)심고 및 일동경례. 6)성주3편 및 염불 7편.	7)독경(서원문, 반야심경) 및 축원문. 8)종법사 법문(종법사 입장). 9)일반분향 (장의위원장은 불단에서 시행, 기타는 단상 아래 분향대에서 시행, 유연 기관 및 교당에서 오신 분들 배려 필요). 10)조가. 11)폐식.

4. 원불교 교당연합장 발인·종재 식순

발인 식순	
사회: 교화훈련부 차장 좌종 10타. 1)개식. 2)입정. 3)약력보고(총무위원장). 4)고사: 가.전무출신 고사. 나.유연 교당·기관 분향. 다.친척분향.	5)심고. 6)성주 1편. 7)독경(서원문, 반야심경) 및 축원문. 8)설법. 9)일반분향. 10)조가(성가 52장). 11)폐식.

종재 식순

사회: 교화훈련부 차장

좌종 10타.
1)개식.
2)입정.
3)약력보고(총무위원장).
4)고사 및 헌배:
  가.전무출신 고사.
  나.유연 교당·기관 분향.
  다.유족 및 친척분향.

5)심고.
6)성주 3편 및 염불 7편.
7)독경(서원문, 반야심경) 및 축원문.
8)설법.
9)일반분향.
10)탈복고유문.
11)폐식.
* 의식의 개식사는 상황에 따라 시행한다.

5. 원불교 교당장 발인·종재 식순

발인 식순

사회: 교화훈련부 과장

좌종 10타.
1)개식.
2)입정.
3)약력보고(총무위원장).
4)고사:
  가.전무출신고사.
  나.유연 교당·기관분향
  다.유족 및 친척분향.

5)심고.
6)성주 1편.
7)독경(서원문, 반야심경) 및 축원문.
8)설법.
9)일반분향.
10)조가(성가 42장 또는 52장).
11)폐식.

종재 식순

사회: 교화훈련부 과장

좌종 10타.
1)개식.
2)입정.
3)약력보고(총무위원장).
4)고사 및 헌배:
가.전무출신고사.
나.유연 교당·기관 분향.
다.유족 및 친척분향.
5)심고.
6)성주 3편 및 염불 7편.
7)독경(서원문, 반야심경) 및 축원문.
8)설법.
9)일반분향.
10)탈복 및 고유문.
11)폐식.
* 의식의 개식사는 상황에 따라 시행한다.

6. 원불교 법위등급에 따른 장례 방식

<table>
<tr><th>순서</th><th>법위등급</th><th>법계</th><th>장례 방식</th></tr>
<tr><td>1</td><td>정식 대각여래위</td><td>대원정사</td><td rowspan="3">원불교전체장
(원성적 정특등 중 특별유공인에 대한 장례)</td></tr>
<tr><td>2</td><td>예비 대각여래위</td><td rowspan="2">원정사</td></tr>
<tr><td>3</td><td>정식 출가위</td></tr>
<tr><td>4</td><td>예비 출가위</td><td rowspan="2">정사</td><td rowspan="3">원불교교단장
(원성적 정특등 유공인에 대한 장례)</td></tr>
<tr><td>5</td><td>정식 법강항마위</td></tr>
<tr><td>6</td><td>예비 법강항마위</td><td rowspan="2">교정</td></tr>
<tr><td>7</td><td>정식 법마상전급</td><td rowspan="2">교당연합장
(원성적 1·2등 유공인에 대한 장례)</td></tr>
<tr><td>8</td><td>예비 법마상전급</td><td>교선</td></tr>
<tr><td>9</td><td>정식 특신급</td><td rowspan="3">교도</td><td rowspan="3">교당장
(원성적 3·4·5등 유공인과 재임 중 열반한 보통 출가 교도에 대한 장례)</td></tr>
<tr><td>10</td><td>예비 특신급</td></tr>
<tr><td>11</td><td>보통급</td></tr>
</table>

* 원불교교정원 총무부, 「원불교 장의업무 편람」, 원기105년, 참조.

별첨4

원불교 상·장례의식 진행 식순(화장장, 특별천도재 신규)

1. 열반식 식순

열반식 독경	
좌종 10타.	6)독경(서원문, 심경).
1)개식.	7)염불.
2)입정.	8)상주 분향헌배.
3)설명기도 및 일동경례.	9)성가 148장.
4)성주 3편.	10)법어봉독(추가).
5)천도법문.	11)폐식.

2. 입관식 식순

입관 독경	
좌종 10타.	6)천도법문.
1)개식.	7)독경(서원문, 심경).
2)입정.	8)염불.
3)분향헌배(착복 및 고유문, 추가).	9)성가(149장 추가).
4)설명기도 및 일동경례.	10)폐식.
5)성주 3편.	

3. 발인식 식순

발인식 독경	
좌종 10타. 1)개식. 2)입정. 3)약력보고. 4)착복 및 고유문 (일반교도는 입관식순에서 올림). 5)상주 대표 고사 및 헌배. 6)설명기도 및 일동경례.	7)성주 3편 및 염불 7편. 8)천도법문. 9)독경(서원문) 및 축원문. 10)설법. 11)성가 44장. 12)일반분향. 13)폐식.

4. 화장장 식순

화장장 독경	
목탁을 3회 길게 울린다. 1)개식. 2)설명기도 및 일동경례. 3)성주 3편.	4)성가 149장. 5)독경(심경) 및 염불. 6)성가. 7)폐식.

5. 입장식 식순

입장식 독경	
좌종 10타. 1)개식. 2)심고 및 일동경례. 3)성주 1편.	4)독경(서원문, 심경). 5)영결사. 6)성가(148장 추가). 7)폐식.

6. 영위 봉안식 식순

영위 봉안식 독경	
좌종 10타. 1)개식. 2)입정. 3)고유문.	4)분향헌배. 5)성가(149장 추가). 6)폐식.

7. 초재에서 육재 식순

초재에서 육재 독경	
좌종 10타. 1)개식. 2)입정. 3)법공의 노래(46장). 4)재주헌공 및 분향헌배. 5)설명기도 및 일동경례. 6)성주 3편(및 염불 7편).	7)천도법문. 8)독경(서원문, 심경, 참회게, 금강경) 및 축원문. 9)법어봉독 및 설교. 10)일반분향. 11)성가(148장). 12)폐식.

8. 종재식 식순

종재식 독경	
좌종 10타. 1)개식. 2)입정. 3)약력보고. 4)법공의 노래(46장). 5)재주헌공 및 고사. 6)설명기도 및 일동경례. 7)성주 3편 및 염불 7편. 8)천도법문.	9)독경(서원문, 심경, 참회문, 금강경) 및 축원문. 10)설법. 11)일반분향. 12)탈복 및 고유문. 13)헌공보고. 14)유족 인사. 15)성가(44장). 16)폐식.

9. 특별천도재(초재~육재) 식순

특별천도재(초재~육재) 독경	
좌종 10타. 1)개식. 2)입정. 3)법공의 노래 46장. 4)재주 불전헌공. 5)설명기도 및 일동 경례. 6)성주 3편 및 염불 7편.	7)천도법문. 8)독경(서원문, 심경, 참회게, 금강경) 및 축원문. 9)법어봉독(하루 할 때는 헌공보고) 및 설교. 10)성가 149장. 11)폐식.

10. 특별천도재 종재 식순

특별천도재 종재 독경	
좌종 10타. 1)개식. 2)입정. 3)법공의 노래 46장. 4)재주 불전헌공 및 고사. 5)설명기도 및 일동경례. 6)성주 3편 및 염불 7편.	7)천도법문. 8)독경(서원문, 심경, 참회문, 금강경) 및 축원문. 9)설법. 10)헌공보고. 11)성가 44장. 12)폐식.

11. 위령재 식순

위령재 독경	
좌종 10타. 1)개식. 2)입정. 3)법공의 노래 46장. 4)재주 고사 및 헌배. 5)설명기도 및 일동경례. 6)성주 3편 및 염불 7편. 7)천도법문.	8)독경(서원문, 심경, 참회게) 및 축원문. 9)설법(종법사 법문). 10)일반분향. 11)성가 44장. 12)헌공보고. 13)폐식.

12. 열반기념제 식순

열반기념제 독경(또는 합동열반기념제)	
좌종 10타. 1)개식. 2)입정. 3)약력보고. 4)법공의 노래 46장. 5)제주 헌공 및 기념문. 6)설명기도 및 일동경례. 7)성주 3편 및 염불 7편.	8)독경(서원문, 심경, 참회게, 금강경) 및 축원문. 9)법어봉독 후 설교. 10)일반분향. 11)헌공보고. 12)성가 47장. 13)폐식.